Note from the Author

Dear Valued Customer,

I am an **independent** author and without your support I would not exist.

As an independent author I **politely** ask you to spare a few moments to leave me a review on this book's Amazon product page.

Your review is a tremendous help to my survival as an independent author, and helps me compete against larger publishers, with bigger marketing budgets that I do not have.

I am forever **thankful** for your support and I hope I have provided a quality book for you to enjoy!

Kickoff

Challenge your Brain and learn new sports terms with this word search, every page has a new sport and new things to learn and find!

Find your favorite sports and players from football, basketball, and baseball, to rugby, skydiving, and yachting. With thousands of words throughout 100 puzzles, this book will keep you entertained for hours.

Perfectly sized for portability, this book can be taken anywhere to keep you busy on the longest of flights, car rides, and rainy days. This book will keep your toes down in all the wacky, crazy, interesting, vocabulary of Sports!

G X Z M W P X F C R E W S C N B W J I N I P Y C S
N S T N P A L C V A Y H E B A Y E C S S N F Q I P
R A Y J Q I Z C T K I A R E A L S A L T L A K E O
P D Y N A M O I Z T X Z T E R C L N M P M Y I H R
M B R C A R U N C I T E E L U Z P N X H I T X D T
R A A W B E N C T X G H N Z H K D P L I N O K N I
A B P Q W D O I F D T I M B E R S U D L N R Y R N
E I I J H B U N P W T U C D W U K N D I E O S X G
Z N D E I U L N N Y C F C Z E F L U K D S N A G A
N T S U T L Y A I I W W R G C L X N A E O T D E Y
K E B E E L A T L A N T A U N I T E D L T O C F T
P R D U C S F I O J Z Z Z R E E H R F P A F D F T
N M F A A O R H X F C D A L L A S C K H U C S T N
A I X E P A E K K L I . N Z E S W Q D I N C O W U
S A P Z S F V Z H N N C A G D E Q V L A I Z U M W
H M D B T M O M C N Q . P A Y Q D T Z U T V N N Y
V I C T J R L D C I X U Z L G W F X K N E X D B C
I A S U I A U M V C L N R A G U A W X I D O E C Q
L I M P A C T G M K N I D X G U P V O O E T R K P
L B D L L J I Q A P I T Q Y R A O C O N G S S R X
E C E A B C O O M J M E Z B C K I I Z L H T D P L
S V I F F M N L V T D D O U Q X B X R U K W J C L
C P O C C T O R L A N D O C I T Y O M B K J Q X A
Z C D B K B S W U R E A R T H Q U A K E S M V U A
F K W K B C H I C A G O F I R E F M G O Q O Y O G

SOUNDERS, NYCFC, ORLANDOCITY, PHILIDELPHIAUNION, EARTHQUAKES, SPORTING, NASHVILLESC, CREWSC, GALAXY, LAFC, TORONTOFC, INTERMIAMI, DYNAMO, WHITECAPS, CHICAGOFIRE, TIMBERS, D.C.UNITED, FCDALLAS, FCCINCINNATI, MINNESOTAUNITED, RAPIDS, REDBULLS, ATLANTAUNITED, REALSALTLAKE, IMPACT, REVOLUTION

Z	Y	C	P	N	I	N	E	T	J	V	N	G	D	T	R	Y	J	O
I	Z	R	K	B	I	C	E	N	T	E	R	Q	H	L	E	F	O	Y
R	F	L	A	G	F	L	T	R	D	S	X	L	N	W	F	F	F	J
D	C	O	R	N	E	R	T	J	R	C	V	J	H	E	E	I	F	O
A	R	L	N	F	N	Y	B	M	J	I	T	E	A	M	R	E	E	N
X	H	E	A	D	E	R	R	A	D	S	S	Q	Y	H	E	L	N	U
E	M	L	C	K	P	U	N	T	E	S	B	H	U	J	E	D	S	X
I	B	U	R	M	U	N	Y	C	F	O	O	S	T	R	I	K	E	R
K	O	E	O	J	R	Z	S	H	E	R	E	W	I	N	G	E	R	S
I	O	U	S	I	D	E	L	I	N	E	S	V	Z	S	T	I	K	Y
C	T	H	S	K	W	G	S	Y	S	E	T	E	A	M	Y	M	S	I
K	S	W	P	B	Q	P	O	W	E	R	P	L	A	Y	F	B	Z	U
D	I	O	D	E	F	E	N	D	E	R	V	K	P	P	K	O	W	S
F	T	R	V	O	E	A	M	P	U	X	Q	Q	K	E	P	A	S	S
Z	F	L	T	L	V	H	V	U	N	V	G	G	O	A	L	D	F	C
Q	K	D	W	F	V	M	V	O	F	F	S	I	D	E	Q	U	M	O
G	C	C	F	N	E	U	T	R	A	L	Z	O	N	E	G	Q	H	D
T	H	U	O	C	M	N	X	C	M	F	O	U	L	Z	B	F	E	X
L	L	P	S	O	C	C	E	R	B	A	L	L	L	N	J	F	R	G

OFFSIDE, PASS, KICK, DEFENSE, NET, HEADER, FOUL,
WINGER, GOAL, POWERPLAY, CENTER, SOCCERBALL,
TEAM, SIDELINES, WORLDCUP, CROSS, FLAG, OFFENSE,
PUNT, NEUTRALZONE, STRIKER, SCISSOR, TEAM, BOOTS,
DEFENDER, CORNER, FIELD, REFEREE, MATCH

Y	N	S	E	H	X	M	M	C	T	A	S	T	R	O	S	R	E	B	X
F	F	T	U	L	Z	A	W	R	O	I	I	N	D	I	A	N	S	R	C
Z	B	K	D	U	D	T	C	E	X	R	O	C	K	I	E	S	R	E	T
B	M	E	T	S	T	H	A	D	C	Y	R	G	M	L	S	T	O	W	L
R	L	A	N	G	E	L	S	S	C	D	I	Q	X	I	H	R	Y	E	K
A	O	W	H	I	T	E	S	O	X	T	O	H	X	I	J	G	A	R	A
V	T	H	Q	Z	K	T	D	Q	J	W	L	M	N	P	Y	V	L	S	Q
E	F	M	A	R	L	I	N	S	W	I	E	K	F	Y	F	C	S	N	K
S	X	C	Y	E	U	C	A	K	Q	N	S	B	L	U	E	J	A	Y	S
L	W	D	S	D	G	S	O	I	X	S	R	A	Y	S	P	E	G	P	Y
P	K	O	A	S	X	W	M	A	R	I	N	E	R	S	L	N	S	P	M
C	Q	D	M	O	N	H	E	E	C	K	N	A	T	I	O	N	A	L	S
U	R	G	I	X	D	I	A	M	O	N	D	B	A	C	K	S	S	S	G
G	C	E	G	A	V	H	P	H	I	L	L	I	E	S	S	G	J	F	G
E	U	R	U	S	G	T	I	G	E	R	S	Q	S	T	T	L	K	X	I
Z	B	S	Y	E	S	W	Z	C	A	R	D	I	N	A	L	S	J	N	A
P	S	E	U	I	U	P	S	L	I	S	U	Y	A	N	K	E	E	S	N
T	A	G	Q	P	A	D	R	E	S	G	N	F	I	D	X	H	A	I	T
C	M	A	J	R	I	T	D	T	X	K	N	Y	R	A	N	G	E	R	S
B	M	A	B	P	I	R	A	T	E	S	P	B	O	A	W	R	Z	Q	B

WHITESOX, REDSOX, PHILLIES, TIGERS, DODGERS,
ATHLETICS, MARINERS, PADRES, CUBS, RAYS,
DIAMONDBACKS, BRAVES, YANKEES, TWINS, BREWERS,
REDS, INDIANS, ORIOLES, ASTROS, METS, RANGERS,
PIRATES, CARDINALS, NATIONALS, ANGELS, BLUEJAYS,
ROCKIES, ROYALS, GIANTS, MARLINS

U	Z	W	V	N	I	N	L	O	S	H	Z	J	Y	N	F	B	I	S	T	M	M
I	O	V	E	D	S	G	H	N	K	N	C	A	T	C	H	E	R	K	D	Z	J
S	U	N	F	L	O	W	E	R	S	E	E	D	S	W	F	X	V	M	P	X	Q
Q	O	O	L	E	N	W	V	C	W	G	J	C	E	I	A	B	U	N	T	A	A
S	O	U	R	N	R	E	X	A	A	O	U	T	O	F	T	H	E	P	A	R	K
A	J	T	Q	R	I	T	I	I	L	F	N	K	D	N	V	Z	J	U	I	D	K
F	A	B	S	H	G	V	M	U	K	B	H	I	T	T	E	R	A	I	L	U	N
E	O	T	F	H	W	Q	V	G	H	L	H	U	J	Y	R	B	F	U	Y	F	W
A	V	G	A	I	N	N	I	N	G	Z	E	P	P	Y	I	U	S	H	E	G	T
A	O	O	S	G	V	C	O	V	U	H	L	F	A	I	R	Z	E	V	D	W	Q
H	A	F	T	B	U	H	R	P	Y	Z	M	R	D	I	K	F	Z	J	G	N	L
V	Y	W	B	O	J	O	C	G	X	A	E	U	I	E	P	D	U	G	O	U	T
P	M	P	A	U	S	M	Z	G	J	A	T	M	A	B	M	S	N	O	U	T	S
R	S	3	L	N	Q	E	H	J	Y	G	N	P	M	A	M	Z	Q	N	K	N	A
L	C	S	L	C	B	R	P	I	T	C	H	I	O	S	O	G	E	F	L	R	J
E	X	T	R	E	X	U	J	E	R	R	O	R	N	E	M	L	D	I	T	F	I
P	I	R	T	E	W	N	X	A	R	T	O	E	D	B	O	O	X	E	Z	U	F
Z	I	I	J	S	U	X	A	M	I	T	T	Z	T	A	U	V	K	L	G	F	N
R	O	K	X	O	W	B	D	U	Z	W	Q	X	Q	L	N	E	U	D	W	T	F
Q	W	E	A	C	N	B	I	D	F	E	C	G	T	L	D	Q	Q	E	B	A	O
M	X	S	J	W	Y	U	F	T	K	N	U	C	K	L	E	B	A	L	L	G	U
V	U	I	V	E	H	E	J	K	V	W	C	O	U	N	T	Z	O	X	E	S	L

FAIR, WALK, HOMERUN, COUNT, FASTBALL, MITT,

SUNFLOWERSEEDS, BASEBALL, FIELD, GLOVE, HELMET,

UMPIRE, TAGS, BOUNCE, KNUCKLEBALL, ERROR, SAFE,

FOUL, DUGOUT, DIAMOND, BUNT, CATCHER, MOUND,

HITTER, 3STRIKES, OUTS, PITCH, INNING,

OUTOFTHEPARK

T	W	L	V	H	F	7	K	T	E	V	W	P	A	C	E	R	S	X	D
I	Q	J	E	O	I	6	S	W	H	L	L	A	K	E	R	S	C	S	P
X	W	O	O	R	S	E	C	A	O	M	A	V	E	R	I	C	K	S	E
F	Y	W	H	N	L	R	A	R	G	R	I	Z	Z	L	I	E	S	E	L
G	R	N	W	E	T	S	V	R	L	W	I	Z	A	R	D	S	D	U	I
T	O	E	D	T	R	L	A	I	H	T	B	W	M	K	I	U	H	L	C
R	C	T	S	S	R	P	L	O	T	H	U	N	D	E	R	S	V	L	A
A	K	S	S	J	T	Y	I	R	Q	E	L	Y	S	P	U	R	S	V	N
I	E	D	J	A	Z	Z	E	S	R	A	L	H	V	C	X	R	Z	G	S
L	T	U	V	S	A	G	R	B	A	T	S	A	E	L	H	W	S	V	Y
B	S	I	W	J	D	H	S	P	P	K	Y	W	W	I	O	R	T	C	E
L	U	U	K	N	U	G	G	E	T	S	X	K	L	P	V	N	X	R	S
A	R	C	E	L	T	I	C	S	O	A	T	S	Z	P	Y	K	K	N	F
Z	D	M	A	G	I	C	P	Q	R	D	N	S	T	E	K	N	L	V	Z
E	Z	Q	Y	A	F	I	F	X	S	S	L	Y	F	R	I	I	T	D	B
R	B	V	B	U	C	K	S	P	E	N	R	H	I	S	N	C	S	Y	K
S	H	T	I	M	B	E	R	W	O	L	V	E	S	N	G	K	I	U	E
J	E	Z	F	S	A	V	M	M	V	A	H	L	Y	H	S	S	G	F	R
P	I	S	T	O	N	S	O	C	I	O	A	L	N	I	O	C	X	W	H
J	Q	K	S	I	J	C	A	F	Q	Z	U	C	U	W	S	U	N	S	G

JAZZ, WARRIORS, BULLS, BUCKS, LAKERS, HAWKS,
CELTICS, SUNS, 76ERS, NETS, SPURS, PISTONS,
TRAILBLAZERS, GRIZZLIES, PELICANS, MAGIC, HEAT,
CAVALIERS, KINGS, THUNDER, NUGGETS, RAPTORS,
KNICKS, PACERS, WIZARDS, ROCKETS, TIMBERWOLVES,
HORNETS, MAVERICKS, CLIPPERS

V	M	A	B	L	O	C	K	J	B	H	G	B	Z	F	B	B	J
L	V	D	I	A	S	S	I	S	T	Q	V	R	O	N	P	A	H
B	O	U	N	C	E	P	A	S	S	H	E	H	N	F	J	S	G
T	O	R	E	F	E	R	E	E	P	Z	N	D	E	W	F	K	G
I	T	I	P	-	O	F	F	D	D	H	J	T	R	R	B	E	V
M	T	A	R	F	L	D	U	Y	M	O	U	D	U	N	K	T	H
E	U	G	N	Z	A	K	D	P	O	O	M	G	U	A	R	D	O
-	K	O	E	C	Y	U	E	H	N	P	P	F	A	K	E	I	O
O	C	L	T	D	-	W	F	J	O	S	V	M	U	C	J	G	K
U	O	I	K	R	U	X	E	T	O	U	R	N	A	M	E	N	T
T	U	N	G	I	P	W	N	H	S	C	O	R	N	E	R	J	A
Y	R	E	Y	B	X	Z	S	V	C	E	N	T	E	R	S	W	E
L	T	F	U	B	Y	P	E	T	L	C	W	A	M	T	E	W	Q
M	I	H	D	L	X	F	N	J	O	S	N	E	A	K	E	R	S
E	V	Z	H	E	L	L	B	A	C	K	B	O	A	R	D	L	H
K	H	B	A	L	L	O	G	Q	K	V	Q	V	T	O	M	S	S
E	R	C	W	H	T	O	Z	T	E	L	R	E	B	O	U	N	D
Q	Q	Z	R	Z	P	R	I	T	A	L	L	T	L	E	C	C	G

REFEREE, JUMP, LAY-UP, LINE, BALL, ZONE, DEFENSE,
COURT, TOURNAMENT, REBOUND, CLOCK, TIME-OUT,
CORNER, BACKBOARD, FLOOR, TALL, BOUNCEPASS,
CENTER, HOOK, HOOPS, ASSIST, SNEAKERS, NET, GUARD,
FAKE, TIP-OFF, DRIBBLE, BASKET, DUNK, BLOCK

E	A	Y	C	K	C	L	I	K	L	F	B	I	U	K	R	A	M	S	B
N	R	F	M	T	B	U	B	K	B	W	C	H	A	R	G	E	R	S	E
J	P	O	L	O	S	B	J	S	B	S	E	A	H	A	W	K	S	S	A
K	X	R	D	H	D	C	E	N	U	R	T	I	T	A	N	S	D	B	R
R	O	T	G	J	V	J	T	P	A	C	K	E	R	S	E	R	A	I	S
O	V	Y	I	E	K	A	S	B	U	C	C	A	N	E	E	R	S	L	U
P	D	-	B	P	V	G	X	X	Y	Q	L	I	O	N	S	Z	C	L	S
H	A	N	O	C	R	U	L	D	P	A	N	T	H	E	R	S	A	S	Q
D	K	I	C	V	O	A	E	I	E	A	X	P	C	B	T	X	R	L	V
K	L	N	O	B	Z	R	H	W	A	I	F	A	Z	K	N	I	D	T	F
F	Z	E	L	J	P	S	D	B	G	B	A	T	V	H	J	Y	I	O	F
J	Y	R	T	R	F	V	X	R	L	Y	L	R	T	E	X	A	N	S	W
M	Y	S	S	U	E	W	P	O	E	N	C	I	B	E	N	G	A	L	S
S	T	E	E	L	E	R	S	N	S	L	O	O	M	N	S	R	L	D	I
D	O	L	P	H	I	N	S	C	O	B	N	T	R	G	G	A	S	H	P
V	S	A	I	N	T	S	S	O	A	T	S	S	P	H	I	V	U	U	M
B	L	C	O	W	B	O	Y	S	H	R	Y	C	H	N	A	E	X	P	X
G	R	A	I	D	E	R	S	N	R	V	C	A	P	L	N	N	Q	X	A
D	F	H	R	X	Y	S	T	M	C	H	I	E	F	S	T	S	S	D	Z
K	Z	I	V	P	A	E	C	B	R	O	W	N	S	J	S	Z	I	E	X

FALCONS, RAMS, CHARGERS, CARDINALS, COLTS,
RAIDERS, BROWNS, JAGUARS, BRONCOS, BILLS,
PANTHERS, PATRIOTS, JETS, BEARS, CHIEFS, STEELERS,
FORTY-NINERS, PACKERS, DOLPHINS, SEAHAWKS,
TEXANS, TITANS, BENGALS, LIONS, RAVENS, EAGLES,
COWBOYS, BUCCANEERS, SAINTS, GIANTS

T	E	D	Q	D	D	A	A	Z	R	G	C	H	U	B	B	Y	Q	W
K	X	S	A	D	P	I	Y	Q	I	L	R	I	C	D	R	F	N	C
H	I	L	A	R	I	O	U	S	D	J	W	T	F	M	Z	B	E	N
M	H	M	D	I	F	F	E	R	E	N	T	W	C	F	J	A	L	G
K	M	V	X	O	H	A	N	D	S	O	M	E	L	Y	Z	S	A	Y
B	L	H	A	S	A	V	W	H	B	X	S	M	A	L	E	P	S	G
C	H	Q	H	U	M	A	Q	T	H	A	N	K	F	U	L	I	T	E
A	E	F	I	N	F	I	G	C	R	S	N	P	A	L	E	R	I	W
D	P	L	G	E	X	L	D	P	V	S	E	C	O	N	D	I	C	A
H	P	G	H	B	M	A	I	N	S	I	D	I	O	U	S	N	S	I
E	I	U	F	U	E	B	E	D	U	K	P	V	A	S	F	G	B	T
S	D	L	A	L	R	L	Y	F	A	S	C	I	N	A	T	E	D	I
I	I	L	L	O	E	E	V	D	R	T	R	L	Y	I	N	G	C	N
V	O	I	U	U	K	C	S	C	A	R	E	D	F	H	V	N	T	G
E	T	B	T	S	P	Y	R	G	R	A	N	D	I	O	S	E	K	E
M	I	L	I	M	A	T	U	R	E	N	E	Q	R	M	T	B	L	K
W	C	E	N	M	X	V	I	I	E	G	J	A	S	V	N	N	S	H
I	N	Q	U	I	S	I	T	I	V	E	A	I	T	S	D	Y	V	Q
A	R	H	G	V	I	L	D	S	P	C	R	Q	O	H	N	A	Q	N

CHUBBY, AVAILABLE, HIGHFALUTIN, PALE, DIFFERENT, ASPIRING, THANKFUL, NEBULOUS, MALE, GULLIBLE, FIRST, SAD, STRANGE, WAITING, HILARIOUS, GRANDIOSE, SCARED, ADHESIVE, MERE, HANDSOMELY, ELASTIC, IDIOTIC, SECOND, INSIDIOUS, MATURE, FASCINATED, LYING, INQUISITIVE

E	J	W	B	H	U	C	G	K	T	H	F	M	E	G	S	B	D	E
E	K	I	C	K	E	R	J	E	A	H	P	I	W	B	A	L	F	Q
J	L	I	N	E	S	M	A	N	C	U	D	E	R	F	F	I	Z	J
O	S	A	C	K	T	X	H	J	K	Y	L	A	E	W	E	T	G	I
H	E	L	M	E	T	S	L	E	L	W	N	D	O	U	T	Z	O	W
C	A	R	R	Y	B	N	M	W	E	E	P	F	Y	R	Y	V	Z	P
D	J	R	E	N	P	A	D	S	K	M	L	D	O	J	M	H	J	Q
G	Q	O	D	K	G	G	M	H	Z	M	A	D	P	A	S	S	F	Y
I	N	T	O	U	C	H	D	O	W	N	Y	E	F	U	M	F	C	I
I	Z	I	Y	D	Q	T	E	A	M	S	Y	F	O	L	H	I	L	T
I	Q	U	A	R	T	E	R	B	A	C	K	E	O	H	X	S	E	S
X	D	H	J	R	H	O	B	K	H	O	L	N	T	U	A	T	A	H
Y	O	I	C	A	T	C	H	E	X	F	O	S	B	D	O	Z	T	S
A	W	K	E	N	D	Z	O	N	E	F	J	E	A	D	Q	K	S	P
R	N	E	W	E	D	P	D	W	G	E	V	R	L	L	X	M	Y	U
D	S	U	P	E	R	B	O	W	L	N	M	J	L	E	Y	L	R	N
R	E	T	U	R	N	Y	C	J	M	S	S	V	J	H	D	P	Y	T
R	H	R	Q	R	S	S	V	V	C	E	H	A	N	D	-	O	F	F
K	Q	Z	X	I	V	L	A	J	I	J	J	Z	C	P	B	H	G	T

SUPERBOWL, DEFENSE, CATCH, CLEATS, ENDZONE, LINESMAN, PASS, TOUCHDOWN, PUNT, HUDDLE, TACKLE, OFFENSE, TEAMS, SAFETY, YARD, CARRY, PLAY, HAND-OFF, QUARTERBACK, PADS, RETURN, BLITZ, SACK, HELMET, FOOTBALL, KICKER, DOWNS, HIKE

K	Z	V	A	L	Q	H	U	I	S	N	C	T	H	I	P	O	C	P	A	A
W	B	O	W	K	D	R	A	U	A	F	A	U	G	N	S	M	A	O	T	I
J	H	U	R	R	I	C	A	N	E	S	P	N	S	U	E	F	D	Z	A	J
G	L	N	B	L	U	E	S	V	M	O	I	F	H	Y	E	P	Q	I	T	G
K	H	B	W	O	C	T	E	I	X	Z	T	J	A	J	S	A	I	I	B	F
E	R	L	C	F	L	A	M	E	S	V	A	J	R	P	A	N	J	F	S	L
T	A	A	D	F	O	I	L	E	R	S	L	G	K	R	B	T	G	L	C	Y
M	N	C	U	F	C	A	N	U	C	K	S	H	S	E	R	H	Y	I	R	E
C	G	K	N	L	C	M	B	R	U	I	N	S	C	D	E	E	Y	G	X	R
A	E	H	G	W	B	P	D	E	V	I	L	S	P	W	S	R	B	H	J	S
N	R	A	B	L	U	E	J	A	C	K	E	T	S	I	T	S	Y	T	F	L
A	S	W	D	U	C	K	S	S	S	L	L	V	R	N	O	S	V	N	C	W
D	K	K	Q	U	Z	F	P	T	B	V	B	T	Q	G	S	O	C	I	P	H
I	X	S	A	J	D	F	E	A	T	L	G	B	G	S	K	K	O	N	I	P
E	K	N	W	I	L	D	N	R	Q	K	E	P	R	O	Z	E	Y	G	U	H
N	M	X	K	X	E	N	G	S	S	E	N	A	T	O	R	S	O	Q	R	T
S	U	Q	I	K	F	N	U	A	V	A	L	A	N	C	H	E	T	K	X	H
T	D	D	N	E	U	M	I	S	L	A	N	D	E	R	S	Z	E	E	V	O
W	F	N	G	X	Z	X	N	M	A	P	L	E	L	E	A	F	S	G	S	Y
S	Q	Q	S	O	S	X	S	G	O	L	D	E	N	K	N	I	G	H	T	S
K	Z	T	L	M	O	M	C	P	P	R	E	D	A	T	O	R	S	V	R	C

STARS, BRUINS, WILD, FLAMES, REDWINGS, SENATORS,
CANADIENS, CAPITALS, DEVILS, PANTHERS, DUCKS,
PENGUINS, HURRICANES, BLACKHAWKS, CANUCKS,
RANGERS, SABRES, FLYERS, BLUES, COYOTES,
GOLDENKNIGHTS, OILERS, AVALANCHE, BLUEJACKETS,
ISLANDERS, SHARKS, KINGS, LIGHTNING, PREDATORS,
MAPLELEAFS

X	Y	E	G	R	H	K	W	P	E	N	A	L	T	Y	B	O	X
C	Q	Y	U	D	M	Y	H	V	H	L	B	B	O	S	H	O	T
I	S	R	E	I	G	O	A	L	I	E	L	E	U	P	N	P	P
R	S	L	A	P	S	H	O	T	Z	I	U	N	W	Z	J	E	Q
C	F	O	R	E	H	A	N	D	N	C	E	C	I	X	E	N	U
L	S	C	E	N	T	E	R	H	E	E	L	H	N	T	R	A	E
E	E	A	G	A	S	S	K	A	T	E	I	Q	G	M	S	L	X
H	W	O	C	G	L	R	S	K	I	V	N	C	E	M	E	T	J
G	O	A	L	C	A	N	T	L	I	C	E	W	R	O	Y	Y	D
C	C	G	O	N	S	C	I	A	V	E	W	X	C	H	E	C	K
C	P	U	C	K	H	D	C	P	O	E	A	X	F	W	T	O	I
X	E	T	K	C	Z	Z	K	R	E	D	L	I	N	E	D	I	Y
P	N	M	R	R	I	N	K	A	I	A	V	X	Q	L	J	O	F
M	O	N	V	E	E	M	P	B	L	E	A	C	H	E	R	S	E
Y	N	B	H	E	L	M	E	T	E	O	D	Q	U	D	I	P	S
W	C	X	T	B	A	R	D	O	W	N	P	Q	K	W	N	M	H
D	E	F	E	N	S	E	V	I	R	K	U	N	K	N	A	C	O
N	J	D	N	S	B	A	C	K	H	A	N	D	I	L	X	B	T

BLEACHERS, HELMET, CENTER, PUCK, BARDOWN, NET, CHECK, BACKHAND, ICE, RINK, REDLINE, BLUELINE, DEFENSE, STICK, WINGER, PENALTYBOX, SHOT, CIRCLE, SLAPSHOT, BENCH, SHOT, SLASH, CLOCK, PENALTY, FOREHAND, GOALIE, GOAL, SKATE, JERSEY

H	I	M	Z	L	P	A	W	S	G	T	Q	A	C	O	M	M	O	N
I	A	U	N	U	A	A	V	A	I	L	A	B	L	E	B	S	V	J
G	D	W	Q	V	L	E	W	D	D	D	E	F	Q	L	E	T	B	B
H	H	A	G	C	E	N	G	R	A	N	D	I	O	S	E	R	F	O
F	E	V	U	H	M	H	A	N	D	S	O	M	E	L	Y	A	A	Y
A	S	N	L	U	P	L	R	N	C	A	G	E	Y	D	X	N	S	H
L	I	T	L	B	I	Y	Y	L	H	M	A	T	U	R	E	G	C	A
U	V	V	I	B	Y	I	N	O	A	A	F	I	D	U	I	E	I	O
T	E	W	B	Y	J	N	I	C	L	H	I	M	V	N	N	L	N	B
I	G	H	L	V	B	G	R	Z	T	V	R	A	Z	K	Q	X	A	K
N	D	I	E	E	L	A	S	T	I	C	S	L	L	Q	U	Q	T	Q
H	V	L	S	E	C	O	N	D	N	W	T	E	K	Q	I	I	E	C
S	C	A	R	E	D	H	P	Q	G	N	T	V	N	Q	S	R	D	L
D	K	R	O	I	M	W	M	I	D	I	O	T	I	C	I	S	A	U
E	D	I	L	G	F	S	X	S	N	A	P	S	H	O	T	B	O	W
N	I	O	I	N	S	I	D	I	O	U	S	L	K	J	I	A	G	H
P	L	U	A	R	O	M	A	T	I	C	F	E	Q	N	V	Q	S	V
Y	U	S	I	N	N	O	C	E	N	T	P	M	V	G	E	X	Q	O
D	P	S	F	N	E	B	U	L	O	U	S	E	B	T	H	R	O	B

CAGEY, MALE, HALTING, GULLIBLE, MATURE, CHUBBY,
IDIOTIC, HILARIOUS, INQUISITIVE, INNOCENT, SAD,
STRANGE, PALE, AROMATIC, COMMON, ADHESIVE,
HANDSOMELY, SECOND, LYING, SCARED, AVAILABLE,
INSIDIOUS, DRUNK, NEBULOUS, GRANDIOSE, ELASTIC,
HIGHFALUTIN, SNAPSHOT, FASCINATED, FIRST

Z	D	Y	N	I	W	U	H	Q	W	N	J	B	Y	S	E	V	W	E
X	D	F	J	N	E	B	U	L	O	U	S	Y	G	A	N	L	V	O
E	J	G	E	S	G	W	M	G	M	B	M	E	W	D	U	J	G	F
R	P	M	L	I	D	G	A	O	I	Z	F	X	R	G	Q	C	H	L
I	J	O	A	D	C	U	T	D	R	K	E	O	V	E	K	B	I	C
T	U	U	S	I	A	L	U	L	A	S	P	I	R	I	N	G	D	C
X	W	T	T	O	G	L	R	Y	P	O	W	E	R	F	U	L	E	P
F	A	R	I	U	E	I	E	Z	T	C	H	U	B	B	Y	D	O	A
W	I	A	C	S	Y	B	E	H	I	L	A	R	I	O	U	S	U	L
D	T	G	D	U	R	L	Y	S	D	Y	M	H	S	S	O	B	S	E
I	I	E	Z	B	O	E	U	C	C	I	A	C	C	F	I	R	S	T
S	N	O	I	D	I	O	T	I	C	N	L	Z	A	F	I	P	C	B
C	G	U	K	C	S	T	R	A	N	G	E	V	R	O	P	P	B	K
R	X	S	J	A	S	Z	D	I	F	F	E	R	E	N	T	S	N	S
E	G	R	A	N	D	I	O	S	E	X	S	F	D	Y	N	Z	V	Y
E	J	B	Z	M	F	I	X	F	A	S	C	I	N	A	T	E	D	F
T	L	I	S	Q	Y	A	D	H	E	S	I	V	E	N	K	J	D	U
B	M	M	H	M	Y	A	M	I	N	Q	U	I	S	I	T	I	V	E
L	D	M	A	V	A	I	L	A	B	L	E	W	T	J	O	R	R	U

DISCREET, DIFFERENT, HIDEOUS, LYING, ADHESIVE, CAGEY, HILARIOUS, OUTRAGEOUS, SAD, ASPIRING, NEBULOUS, GODLY, SCARED, FASCINATED, GRANDIOSE, GULLIBLE, AVAILABLE, IDIOTIC, FIRST, ELASTIC, INSIDIOUS, POWERFUL, CHUBBY, INQUISITIVE, WAITING, MATURE, MALE, STRANGE, PALE

U	T	E	X	J	A	C	A	L	C	U	L	A	T	I	N	G	R	Y
M	T	D	S	T	R	A	N	G	E	Y	S	R	E	Y	M	M	H	Y
R	V	B	K	H	I	G	H	F	A	L	U	T	I	N	P	A	Z	T
B	I	N	S	I	D	I	O	U	S	D	K	F	G	G	S	L	N	T
P	B	D	Z	U	L	B	N	A	H	L	K	C	E	B	F	E	E	V
W	V	D	I	S	C	R	E	E	T	T	Q	H	Y	B	T	M	B	U
D	R	Y	O	G	B	W	E	E	W	H	T	U	Y	S	H	V	U	D
V	B	K	L	F	A	I	Q	S	A	D	P	B	I	E	A	N	L	I
W	R	I	N	N	O	C	E	N	T	G	L	B	F	C	N	E	O	F
H	I	L	A	R	I	O	U	S	J	V	C	Y	G	O	K	H	U	F
T	A	Z	I	N	Q	U	I	S	I	T	I	V	E	N	F	M	S	E
S	R	X	A	V	O	H	B	J	C	A	G	E	Y	D	U	L	G	R
C	O	D	S	L	W	A	Z	Z	I	T	L	F	G	Y	L	C	U	E
A	M	R	P	M	A	L	C	L	O	U	D	Y	O	Z	K	P	O	N
R	A	U	I	A	I	T	V	W	B	K	V	I	D	D	G	I	G	T
E	T	N	R	T	T	I	J	X	C	I	G	V	L	L	Y	I	N	G
D	I	K	I	U	I	N	T	O	N	K	Q	S	Y	X	Q	P	O	Z
K	C	T	N	R	N	G	E	A	U	W	W	H	I	M	E	R	E	L
K	C	D	G	E	G	V	X	H	I	D	E	O	U	S	M	V	M	M

HIGHFALUTIN, SCARED, SAD, CALCULATING, LYING,
AROMATIC, CLOUDY, SECOND, HILARIOUS, HALTING,
MALE, DRUNK, WAITING, INQUISITIVE, INSIDIOUS,
DIFFERENT, DRY, GODLY, THANKFUL, MERE, CHUBBY,
NEBULOUS, DISCREET, INNOCENT, STRANGE, CAGEY,
ASPIRING, HIDEOUS, MATURE

B	V	Q	C	Z	D	A	S	C	A	R	E	D	I	E	K	P	E	C
L	Y	I	N	G	I	D	P	M	T	E	C	O	Y	Z	Y	N	A	A
K	B	I	P	K	F	H	D	I	S	G	U	S	T	E	D	F	P	L
N	M	N	O	X	F	E	I	U	E	M	R	C	O	P	A	L	E	C
H	C	N	W	J	E	S	N	Q	E	L	A	S	T	I	C	O	A	U
U	O	O	E	O	R	I	S	G	R	A	N	D	I	O	S	E	S	L
Z	D	C	R	M	E	V	I	A	C	A	G	E	Y	K	K	K	P	A
J	T	E	F	N	N	E	D	T	U	Z	P	S	A	D	G	O	I	T
C	F	N	U	Y	T	A	I	L	C	L	O	U	D	Y	Y	U	R	I
H	W	T	L	C	M	L	O	J	M	M	M	C	E	G	A	T	I	N
I	T	H	A	N	K	F	U	L	G	R	E	G	W	E	B	R	N	G
L	P	L	M	N	B	M	S	S	H	U	R	D	Q	U	E	A	G	T
A	F	A	O	W	I	C	L	M	A	L	E	I	V	I	P	G	H	Z
R	F	J	R	L	K	V	W	Z	H	A	N	D	S	O	M	E	L	Y
I	A	F	A	S	C	I	N	A	T	E	D	I	S	W	F	O	W	E
O	C	I	T	Z	F	V	G	H	S	E	C	O	N	D	O	U	A	G
U	S	D	R	U	N	K	B	V	S	I	X	T	N	U	H	S	F	Q
S	V	A	H	I	G	H	F	A	L	U	T	I	N	A	W	I	P	H
K	E	F	B	N	E	B	U	L	O	U	S	C	U	R	N	V	D	E

DRUNK, PALE, CAGEY, SECOND, MERE, THANKFUL, DIFFERENT, CLOUDY, SCARED, INSIDIOUS, SAD, LYING, CALCULATING, MALE, IDIOTIC, NEBULOUS, INNOCENT, HANDSOMELY, ADHESIVE, ASPIRING, OUTRAGEOUS, DISGUSTED, FASCINATED, HIGHFALUTIN, ELASTIC, POWERFUL, GRANDIOSE, HILARIOUS

C	H	I	G	H	F	A	L	U	T	I	N	L	K	N	W	H	D	O
F	Y	U	D	I	S	C	R	E	E	T	J	H	L	P	E	O	I	U
W	Z	C	A	L	C	U	L	A	T	I	N	G	T	A	G	K	F	T
X	J	R	O	K	N	F	L	O	B	D	S	O	Z	W	R	H	F	R
S	P	A	I	W	Z	I	H	N	G	O	D	L	Y	A	A	A	E	A
Z	Y	Y	G	O	H	R	A	C	H	U	B	B	Y	I	N	L	R	G
I	C	U	L	S	M	S	N	C	A	G	E	Y	P	T	D	T	E	E
S	Z	J	Q	A	A	T	D	E	X	H	J	I	X	I	I	I	N	O
E	D	C	Z	D	T	V	S	L	Y	I	L	V	A	N	O	N	T	U
C	R	L	T	B	U	L	O	A	T	L	Q	O	N	G	S	G	J	S
O	U	G	J	X	R	P	M	S	H	A	C	R	U	M	E	R	E	G
N	N	T	B	J	E	S	E	T	A	R	N	E	B	U	L	O	U	S
D	K	C	L	Y	J	P	L	I	N	I	S	Y	I	W	X	Z	M	S
I	M	A	L	E	L	S	Y	C	K	O	T	G	D	U	C	B	W	P
T	E	C	C	L	O	U	D	Y	F	U	R	V	I	M	E	X	W	F
T	S	C	A	R	E	D	M	L	U	S	A	X	O	I	S	Z	A	H
L	A	S	P	I	R	I	N	G	L	T	N	J	T	T	Y	W	T	N
N	X	D	I	N	N	O	C	E	N	T	G	T	I	L	X	F	T	R
C	L	Y	I	N	G	X	C	W	D	F	E	B	C	M	O	U	Y	E

NEBULOUS, HANDSOMELY, MATURE, HILARIOUS,
SECOND, FIRST, GODLY, CLOUDY, INNOCENT, IDIOTIC,
MERE, DRUNK, WAITING, SAD, CALCULATING,
GRANDIOSE, HIGHFALUTIN, STRANGE, CAGEY, ASPIRING,
DIFFERENT, HALTING, THANKFUL, ELASTIC, CHUBBY,
MALE, SCARED, LYING, OUTRAGEOUS, DISCREET

Q	E	X	I	N	S	I	D	I	O	U	S	I	L	D	J	Y	T	X
A	R	O	M	A	T	I	C	S	Y	B	H	M	Y	R	S	J	S	Z
M	O	M	Y	D	P	D	I	E	N	Q	R	A	I	Y	I	L	P	L
U	J	P	M	G	R	I	J	C	T	A	G	T	N	L	U	X	G	H
W	F	D	H	O	O	O	O	O	Y	W	V	U	G	R	L	A	B	A
C	U	J	V	D	I	T	O	N	L	Y	Q	R	A	X	W	U	X	L
T	U	H	E	L	A	I	S	D	A	D	H	E	S	I	V	E	B	T
H	L	D	C	Y	C	C	M	Y	Z	V	A	C	L	O	U	D	Y	I
A	C	I	N	N	O	C	E	N	T	Z	V	Z	S	I	F	I	A	N
N	A	R	N	D	B	B	R	I	E	L	A	S	T	I	C	L	K	G
K	L	L	E	P	M	H	E	T	D	M	I	R	K	W	K	G	T	Q
F	C	S	B	L	A	V	S	V	I	A	L	X	Y	T	H	N	W	L
U	U	T	U	R	S	F	N	X	F	L	A	J	I	V	D	J	G	Q
L	L	R	L	P	P	W	X	E	F	E	B	P	M	Q	R	Z	D	W
I	A	A	O	P	I	I	N	D	E	M	L	P	C	H	U	B	B	Y
G	T	N	U	D	R	K	R	X	R	T	E	F	M	G	N	G	C	X
U	I	G	S	C	I	P	O	W	E	R	F	U	L	E	K	G	Z	Q
O	N	E	X	I	N	I	V	B	N	J	D	I	S	C	R	E	E	T
E	G	M	K	M	G	N	Y	T	T	G	R	A	N	D	I	O	S	E

HALTING, AVAILABLE, NEBULOUS, DIFFERENT, INNOCENT, CALCULATING, MERE, SECOND, LYING, CHUBBY, ELASTIC, MALE, THANKFUL, GODLY, MATURE, INSIDIOUS, DRY, DISCREET, STRANGE, GRANDIOSE, CLOUDY, POWERFUL, IDIOTIC, DRUNK, ASPIRING, AROMATIC, ADHESIVE

P	S	G	B	O	E	S	H	I	L	A	R	I	O	U	S	B	J	C
O	D	Y	X	S	A	D	B	I	T	E	Z	H	G	U	S	U	A	O
L	I	N	N	O	C	E	N	T	P	Z	W	A	U	E	P	E	D	G
F	A	S	C	I	N	A	T	E	D	C	H	N	L	C	T	T	H	I
I	N	Q	U	I	S	I	T	I	V	E	O	D	L	I	O	D	E	P
X	H	I	G	H	F	A	L	U	T	I	N	S	I	H	R	M	S	N
Y	P	A	L	E	O	T	Z	A	O	M	C	O	B	F	O	A	I	F
X	L	I	W	S	U	H	R	L	W	D	E	M	L	M	P	L	V	N
L	Y	I	N	G	T	A	H	D	U	R	H	E	E	J	I	E	E	T
F	I	R	S	T	R	N	A	I	I	Y	A	L	B	L	W	A	L	A
B	N	P	C	L	A	K	L	S	L	W	F	Y	W	M	W	D	P	Y
A	E	Z	L	E	G	F	T	C	A	G	E	Y	Z	E	J	R	F	P
S	E	D	O	J	E	U	I	R	D	I	F	F	E	R	E	N	T	J
P	T	M	U	I	O	L	N	E	M	A	T	U	R	E	S	B	Y	J
I	J	S	D	U	U	W	G	E	A	R	O	M	A	T	I	C	T	S
R	Z	C	Y	V	S	X	I	T	L	W	A	H	I	D	E	O	U	S
I	H	U	U	Z	M	Q	Q	L	G	O	D	L	Y	J	W	Y	P	E
N	S	J	B	M	M	N	C	N	W	A	I	T	I	N	G	R	S	U
G	A	P	L	K	T	T	F	E	D	I	S	G	U	S	T	E	D	Y

FASCINATED, MERE, DISGUSTED, GULLIBLE,
HANDSOMELY, HALTING, DIFFERENT, WAITING,
ASPIRING, AROMATIC, OUTRAGEOUS, PALE, SAD, CAGEY,
HILARIOUS, MALE, LYING, DISCREET, DRY, INQUISITIVE,
GODLY, INNOCENT, CLOUDY, HIGHFALUTIN, FIRST,
ADHESIVE, THANKFUL, HIDEOUS, MATURE

B	A	P	L	D	D	R	Y	F	V	L	V	S	Q	Y	E	L	I	F
L	Q	O	A	E	W	G	O	D	L	Y	G	M	A	E	J	Y	N	V
A	S	W	V	G	X	K	A	Q	C	A	G	E	Y	E	W	Q	Q	K
S	X	E	A	I	U	K	D	K	S	T	N	R	R	Q	K	T	U	I
E	J	R	I	N	Y	K	H	D	I	F	F	E	R	E	N	T	I	H
D	G	F	L	N	H	T	E	B	U	D	R	U	N	K	R	C	S	I
Z	N	U	A	O	I	X	S	B	I	N	G	U	U	E	P	C	I	D
Q	I	L	B	C	L	Q	I	S	A	M	R	R	C	V	A	A	T	E
N	F	Q	L	E	A	F	V	T	S	E	C	O	N	D	L	L	I	O
G	A	S	E	N	R	I	E	R	W	S	X	D	H	H	Y	C	V	U
U	S	I	A	T	I	R	I	A	S	A	D	X	A	J	I	U	E	S
L	C	T	D	H	O	S	I	N	U	H	Q	X	N	B	N	L	C	V
L	I	X	V	F	U	T	R	G	O	G	R	K	D	V	G	A	I	U
I	N	H	B	D	S	Q	S	E	S	X	W	M	S	P	J	T	K	K
B	A	K	Y	D	I	S	G	U	S	T	E	D	O	M	R	I	L	C
L	T	H	I	G	H	F	A	L	U	T	I	N	M	A	T	N	F	U
E	E	R	C	I	H	A	L	T	I	N	G	U	E	L	M	G	Q	V
W	D	H	W	A	R	O	M	A	T	I	C	T	L	E	F	E	S	R
G	H	F	R	B	H	Y	K	C	M	N	S	N	Y	J	W	F	Y	V

HANDSOMELY, HIGHFALUTIN, SAD, LYING, INNOCENT, FIRST, DRUNK, GULLIBLE, HIDEOUS, AVAILABLE, ADHESIVE, DIFFERENT, SECOND, DISGUSTED, MALE, POWERFUL, CALCULATING, HILARIOUS, STRANGE, AROMATIC, GODLY, HALTING, CAGEY, FASCINATED, MERE, INQUISITIVE, DRY

B	Y	T	I	Q	K	K	Y	A	S	P	I	R	I	N	G	U	N	A
R	I	E	Y	I	T	P	C	Z	H	S	M	A	T	U	R	E	V	V
R	V	U	D	K	Z	W	W	E	S	A	D	Z	G	L	B	Q	V	A
D	T	H	A	N	K	F	U	L	B	D	U	A	R	K	O	V	F	I
R	X	W	S	S	F	I	R	S	T	W	L	A	A	I	F	R	A	L
U	R	M	G	Q	I	P	C	A	P	A	L	E	N	X	D	E	S	A
H	M	X	O	Q	D	A	L	B	B	D	H	E	D	C	X	J	C	B
Y	H	S	D	C	I	D	X	S	I	Q	Z	H	I	O	O	C	I	L
T	I	E	L	A	O	H	H	L	Y	I	N	G	O	M	G	A	N	E
P	G	C	Y	G	T	E	I	M	E	R	E	P	S	M	U	L	A	Q
E	H	O	T	E	I	S	L	D	Y	K	G	F	E	O	L	C	T	H
G	F	N	J	Y	C	I	A	L	S	M	A	L	E	N	L	U	E	I
B	A	D	V	E	B	V	R	J	B	O	D	I	W	C	I	L	D	B
K	L	J	X	J	X	E	I	C	H	U	B	B	Y	R	B	A	I	E
Z	U	N	E	B	U	L	O	U	S	Y	E	S	W	W	L	T	L	M
A	T	R	V	U	E	B	U	E	L	A	S	T	I	C	E	I	L	N
D	I	P	Y	S	L	I	S	A	R	O	M	A	T	I	C	N	E	X
R	N	K	I	J	M	S	C	A	R	E	D	U	M	G	U	G	G	M
Y	A	H	J	R	F	D	Y	M	D	L	G	F	P	P	T	N	V	S

SAD, SCARED, HIGHFALUTIN, GODLY, MATURE, MERE,

NEBULOUS, CHUBBY, FIRST, CAGEY, CALCULATING,

HILARIOUS, ASPIRING, COMMON, PALE, DRY, GULLIBLE,

ADHESIVE, THANKFUL, FASCINATED, GRANDIOSE,

ELASTIC, IDIOTIC, SECOND, AVAILABLE, MALE,

AROMATIC, LYING

Q	M	K	F	B	H	C	G	I	F	A	S	C	I	N	A	T	E	D
Q	Y	S	X	V	I	D	W	D	T	D	I	S	G	U	S	T	E	D
S	B	C	G	G	G	V	L	I	N	Q	U	I	S	I	T	I	V	E
A	F	L	E	R	H	X	P	O	W	E	R	F	U	L	T	K	F	A
K	M	O	W	A	F	X	U	T	I	N	S	I	D	I	O	U	S	H
S	T	U	O	N	A	M	D	I	J	C	H	B	K	S	K	K	R	L
P	A	D	H	D	L	E	B	C	X	Z	I	Y	A	T	M	A	L	E
F	V	Y	D	I	U	R	G	L	X	Q	L	S	D	R	U	N	K	I
S	A	F	D	O	T	E	B	O	J	H	A	J	H	A	Y	F	N	G
R	I	E	W	S	I	S	O	B	P	A	R	M	E	N	I	L	H	J
E	L	Q	H	E	N	D	H	E	W	N	I	A	S	G	N	T	C	Z
Q	A	E	L	A	S	T	I	C	N	D	O	C	I	E	N	F	D	H
E	B	H	S	F	D	T	S	O	W	S	U	S	V	R	O	I	R	H
F	L	O	E	A	P	P	A	K	G	O	S	E	E	U	C	R	Y	A
P	E	Y	C	H	X	M	D	L	O	M	P	O	R	M	E	S	R	L
A	Y	K	O	W	L	A	X	K	D	E	M	J	F	W	N	T	Z	T
L	T	F	N	F	W	F	G	U	L	L	I	B	L	E	T	H	V	I
E	D	U	D	N	L	N	I	D	Y	Y	V	C	A	G	E	Y	A	N
Q	H	Z	N	S	W	A	U	Q	W	W	S	C	O	M	M	O	N	G

HILARIOUS, HALTING, GODLY, DRUNK, SAD, STRANGE, COMMON, IDIOTIC, POWERFUL, ELASTIC, HANDSOMELY, HIGHFALUTIN, PALE, INQUISITIVE, GRANDIOSE, SECOND, GULLIBLE, FASCINATED, CAGEY, INSIDIOUS, INNOCENT, DRY, ADHESIVE, DISGUSTED, AVAILABLE, CLOUDY, FIRST, MALE, MERE

O	T	F	A	Y	M	A	T	U	R	E	G	Q	I	V	R	C	W	K
G	H	Q	D	I	S	G	U	S	T	E	D	O	D	A	V	H	V	O
W	A	X	X	A	R	O	M	A	T	I	C	G	I	W	U	U	D	L
P	N	W	Y	M	A	D	G	R	A	N	D	I	O	S	E	B	J	N
O	K	L	G	G	I	L	F	A	Z	I	I	E	T	I	T	B	F	M
W	F	H	J	U	W	Y	S	I	A	N	E	L	I	R	X	Y	H	W
E	U	A	F	I	R	S	T	T	V	Q	S	A	C	O	J	Z	A	V
R	L	N	P	V	D	R	Y	C	A	U	L	S	I	I	S	Y	L	A
F	X	D	W	B	A	U	D	H	I	I	Y	T	T	U	O	J	T	D
U	T	S	A	D	Q	B	N	D	L	S	I	I	V	I	J	M	I	H
L	M	O	Z	P	T	D	F	M	A	I	N	C	B	D	Z	A	N	E
T	M	M	M	E	R	E	O	I	B	T	G	W	N	R	C	E	G	S
C	M	E	V	R	L	W	P	P	L	I	W	A	I	T	I	N	G	I
H	I	L	A	R	I	O	U	S	E	V	J	D	I	X	D	V	K	V
A	R	Y	A	C	A	G	E	Y	O	E	R	N	T	L	I	D	B	E
P	A	Z	K	D	I	X	F	O	U	T	R	A	G	E	O	U	S	F
R	X	G	R	C	A	L	C	U	L	A	T	I	N	G	Y	V	Z	J
C	D	R	U	N	K	E	E	T	K	C	T	O	H	L	I	N	X	Z
G	O	B	O	S	D	I	F	F	E	R	E	N	T	G	I	T	A	T

DRUNK, IDIOTIC, GODLY, AVAILABLE, CALCULATING,
SAD, WAITING, THANKFUL, LYING, DISGUSTED,
HANDSOMELY, MATURE, INQUISITIVE, CAGEY,
DIFFERENT, ADHESIVE, DRY, OUTRAGEOUS, FIRST,
AROMATIC, HILARIOUS, GRANDIOSE, HALTING,
POWERFUL, CHUBBY, ELASTIC, MERE

G	U	L	L	I	B	L	E	Z	C	T	E	S	S	P	T	J	A	W
X	I	N	N	O	C	E	N	T	H	O	I	R	A	A	S	U	J	D
D	I	F	F	E	R	E	N	T	U	B	C	Y	D	Z	E	S	V	M
U	L	A	O	U	C	E	N	C	B	D	K	D	P	C	C	C	D	V
R	V	L	B	F	C	L	R	O	B	C	H	I	D	E	O	U	S	M
A	L	U	N	O	C	A	Y	M	Y	A	N	S	U	V	N	A	N	D
V	Y	A	N	W	A	S	S	M	K	G	N	C	G	O	D	L	Y	V
B	I	A	Q	Q	L	T	Z	O	U	E	J	R	G	L	Y	E	Y	S
I	N	F	C	P	C	I	A	N	Y	Y	V	E	H	N	P	F	V	D
H	G	A	M	K	U	C	Z	Y	Y	Q	U	E	C	E	Y	E	V	I
I	X	S	A	K	L	P	P	A	L	E	S	T	S	B	E	I	L	S
L	Y	C	T	O	A	S	P	I	R	I	N	G	Z	U	H	K	F	G
A	U	I	U	H	T	H	A	N	D	S	O	M	E	L	Y	J	I	U
R	U	N	R	M	I	L	M	G	R	A	N	D	I	O	S	E	R	S
I	L	A	E	E	N	A	R	O	M	A	T	I	C	U	F	G	S	T
O	Q	T	E	R	G	Q	D	R	Y	C	B	D	B	S	E	D	T	E
U	E	E	T	E	T	M	D	R	I	S	L	C	L	O	U	D	Y	D
S	U	D	D	E	L	I	G	H	T	F	U	L	M	P	D	C	A	M
C	X	F	S	S	Z	W	P	O	W	E	R	F	U	L	A	F	H	Q

GRANDIOSE, CLOUDY, COMMON, LYING, CAGEY, GODLY,
MERE, MATURE, NEBULOUS, SAD, CALCULATING,
GULLIBLE, DELIGHTFUL, CHUBBY, DISCREET, DRY,
DISGUSTED, HIDEOUS, ASPIRING, DIFFERENT,
HANDSOMELY, FIRST, ELASTIC, FASCINATED, SECOND,
HILARIOUS, AROMATIC, INNOCENT, PALE, POWERFUL

I	X	O	E	H	Q	P	P	F	I	R	S	T	C	O	S	Y	A	Y
X	Q	I	Y	I	I	O	D	F	Q	P	O	W	E	R	F	U	L	M
K	D	D	Z	G	V	G	I	C	G	R	A	N	D	I	O	S	E	M
D	P	I	B	H	A	U	F	H	E	I	D	I	O	T	I	C	B	F
G	Y	S	U	F	H	L	F	E	M	C	O	M	M	O	N	W	Q	S
X	P	G	R	A	F	L	E	K	Z	A	B	M	A	T	U	R	E	F
S	A	U	K	L	Y	I	R	Y	M	G	B	C	H	U	B	B	Y	N
E	L	S	H	U	V	B	E	B	I	E	N	N	X	F	E	R	Z	I
C	E	T	G	T	P	L	N	W	Q	Y	O	L	Y	I	N	G	G	N
O	H	E	C	I	H	E	T	D	E	L	I	G	H	T	F	U	L	Q
N	N	D	V	N	A	R	O	M	A	T	I	C	J	N	R	W	I	U
D	J	F	A	S	C	I	N	A	T	E	D	J	T	R	W	E	G	I
M	U	H	A	N	D	S	O	M	E	L	Y	U	M	I	W	S	B	S
M	B	C	A	L	C	U	L	A	T	I	N	G	E	L	Z	C	S	I
P	A	V	A	I	L	A	B	L	E	B	Y	O	R	B	T	A	A	T
Q	K	I	E	W	A	I	T	I	N	G	B	D	E	O	O	R	D	I
I	N	S	I	D	I	O	U	S	T	J	V	L	H	E	U	E	N	V
R	P	H	H	I	L	A	R	I	O	U	S	Y	W	H	L	D	H	E
D	D	E	L	A	S	T	I	C	F	D	I	J	J	B	G	B	Y	C

PALE, FASCINATED, HILARIOUS, HIGHFALUTIN, SECOND, DELIGHTFUL, CALCULATING, CHUBBY, GODLY, FIRST, POWERFUL, INQUISITIVE, IDIOTIC, SAD, SCARED, INSIDIOUS, WAITING, CAGEY, GULLIBLE, ELASTIC, DIFFERENT, MATURE, GRANDIOSE, MERE, HANDSOMELY, AVAILABLE, COMMON, AROMATIC, DISGUSTED, LYING

E	E	C	D	J	V	C	N	F	P	D	R	U	N	K	R	M	O	F
D	Z	Z	Y	I	Q	B	S	Y	T	I	N	N	O	C	E	N	T	Q
I	O	U	T	R	A	G	E	O	U	S	V	R	D	D	C	N	H	I
S	K	T	M	S	W	J	T	A	D	H	E	S	I	V	E	W	S	N
C	G	I	O	L	J	S	B	W	L	O	W	A	I	T	I	N	G	Q
R	R	C	C	S	P	H	I	G	H	F	A	L	U	T	I	N	E	U
E	A	A	S	P	I	R	I	N	G	H	V	N	I	Q	S	R	L	I
E	N	E	C	V	A	X	M	F	M	A	A	E	N	T	C	W	A	S
T	D	G	A	I	R	C	G	B	A	N	I	B	S	V	A	H	S	I
F	I	N	G	X	O	A	I	E	T	D	L	U	I	E	R	L	T	T
T	O	F	E	H	M	L	D	T	U	S	A	L	D	Z	E	U	I	I
F	S	I	Y	A	A	C	I	S	R	O	B	O	I	U	D	F	C	V
D	E	R	P	L	T	U	O	L	E	M	L	U	O	O	D	R	Y	E
F	D	S	C	T	I	L	T	Y	Y	E	E	S	U	E	F	S	R	H
W	I	T	H	I	C	A	I	I	W	L	Z	A	S	M	N	E	C	Y
D	W	E	Z	N	K	T	C	N	L	Y	K	X	P	F	A	C	Q	H
W	D	D	S	G	O	I	Y	G	P	A	L	E	R	U	W	O	N	A
P	E	S	D	Q	J	N	P	V	B	C	H	U	B	B	Y	N	Q	R
W	Z	Z	Q	X	Z	G	H	I	L	A	R	I	O	U	S	D	F	U

PALE, LYING, MATURE, WAITING, DISCREET, AROMATIC,
HALTING, INSIDIOUS, ADHESIVE, DRY, INQUISITIVE,
IDIOTIC, AVAILABLE, HIGHFALUTIN, CAGEY, DRUNK,
GRANDIOSE, SECOND, ASPIRING, CALCULATING,
CHUBBY, SCARED, NEBULOUS, INNOCENT, HANDSOMELY,
HILARIOUS, FIRST, OUTRAGEOUS, ELASTIC

H	H	E	W	B	P	H	I	N	N	O	C	E	N	T	Z	W	J	Q
C	Y	S	U	F	T	I	I	K	E	L	Y	F	V	N	M	E	R	E
S	I	C	I	T	X	L	I	A	A	D	H	E	S	I	V	E	W	H
I	S	A	D	B	X	A	Y	S	D	I	F	F	E	R	E	N	T	I
F	K	R	Y	Q	F	R	L	Y	I	N	G	B	T	F	Y	Y	I	G
T	W	E	I	R	L	I	F	G	O	D	L	Y	F	Y	U	W	H	H
B	Y	D	F	B	E	O	S	C	A	G	E	Y	Z	O	X	C	U	F
J	J	J	A	Y	A	U	R	L	M	A	S	P	I	R	I	N	G	A
Z	A	Y	S	J	V	S	E	I	D	I	S	G	U	S	T	E	D	L
E	O	J	C	H	A	N	D	S	O	M	E	L	Y	J	E	G	F	U
S	X	N	I	W	I	Y	I	X	G	F	I	R	S	T	D	R	F	T
F	D	T	N	S	L	M	S	E	C	O	N	D	D	A	C	A	P	I
J	R	S	A	M	A	T	U	R	E	V	Q	V	A	E	H	N	A	N
U	U	A	T	M	B	A	R	O	M	A	T	I	C	E	U	D	L	O
J	N	R	E	S	L	W	P	O	W	E	R	F	U	L	B	I	E	I
S	K	B	D	K	E	Y	Y	U	A	M	A	L	E	L	B	O	J	E
D	R	K	K	D	C	L	O	U	D	Y	D	V	L	B	Y	S	P	H
S	L	D	I	K	L	F	G	U	L	L	I	B	L	E	E	E	B	D
K	K	D	K	K	Q	W	A	B	I	Y	L	W	O	A	X	D	R	Y

GODLY, FASCINATED, HILARIOUS, MERE, MATURE, HANDSOMELY, DRY, DIFFERENT, DISGUSTED, PALE, DRUNK, LYING, CHUBBY, CAGEY, MALE, CLOUDY, FIRST, POWERFUL, AVAILABLE, HIGHFALUTIN, GRANDIOSE, ADHESIVE, SECOND, INNOCENT, ASPIRING, AROMATIC, GULLIBLE, SCARED

U	I	H	H	A	L	T	I	N	G	D	G	W	P	E	D	I	W	U
G	N	W	N	W	I	D	O	M	C	C	H	U	B	B	Y	V	D	L
S	Q	C	A	G	E	Y	P	L	V	N	K	G	E	R	H	B	U	A
A	U	U	H	G	E	N	E	R	A	L	Y	R	K	Q	H	O	Q	I
D	I	X	I	N	X	G	R	O	O	V	Y	A	N	J	G	Y	U	G
S	S	S	D	E	X	D	Y	T	R	J	Z	N	O	D	R	U	N	K
R	I	T	E	B	E	L	A	S	T	I	C	D	T	D	M	A	H	P
T	T	W	O	U	W	F	D	N	S	Z	C	I	T	I	A	V	R	J
K	I	W	U	L	B	D	A	A	I	N	G	O	Y	S	T	A	U	R
O	V	Y	S	O	P	I	X	D	N	I	A	S	A	G	U	I	P	C
F	E	S	F	U	Q	F	C	H	S	V	R	E	C	U	R	L	O	W
J	H	C	F	S	W	F	L	E	I	I	R	U	A	S	E	A	W	S
Q	B	A	D	X	A	E	O	S	D	D	U	F	P	T	V	B	E	E
X	V	R	G	P	I	R	U	I	I	I	L	Y	U	E	M	L	R	C
G	S	E	M	M	T	E	D	V	O	O	O	P	G	D	L	E	F	O
D	A	D	X	X	I	N	Y	E	U	T	U	B	M	E	R	E	U	N
Y	R	J	Y	U	N	T	F	V	S	I	S	P	I	Q	Z	U	L	D
R	Y	U	Y	V	G	L	F	A	S	C	I	N	A	T	E	D	M	N
C	A	L	C	U	L	A	T	I	N	G	S	W	V	A	Z	D	U	W

CLOUDY, ADHESIVE, HIDEOUS, NEBULOUS, CHUBBY, GARRULOUS, KNOTTY, GRANDIOSE, SAD, IDIOTIC, POWERFUL, CALCULATING, ELASTIC, SCARED, BAD, AVAILABLE, INSIDIOUS, WAITING, MERE, DRUNK, DIFFERENT, HALTING, SECOND, FASCINATED, DISGUSTED, GROOVY, GENERAL, MATURE, CAGEY, INQUISITIVE

X	H	X	J	C	C	W	K	F	I	L	S	E	C	O	N	D	R	A
D	I	F	I	R	S	T	C	S	N	S	N	Q	Y	S	H	P	C	K
R	G	K	D	I	C	A	L	C	U	L	A	T	I	N	G	S	I	E
Y	H	X	V	N	A	V	A	I	L	A	B	L	E	T	Y	C	L	F
F	F	K	C	S	J	H	D	H	D	V	I	C	Q	A	M	A	L	E
K	A	L	A	I	L	K	H	A	I	Y	J	H	K	L	N	R	T	G
U	L	W	G	D	Y	K	E	L	S	B	G	U	A	H	E	E	H	R
O	U	A	E	I	I	K	S	T	C	A	O	B	F	X	B	D	A	A
M	T	D	Y	O	N	C	I	I	R	D	D	B	B	F	U	H	N	N
Q	I	E	J	U	G	T	V	N	E	O	L	Y	D	J	L	Z	K	D
L	N	L	Z	S	N	I	E	G	E	J	Y	S	V	P	O	N	F	I
L	K	I	N	Q	U	I	S	I	T	I	V	E	C	H	U	Z	U	O
F	Z	G	I	Q	O	U	T	R	A	G	E	O	U	S	S	H	L	S
X	R	H	J	F	W	Q	G	K	H	I	D	E	O	U	S	I	K	E
S	Q	T	A	H	N	J	A	S	P	I	R	I	N	G	G	I	H	I
P	T	F	O	N	H	P	T	R	E	L	A	S	T	I	C	I	M	W
I	O	U	N	B	I	A	W	M	D	I	S	G	U	S	T	E	D	H
C	S	L	N	D	J	L	I	Q	Q	I	A	R	O	M	A	T	I	C
O	F	K	H	L	D	E	Y	X	F	A	S	C	I	N	A	T	E	D

INQUISITIVE, FIRST, BAD, ADHESIVE, SCARED,
NEBULOUS, PALE, HIGHFALUTIN, AVAILABLE, DISCREET,
OUTRAGEOUS, INSIDIOUS, DISGUSTED, GRANDIOSE,
HALTING, SECOND, FASCINATED, CHUBBY, MALE,
DELIGHTFUL, DRY, CALCULATING, AROMATIC, GODLY,
LYING, ASPIRING, ELASTIC, HIDEOUS, THANKFUL, CAGEY

D	R	U	N	K	V	F	W	G	H	W	E	Y	J	T	M	H	Y	T
Q	Q	N	B	W	C	S	C	L	O	U	D	Y	S	H	P	I	G	D
N	I	S	D	J	A	K	C	H	U	B	B	Y	H	A	F	G	V	V
A	N	D	I	E	G	R	O	O	V	Y	D	R	B	N	A	H	H	W
R	F	I	F	O	E	C	O	M	M	O	N	X	J	K	S	F	I	O
O	F	S	F	M	Y	N	E	B	U	L	O	U	S	F	C	A	D	U
M	A	C	E	D	I	S	G	U	S	T	E	D	T	U	I	L	E	T
A	S	R	R	H	A	N	D	S	O	M	E	L	Y	L	N	U	O	R
T	P	E	E	A	A	V	A	I	L	A	B	L	E	S	A	T	U	A
I	I	E	N	C	V	H	I	L	A	R	I	O	U	S	T	I	S	G
C	R	T	T	X	H	A	L	T	I	N	G	H	N	B	E	N	J	E
H	I	J	S	E	C	O	N	D	Q	P	G	E	H	P	D	U	I	O
S	N	B	F	D	G	R	V	F	S	A	C	S	A	D	D	F	G	U
H	G	Q	F	M	A	T	U	R	E	L	K	A	I	A	E	L	V	S
U	C	I	N	N	O	C	E	N	T	E	I	D	A	M	P	B	Z	S
U	O	V	W	P	U	F	I	P	G	S	P	O	W	E	R	F	U	L
R	A	A	R	M	G	J	F	Y	A	D	H	E	S	I	V	E	X	K
A	N	Q	Z	L	T	E	W	S	H	H	H	Z	V	M	P	D	R	Y
Z	X	I	W	J	H	F	G	R	A	N	D	I	O	S	E	J	J	O

HIDEOUS, FASCINATED, AROMATIC, GROOVY, DIFFERENT, POWERFUL, NEBULOUS, HALTING, INNOCENT, DRY, CAGEY, DISCREET, PALE, HANDSOMELY, GRANDIOSE, HILARIOUS, THANKFUL, DISGUSTED, MATURE, OUTRAGEOUS, CHUBBY, DRUNK, ADHESIVE, HIGHFALUTIN, ASPIRING, SAD, SECOND, AVAILABLE, COMMON, CLOUDY

A	N	F	W	C	F	J	L	Y	I	N	G	T	U	F	X	A	K	W
V	A	S	T	R	A	N	G	E	O	N	P	C	D	A	O	C	K	P
A	H	I	D	E	O	U	S	V	B	B	L	J	D	O	O	E	Y	R
I	M	N	E	B	U	L	O	U	S	X	Q	X	S	Y	W	Z	O	M
L	G	F	O	M	A	T	U	R	E	A	T	O	X	Y	M	I	N	I
A	N	S	K	H	A	L	T	I	N	G	N	T	K	E	S	D	I	T
B	G	A	R	Q	S	Z	A	L	G	O	D	L	Y	B	T	Q	N	X
L	Y	D	G	R	A	N	D	I	O	S	E	U	C	M	H	L	N	G
E	T	O	K	F	S	C	A	R	E	D	C	X	E	Y	A	C	O	D
I	N	Q	U	I	S	I	T	I	V	E	E	O	P	D	N	A	C	S
I	P	M	Z	R	A	D	H	E	S	I	V	E	N	F	K	G	E	E
H	O	G	G	S	D	C	H	U	B	B	Y	F	Z	F	F	E	N	G
U	W	F	E	T	R	F	Z	N	S	M	E	R	E	E	U	Y	T	U
V	E	E	C	Q	J	A	W	A	I	T	I	N	G	L	L	I	E	L
Z	R	W	I	D	I	O	T	I	C	Y	L	C	R	A	H	X	A	L
Q	F	S	S	G	D	I	F	F	E	R	E	N	T	S	G	T	E	I
R	U	T	M	A	L	E	K	D	Q	T	M	I	K	T	F	E	G	B
T	L	A	H	A	N	D	S	O	M	E	L	Y	P	I	T	S	C	L
P	A	L	E	R	D	O	O	G	W	Z	G	F	Q	C	W	A	O	E

HIDEOUS, GULLIBLE, GODLY, ADHESIVE, MATURE,
IDIOTIC, PALE, HALTING, ELASTIC, SAD, THANKFUL,
SCARED, MALE, MERE, GRANDIOSE, INQUISITIVE,
DIFFERENT, FIRST, INNOCENT, NEBULOUS, AVAILABLE,
CAGEY, WAITING, LYING, POWERFUL, STRANGE,
HANDSOMELY, CHUBBY

G	R	A	N	D	I	O	S	E	X	H	X	M	H	I	I	N	T	Z
J	L	S	M	I	C	F	H	R	S	X	K	U	A	G	N	D	Q	D
X	X	L	S	N	M	A	L	E	A	F	M	G	N	O	S	E	S	E
P	O	W	E	R	F	U	L	L	D	I	Z	Z	D	D	I	G	S	L
C	R	F	C	H	U	B	B	Y	F	P	F	I	S	L	D	S	T	I
Q	S	I	M	E	R	E	T	M	C	A	T	W	O	Y	I	S	R	G
U	C	R	I	I	N	N	O	C	E	N	T	C	M	I	O	U	A	H
A	A	S	Q	A	K	H	O	U	T	R	A	G	E	O	U	S	N	T
Q	R	T	C	S	D	R	Y	F	D	D	G	U	L	A	S	V	G	F
K	E	U	Z	P	E	X	P	L	Y	I	N	G	Y	Y	C	A	E	U
A	D	A	Y	I	H	X	H	J	J	F	D	G	Q	J	R	B	T	L
E	B	A	P	R	E	G	I	V	M	F	I	D	C	L	O	U	D	Y
L	W	X	A	I	M	U	A	K	U	E	S	H	A	L	T	I	N	G
A	Q	S	L	N	D	L	X	K	M	R	G	D	Q	S	B	A	F	L
S	P	K	E	G	C	L	J	F	S	E	U	R	A	A	C	L	L	D
T	H	I	L	A	R	I	O	U	S	N	S	U	K	Z	D	G	D	Y
I	J	J	H	M	H	B	E	J	F	T	T	N	S	U	U	B	B	L
C	R	V	S	U	W	L	J	C	Q	H	E	K	E	B	L	V	Q	S
J	M	H	K	Y	Z	E	Y	P	M	A	D	G	W	A	K	W	U	S

CHUBBY, DIFFERENT, LYING, STRANGE, GRANDIOSE,
FIRST, ASPIRING, OUTRAGEOUS, HANDSOMELY, DRY,
ELASTIC, HALTING, GULLIBLE, SCARED, INSIDIOUS,
MALE, SAD, HILARIOUS, CLOUDY, DELIGHTFUL, DRUNK,
PALE, DISGUSTED, MERE, GODLY, POWERFUL, INNOCENT

M	G	P	A	H	I	D	E	O	U	S	I	Z	J	L	N	W	C	I
B	A	S	C	A	R	E	D	C	M	T	Q	K	O	W	D	P	G	X
Y	D	G	D	G	Z	H	L	I	T	R	P	A	L	E	R	P	N	I
F	H	P	I	R	P	A	M	N	H	A	F	T	D	J	U	I	J	E
C	E	D	S	A	V	L	I	Q	V	N	H	S	X	Q	N	W	X	F
X	S	F	G	N	R	T	P	U	E	G	M	A	L	E	K	I	Y	J
U	I	F	U	D	K	I	Q	I	F	E	V	D	G	O	D	L	Y	H
Q	V	I	S	I	U	N	A	S	H	D	I	F	F	E	R	E	N	T
R	E	R	T	O	F	G	L	I	P	R	D	I	S	C	R	E	E	T
F	X	S	E	S	O	R	A	T	C	R	U	D	H	A	O	O	V	Y
Y	O	T	D	E	F	B	L	I	C	F	T	G	I	L	Z	U	A	Y
K	V	Y	C	A	G	E	Y	V	I	E	S	P	L	C	T	T	S	I
I	N	N	O	C	E	N	T	E	V	K	Z	G	A	U	T	R	P	D
Q	F	D	Z	A	V	A	I	L	A	B	L	E	R	L	W	A	I	I
M	G	H	A	N	D	S	O	M	E	L	Y	Z	I	A	B	G	R	O
E	H	I	G	H	F	A	L	U	T	I	N	W	O	T	W	E	I	T
R	Q	R	D	N	E	B	U	L	O	U	S	F	U	I	X	O	N	I
E	J	L	Y	I	N	G	C	U	K	Y	D	S	S	N	D	U	G	C
N	Y	G	U	L	L	I	B	L	E	E	G	K	N	G	X	S	O	N

FIRST, IDIOTIC, INQUISITIVE, HILARIOUS, DISCREET,
AVAILABLE, STRANGE, DISGUSTED, CAGEY, DRUNK,
INNOCENT, SCARED, LYING, HIGHFALUTIN, DIFFERENT,
GRANDIOSE, SAD, CALCULATING, ADHESIVE,
OUTRAGEOUS, GODLY, HANDSOMELY, PALE, NEBULOUS,
ASPIRING, HIDEOUS, GULLIBLE, MALE, MERE, HALTING

B	H	S	A	D	V	Z	F	D	R	Y	G	H	S	F	Y	D	W	J
B	I	U	D	N	V	K	Z	B	P	T	V	I	D	R	U	N	K	T
F	L	R	H	E	N	X	W	Y	C	I	H	D	U	M	E	R	E	K
U	A	V	E	B	F	K	F	P	G	H	Y	E	W	C	K	L	F	F
H	R	Y	S	U	I	C	H	U	B	B	Y	O	C	T	Q	C	A	B
Q	I	J	I	L	R	M	J	N	F	L	C	U	I	H	S	A	S	V
L	O	N	V	O	S	O	T	A	V	A	E	S	D	A	K	L	C	M
E	U	R	E	U	T	F	A	Q	W	A	I	T	I	N	G	C	I	C
S	S	J	Q	S	P	M	A	L	E	S	D	G	O	K	A	U	N	L
A	T	I	N	N	O	C	E	N	T	P	G	V	T	F	V	L	A	O
D	D	I	S	C	R	E	E	T	M	I	S	T	I	U	A	A	T	U
D	I	F	F	E	R	E	N	T	L	R	W	X	C	L	I	T	E	D
N	X	A	R	L	G	R	A	N	D	I	O	S	E	C	L	I	D	Y
N	G	U	R	C	L	H	S	O	U	N	A	S	T	R	A	N	G	E
G	U	L	L	I	B	L	E	G	N	G	C	O	Q	N	B	G	B	Y
W	H	A	L	T	I	N	G	O	Y	W	K	S	U	G	L	G	O	P
N	C	Q	I	T	K	E	V	D	I	T	N	I	G	Y	E	Q	W	Z
K	B	F	M	Z	O	O	C	L	T	I	N	S	I	D	I	O	U	S
Y	B	J	Q	T	K	H	N	Y	B	E	L	A	S	T	I	C	S	Q

STRANGE, ASPIRING, CLOUDY, MERE, FIRST, HALTING,
SAD, DRUNK, HILARIOUS, ELASTIC, DISCREET, ADHESIVE,
INNOCENT, WAITING, IDIOTIC, HIDEOUS, AVAILABLE,
GRANDIOSE, GODLY, FASCINATED, INSIDIOUS, DRY,
CHUBBY, GULLIBLE, THANKFUL, DIFFERENT,
CALCULATING, NEBULOUS, MALE

I	S	Z	O	Y	Q	O	G	X	M	F	F	I	R	S	T	I	Z	D
A	A	K	U	Z	K	M	S	D	O	F	L	Q	D	W	H	N	S	I
D	D	E	T	R	C	B	P	I	M	A	H	P	I	A	A	S	T	N
P	H	N	R	D	P	A	Z	S	A	S	Q	O	F	I	N	I	R	N
S	E	B	A	D	I	P	S	C	L	C	L	W	F	T	K	D	A	O
U	S	A	G	M	A	T	U	R	E	I	I	E	E	I	F	I	N	C
G	I	E	E	V	U	D	Q	E	L	N	R	R	R	N	U	O	G	E
O	V	K	O	J	Z	C	I	E	V	A	U	F	E	G	L	U	E	N
D	E	B	U	Z	Y	I	C	T	Y	T	V	U	N	T	Y	S	M	T
L	P	O	S	D	G	X	S	O	S	E	F	L	T	M	W	T	C	R
Y	S	G	O	R	D	S	H	A	N	D	S	O	M	E	L	Y	F	A
L	T	I	S	U	R	C	H	U	B	B	Y	K	D	P	V	W	S	W
O	N	D	Z	N	Y	D	I	S	G	U	S	T	E	D	J	Q	B	Y
V	C	I	U	K	L	J	I	K	G	H	I	L	A	R	I	O	U	S
F	F	O	Q	S	T	J	C	A	L	C	U	L	A	T	I	N	G	R
Y	S	T	D	A	X	U	O	P	E	U	Y	S	E	C	O	N	D	I
B	M	I	W	G	U	L	L	I	B	L	E	F	O	I	I	F	I	Q
T	H	C	K	K	X	Z	C	A	G	E	Y	Y	W	N	Q	J	P	S
M	O	H	I	D	E	O	U	S	D	C	A	T	Q	Y	L	U	L	B

CHUBBY, DRY, OUTRAGEOUS, FASCINATED,
CALCULATING, SECOND, HIDEOUS, DISGUSTED,
ADHESIVE, DRUNK, HANDSOMELY, THANKFUL, CAGEY,
FIRST, IDIOTIC, INSIDIOUS, WAITING, DISCREET, GODLY,
HILARIOUS, STRANGE, GULLIBLE, DIFFERENT, MATURE,
INNOCENT, POWERFUL, MALE

H	I	L	A	R	I	O	U	S	P	D	N	Y	Q	Q	O	P	K	T
I	B	G	F	M	R	B	J	J	G	H	L	X	O	B	B	M	J	J
M	O	Q	R	O	E	V	I	G	D	R	U	N	K	R	S	U	B	S
V	C	O	K	T	P	Y	I	A	C	B	I	M	A	L	E	X	U	N
F	R	W	E	A	C	I	D	Y	E	M	J	G	L	Y	P	W	P	Z
I	H	I	G	H	F	A	L	U	T	I	N	E	Y	T	C	G	I	N
T	S	A	D	I	B	I	D	F	R	B	T	X	I	T	P	R	N	W
L	W	V	D	O	E	H	C	O	M	M	O	N	N	V	V	O	S	A
D	D	N	I	M	P	O	W	E	R	F	U	L	G	U	G	O	I	S
I	R	T	F	D	C	A	L	C	U	L	A	T	I	N	G	V	D	P
S	Y	H	F	D	B	D	V	E	N	J	L	V	Y	G	J	Y	I	I
C	U	A	E	I	C	H	U	B	B	Y	F	K	M	L	R	D	O	R
R	F	N	R	S	H	G	B	Y	J	V	B	M	E	R	E	O	U	I
E	D	K	E	G	I	E	H	A	N	D	S	O	M	E	L	Y	S	N
E	Q	F	N	U	D	N	P	F	Y	E	L	A	S	T	I	C	I	G
T	K	U	T	S	E	E	K	I	F	A	S	C	I	N	A	T	E	D
N	Z	L	Y	T	O	R	Z	R	G	Z	A	D	H	E	S	I	V	E
B	D	T	J	E	U	A	R	S	L	X	C	S	T	R	A	N	G	E
D	O	D	Z	D	S	L	Z	T	I	X	L	K	N	O	T	T	Y	S

CHUBBY, GENERAL, STRANGE, INSIDIOUS, ADHESIVE, COMMON, FASCINATED, POWERFUL, HANDSOMELY, GROOVY, THANKFUL, MALE, DRUNK, MERE, HIGHFALUTIN, DISCREET, SAD, FIRST, ASPIRING, DRY, LYING, DISGUSTED, CALCULATING, HIDEOUS, ELASTIC, HILARIOUS, DIFFERENT, ACID, KNOTTY

D	D	T	N	T	L	N	O	V	L	G	U	L	L	I	B	L	E	D
I	I	D	E	H	E	C	F	H	A	N	D	S	O	M	E	L	Y	R
F	S	M	B	A	P	A	F	A	S	C	I	N	A	T	E	D	H	Y
F	G	Q	U	N	R	L	B	X	U	K	C	A	G	E	Y	X	I	R
E	U	C	L	K	L	C	R	F	X	N	C	M	X	F	O	V	G	X
R	S	A	O	F	N	U	I	N	N	O	C	E	N	T	Q	Y	H	Z
E	T	I	U	U	T	L	U	W	X	T	J	Q	A	L	J	N	F	O
N	E	S	S	L	S	A	D	D	W	T	I	M	B	A	D	A	A	U
T	D	Z	S	X	N	T	R	E	V	Y	H	E	C	R	G	S	L	C
L	Y	I	N	G	S	I	U	L	F	Z	T	R	L	M	Z	P	U	I
F	B	P	P	L	Q	N	N	I	I	B	O	E	O	S	R	I	T	O
I	V	R	O	Q	V	G	K	G	R	M	A	T	U	R	E	R	I	Q
C	O	M	M	O	N	Z	A	H	S	H	E	U	D	B	H	I	N	D
P	O	W	E	R	F	U	L	T	T	U	R	F	Y	I	A	N	K	D
B	Q	G	V	W	B	H	I	F	H	M	A	L	E	U	L	G	D	W
Y	H	O	C	N	M	M	I	U	A	D	C	M	A	W	T	U	T	R
K	I	D	E	H	F	P	A	L	E	E	Q	X	G	U	I	X	A	H
E	B	L	I	N	S	I	D	I	O	U	S	J	P	G	N	X	F	S
Z	O	Y	U	Z	U	H	I	L	A	R	I	O	U	S	G	N	Z	R

FIRST, GODLY, MATURE, INSIDIOUS, KNOTTY, LYING,
FASCINATED, ASPIRING, CALCULATING, COMMON,
INNOCENT, DELIGHTFUL, MALE, HANDSOMELY,
POWERFUL, HALTING, PALE, HIGHFALUTIN, NEBULOUS,
DISGUSTED, DIFFERENT, CLOUDY, CAGEY, BAD,
THANKFUL, GULLIBLE, HILARIOUS, DRY, DRUNK, MERE

N	G	R	A	N	D	I	O	S	E	H	G	X	O	C	F	R	I	G
S	C	L	Y	S	Y	D	M	G	P	I	P	H	A	L	T	I	N	G
T	H	F	T	L	I	R	A	S	D	L	A	S	D	P	A	C	S	G
W	U	I	I	H	N	U	L	A	H	A	L	I	D	I	O	T	I	C
K	B	R	P	Z	H	N	E	D	I	R	E	K	Q	H	H	Q	D	E
S	B	S	S	W	C	K	C	O	D	I	F	Y	M	L	I	Q	I	A
T	Y	T	O	U	T	R	A	G	E	O	U	S	U	K	G	N	O	D
D	N	I	M	X	G	X	T	I	O	U	D	R	Y	Z	H	A	U	H
I	X	J	A	D	C	Q	L	F	U	S	F	E	X	O	F	S	S	E
S	L	H	T	H	A	E	L	A	S	T	I	C	J	L	A	P	D	S
C	W	A	U	Q	G	T	H	A	N	K	F	U	L	Y	L	I	M	I
R	G	E	R	O	E	P	S	N	T	P	F	A	C	I	U	R	Z	V
E	F	B	E	V	Y	Q	W	M	Q	G	G	R	P	N	T	I	F	E
E	C	L	O	U	D	Y	E	M	P	Z	C	K	Q	G	I	N	Q	E
T	Z	I	N	Q	U	I	S	I	T	I	V	E	G	A	N	G	I	B
F	T	F	T	V	H	T	C	J	A	F	P	O	W	E	R	F	U	L
V	W	K	Q	P	C	L	I	N	N	O	C	E	N	T	W	L	O	M
R	T	I	G	O	I	L	G	G	O	D	L	Y	L	U	L	E	E	M
Z	G	V	H	S	C	A	R	E	D	Q	A	L	H	W	F	N	I	M

HILARIOUS, MALE, HIGHFALUTIN, OUTRAGEOUS, GODLY, CLOUDY, THANKFUL, IDIOTIC, HIDEOUS, INQUISITIVE, HALTING, CAGEY, GRANDIOSE, DRY, ELASTIC, DISCREET, DRUNK, POWERFUL, PALE, ADHESIVE, SCARED, FIRST, INNOCENT, CHUBBY, SAD, INSIDIOUS, LYING, MATURE, ASPIRING

A	S	P	I	R	I	N	G	A	J	B	U	J	M	N	E	P	D	Q
X	U	V	W	W	G	I	Z	V	F	I	R	S	T	T	M	N	I	C
V	T	L	F	Y	K	N	C	A	L	C	U	L	A	T	I	N	G	X
D	G	Z	I	M	P	N	L	I	N	X	G	S	B	A	R	V	Z	U
M	S	V	N	K	Z	O	N	L	A	V	U	E	R	R	C	E	T	T
F	L	Q	Q	W	N	C	G	A	X	K	L	C	I	O	D	B	N	U
G	N	E	U	E	T	E	O	B	M	G	L	O	N	M	R	S	P	R
S	P	U	I	B	S	N	D	L	H	Y	I	N	S	A	U	W	M	A
A	F	G	S	V	G	T	L	E	V	T	B	D	I	T	N	O	A	E
D	Y	B	I	V	R	V	Y	B	R	Y	L	F	D	I	K	R	L	D
U	O	U	T	R	A	G	E	O	U	S	E	K	I	C	F	V	E	I
T	M	I	I	T	N	A	H	H	A	N	D	S	O	M	E	L	Y	S
N	G	Q	V	X	D	C	L	O	U	D	Y	A	U	D	M	U	B	C
K	T	H	E	M	I	R	D	L	D	R	O	Z	S	Z	T	L	I	R
M	Y	Y	Z	A	O	K	K	J	R	H	I	D	E	O	U	S	E	E
J	E	M	C	T	S	L	X	F	Y	P	O	W	E	R	F	U	L	E
K	D	U	M	U	E	G	H	I	G	H	F	A	L	U	T	I	N	T
P	X	R	W	R	L	L	D	S	V	E	T	I	D	I	O	T	I	C
L	G	H	Z	E	T	F	K	X	N	E	B	U	L	O	U	S	Q	H

CALCULATING, CLOUDY, ASPIRING, AROMATIC, MATURE, IDIOTIC, HANDSOMELY, INSIDIOUS, GODLY, SECOND, AVAILABLE, HIGHFALUTIN, DISCREET, OUTRAGEOUS, GULLIBLE, MALE, HIDEOUS, SAD, INNOCENT, INQUISITIVE, FIRST, NEBULOUS, DRY, POWERFUL, GRANDIOSE, DRUNK

D	C	O	M	M	O	N	Z	J	G	Q	S	I	N	U	W	W	K	V
E	C	M	C	S	H	A	N	D	S	O	M	E	L	Y	P	H	A	N
L	X	F	A	S	C	I	N	A	T	E	D	Q	B	G	A	Q	R	A
I	X	H	E	C	M	S	S	T	R	A	N	G	E	N	L	C	Y	V
G	B	A	H	L	A	E	L	J	A	K	K	O	N	E	E	A	E	A
H	R	L	Z	O	L	C	Y	B	S	T	D	U	O	L	I	G	C	I
T	G	T	X	U	E	O	I	M	E	R	E	M	K	A	I	E	O	L
F	T	I	P	D	N	N	N	C	H	U	B	B	Y	S	N	Y	F	A
U	H	N	A	Y	D	D	G	C	C	O	I	M	V	T	P	M	L	B
L	A	G	Q	I	D	I	O	T	I	C	S	A	D	I	I	N	A	L
I	N	Q	U	I	S	I	T	I	V	E	A	S	W	C	K	I	R	E
Y	K	V	D	I	S	G	U	S	T	E	D	P	S	E	O	X	G	H
L	F	O	B	C	A	L	C	U	L	A	T	I	N	G	F	V	O	O
O	U	M	I	N	S	I	D	I	O	U	S	R	T	A	H	N	D	D
Y	L	O	E	P	O	W	E	R	F	U	L	I	W	T	X	M	L	E
H	S	C	A	R	E	D	H	Q	V	G	U	N	U	R	L	P	Y	J
Q	W	W	A	I	T	I	N	G	S	G	B	G	B	U	A	P	D	R
V	N	P	I	N	N	O	C	E	N	T	T	L	V	G	M	V	W	B
B	D	Z	W	M	H	D	I	S	C	R	E	E	T	G	I	H	X	G

STRANGE, DISCREET, ASPIRING, HANDSOMELY, SCARED,
IDIOTIC, INSIDIOUS, FASCINATED, LYING, WAITING,
PALE, AVAILABLE, MALE, INNOCENT, THANKFUL,
POWERFUL, COMMON, DISGUSTED, HALTING, CLOUDY,
CALCULATING, ELASTIC, SAD, DELIGHTFUL, SECOND,
CHUBBY, GODLY, MERE, INQUISITIVE, CAGEY

S	S	P	K	B	C	U	F	N	F	I	R	S	T	Z	I	O	T	V
A	I	V	H	Y	P	F	W	I	A	V	A	I	L	A	B	L	E	T
D	Q	H	I	D	E	O	U	S	K	H	X	H	R	O	Q	L	H	P
E	T	H	A	N	K	F	U	L	M	D	S	U	H	K	Z	U	A	S
Y	L	D	D	I	S	G	U	S	T	E	D	Q	Q	M	B	E	J	G
C	H	L	P	L	P	J	O	E	N	H	I	L	A	R	I	O	U	S
Y	S	Z	O	U	T	R	A	G	E	O	U	S	X	U	L	N	C	I
S	X	T	T	R	K	A	D	H	E	S	I	V	E	U	E	E	A	D
S	B	T	U	Z	U	X	Y	A	S	T	R	A	N	G	E	B	G	I
N	I	C	Z	S	A	N	M	S	H	V	M	A	L	E	Y	U	E	O
E	L	A	S	T	I	C	E	P	W	Q	Y	G	N	L	E	L	Y	T
C	L	O	U	D	Y	S	R	I	M	T	G	V	Y	G	E	O	W	I
X	Y	P	G	W	B	E	E	R	D	C	H	U	B	B	Y	U	S	C
E	S	D	P	A	E	C	B	I	N	S	I	D	I	O	U	S	Z	P
S	G	Z	B	I	O	O	Q	N	Z	O	P	R	S	C	A	R	E	D
T	Y	P	M	T	N	N	G	G	D	I	S	C	R	E	E	T	D	C
S	I	Q	B	I	O	D	G	U	L	G	W	M	A	T	U	R	E	S
P	W	Y	F	N	F	N	O	Q	D	L	Y	I	N	G	H	E	Y	T
W	R	A	A	G	E	Q	D	P	R	G	U	L	L	I	B	L	E	M

OUTRAGEOUS, HIDEOUS, LYING, MERE, AVAILABLE,
CHUBBY, SCARED, INSIDIOUS, SAD, ADHESIVE, ASPIRING,
STRANGE, HILARIOUS, GULLIBLE, IDIOTIC, CLOUDY,
DISGUSTED, SECOND, DISCREET, NEBULOUS, FIRST,
THANKFUL, MATURE, CAGEY, ELASTIC, MALE, WAITING

I	R	R	H	G	H	A	N	D	S	O	M	E	L	Y	G	H	L	Q
B	I	L	I	M	G	A	O	A	B	I	C	E	J	T	G	M	S	Q
S	N	Q	G	H	T	W	G	R	A	N	D	I	O	S	E	A	B	Z
R	N	Q	H	I	D	R	U	N	K	W	B	I	F	F	Y	L	R	M
M	O	D	F	L	A	R	I	D	I	O	T	I	C	D	B	E	P	P
T	C	C	A	A	N	M	F	R	V	M	H	E	L	A	S	T	I	C
A	E	I	L	R	Z	D	Q	A	O	J	A	D	H	E	S	I	V	E
I	N	Q	U	I	S	I	T	I	V	E	N	D	V	S	T	X	C	D
C	T	F	T	O	S	S	F	K	A	B	K	Y	G	E	N	N	A	I
L	D	Y	I	U	T	G	A	L	R	C	F	M	P	C	E	W	A	S
O	T	G	N	S	R	U	S	D	O	A	U	E	A	O	B	D	C	C
U	C	O	Q	V	A	S	C	S	M	G	L	R	M	N	U	Z	H	R
D	Y	L	U	P	N	T	I	C	A	E	R	E	H	D	L	R	U	E
Y	P	Z	Q	Q	G	E	N	A	T	Y	Y	G	A	X	O	B	B	E
L	Y	I	N	G	E	D	A	R	I	L	L	U	L	Q	U	A	B	T
H	I	D	E	O	U	S	T	E	C	X	R	Z	T	G	S	E	Y	U
W	H	G	Y	U	S	Z	E	D	W	A	I	T	I	N	G	S	D	C
C	C	G	O	D	L	Y	D	V	J	G	B	F	N	F	Q	T	F	S
I	N	S	I	D	I	O	U	S	Y	P	V	N	G	H	A	Y	A	Y

IDIOTIC, FASCINATED, CAGEY, MERE, ADHESIVE, MALE, DRUNK, WAITING, HALTING, NEBULOUS, HIDEOUS, INQUISITIVE, CLOUDY, INSIDIOUS, LYING, DISCREET, SECOND, THANKFUL, SCARED, GODLY, CHUBBY, INNOCENT, STRANGE, HANDSOMELY, ELASTIC, DISGUSTED, HILARIOUS, AROMATIC, HIGHFALUTIN, GRANDIOSE

S	L	W	V	N	P	M	Z	N	E	R	R	M	N	Q	Q	S	G	T
T	S	T	R	A	N	G	E	U	C	I	S	A	E	G	Z	W	V	D
D	D	R	Y	M	W	P	X	Z	X	K	X	L	B	V	O	A	G	D
I	J	X	R	N	W	G	M	A	T	U	R	E	U	N	U	I	G	H
S	F	G	T	Q	C	P	A	L	E	M	O	J	L	Z	T	T	H	T
G	P	O	D	R	U	N	K	H	M	V	F	B	O	W	R	I	I	L
U	A	D	Q	W	T	H	A	N	K	F	U	L	U	T	A	N	L	T
S	D	L	O	V	J	G	G	W	W	V	F	U	S	I	G	G	A	S
T	H	Y	F	H	I	G	H	F	A	L	U	T	I	N	E	A	R	H
E	E	R	A	C	C	L	O	U	D	Y	A	A	O	N	O	I	I	A
D	S	Q	S	D	R	M	O	I	N	S	I	D	I	O	U	S	O	N
L	I	S	C	A	R	E	D	O	K	I	Y	D	B	C	S	H	U	D
Y	V	E	I	D	O	P	O	W	E	R	F	U	L	E	U	V	S	S
C	E	D	N	L	I	F	Q	B	R	Q	M	H	J	N	M	K	U	O
H	I	R	A	Y	C	O	F	U	F	F	I	R	S	T	O	Z	B	M
E	S	R	T	I	A	H	I	D	E	O	U	S	R	H	E	F	W	E
Q	K	I	E	N	G	A	W	G	U	L	L	I	B	L	E	M	V	L
E	N	C	D	G	E	P	X	A	V	A	I	L	A	B	L	E	B	Y
Z	H	E	D	Q	Y	E	H	G	R	A	N	D	I	O	S	E	Z	V

STRANGE, HILARIOUS, GRANDIOSE, SCARED, GULLIBLE, HANDSOMELY, HIDEOUS, THANKFUL, AVAILABLE, DRUNK, PALE, INNOCENT, MATURE, OUTRAGEOUS, DISGUSTED, FASCINATED, FIRST, HIGHFALUTIN, POWERFUL, NEBULOUS, LYING, MALE, INSIDIOUS, CAGEY, WAITING, DRY, ADHESIVE, GODLY, CLOUDY

M	G	Y	D	L	D	A	I	X	O	D	C	A	X	J	C	D	A	B
Y	K	H	E	Y	I	F	D	P	C	I	H	R	P	E	A	P	U	Z
K	L	I	R	I	S	M	I	O	H	F	A	O	R	U	L	N	S	W
F	M	Z	A	N	C	K	O	W	U	F	N	M	D	I	C	E	L	B
A	U	O	N	G	R	N	T	E	B	E	D	A	I	G	U	B	F	F
S	N	H	G	H	E	O	I	R	B	R	S	T	S	Q	L	U	Z	F
C	T	M	E	R	E	T	C	F	Y	E	O	I	G	Y	A	L	A	R
I	H	N	D	V	T	T	Y	U	X	N	M	C	U	J	T	O	G	T
N	A	M	G	O	O	Y	W	L	X	T	E	D	S	Z	I	U	P	I
A	N	Y	C	O	M	M	O	N	H	C	L	O	T	S	N	S	G	N
T	K	G	R	A	N	D	I	O	S	E	Y	A	E	S	G	U	V	Q
E	F	P	H	I	L	A	R	I	O	U	S	I	D	E	C	Y	E	U
D	U	A	W	N	W	W	A	I	T	I	N	G	J	C	D	H	L	I
U	L	L	A	O	A	S	K	E	N	S	Z	Z	Q	O	T	Q	A	S
B	K	E	Y	Z	X	V	G	O	D	L	Y	N	Z	N	M	C	S	I
Z	A	Z	W	D	N	W	P	M	F	L	T	V	K	D	C	X	T	T
I	T	L	E	S	T	R	A	N	G	E	G	U	P	T	U	A	I	I
M	T	H	X	E	M	W	M	V	M	S	A	D	P	S	O	B	C	V
C	X	I	N	N	O	C	E	N	T	A	D	R	R	E	F	N	R	E

ELASTIC, INNOCENT, COMMON, THANKFUL, POWERFUL,
GODLY, DISGUSTED, SAD, IDIOTIC, DIFFERENT,
FASCINATED, AROMATIC, DISCREET, DERANGED,
CHUBBY, MERE, CALCULATING, INQUISITIVE, WAITING,
HANDSOMELY, KNOTTY, PALE, HILARIOUS, STRANGE,
NEBULOUS, SECOND, LYING, GRANDIOSE

B	O	U	T	R	A	G	E	O	U	S	Y	N	O	W	M	I	T	P
A	D	H	E	S	I	V	E	U	G	L	H	I	U	P	W	N	H	D
S	C	A	R	E	D	H	J	I	Y	I	I	V	Q	M	A	Q	A	E
O	I	O	Q	P	H	M	A	Z	H	I	D	M	K	G	I	U	N	W
H	O	N	G	J	K	E	A	D	E	B	E	G	Y	R	T	I	K	N
I	U	H	I	L	A	R	I	O	U	S	O	R	S	A	I	S	F	J
G	A	I	C	C	H	E	B	N	U	C	U	O	G	N	N	I	U	P
H	A	D	N	E	B	U	L	O	U	S	S	O	H	D	G	T	L	A
F	S	Z	U	I	D	I	O	T	I	C	P	V	M	I	F	I	L	L
A	D	A	S	J	W	W	E	C	A	G	E	Y	A	O	L	V	U	E
L	C	H	U	B	B	Y	D	J	S	U	S	V	F	S	D	E	M	M
U	F	I	R	S	T	Y	I	G	P	E	X	X	W	E	C	L	C	J
T	K	Z	K	D	Y	Z	F	C	I	D	I	S	G	U	S	T	E	D
I	T	P	D	L	L	K	F	B	R	U	Q	Q	S	F	W	B	G	M
N	B	M	R	Z	Q	N	E	S	I	F	N	H	A	L	T	I	N	G
T	C	E	Y	N	N	P	R	R	N	Z	O	I	D	S	K	O	G	P
N	D	I	S	C	R	E	E	T	G	Q	W	N	C	N	M	B	Q	X
Z	Y	G	N	Y	Z	S	N	F	A	S	C	I	N	A	T	E	D	V
M	Y	Y	V	M	H	L	T	C	A	L	C	U	L	A	T	I	N	G

CAGEY, HIDEOUS, GROOVY, IDIOTIC, DIFFERENT,
DISCREET, SCARED, GRANDIOSE, MERE, CALCULATING,
FIRST, ASPIRING, HIGHFALUTIN, SAD, ADHESIVE,
OUTRAGEOUS, PALE, NEBULOUS, DISGUSTED,
FASCINATED, HALTING, THANKFUL, CHUBBY, HILARIOUS,
WAITING, INQUISITIVE, DRY

D	M	L	L	A	T	R	I	F	M	I	O	J	O	C	A	G	E	Y
K	V	K	F	A	I	N	Q	U	I	S	I	T	I	V	E	P	O	X
S	I	D	S	A	D	S	R	F	I	I	G	K	X	N	B	J	J	M
J	D	P	D	Y	H	I	D	E	O	U	S	R	M	Y	V	N	S	V
H	I	R	I	J	D	R	G	D	I	S	G	U	S	T	E	D	W	P
A	O	L	F	H	I	L	A	R	I	O	U	S	P	L	L	L	I	M
S	T	M	F	M	W	L	S	E	B	T	G	U	L	L	I	B	L	E
O	I	A	E	T	D	O	Z	R	H	H	A	L	T	I	N	G	T	X
E	C	L	R	V	R	N	E	B	U	L	O	U	S	T	T	K	H	Y
U	N	E	E	H	I	G	H	F	A	L	U	T	I	N	H	X	A	Q
E	J	A	N	C	A	L	C	U	L	A	T	I	N	G	D	H	N	S
G	E	P	T	Q	Y	E	W	F	I	R	S	T	Y	R	R	V	K	E
O	D	W	N	I	W	X	A	D	H	E	S	I	V	E	U	P	F	C
D	O	A	S	P	I	R	I	N	G	C	S	G	Y	E	N	F	U	O
L	C	H	U	B	B	Y	T	Y	U	V	H	P	F	N	K	Y	L	N
Y	K	Z	Y	Q	D	R	I	I	G	T	L	Y	I	N	G	H	M	D
O	M	O	T	S	B	J	N	H	C	A	V	A	I	L	A	B	L	E
W	Q	W	Z	M	X	R	G	L	G	E	L	A	S	T	I	C	M	R
F	D	R	Y	R	E	Y	F	C	R	R	H	E	H	K	F	I	A	S

INQUISITIVE, MALE, GULLIBLE, HALTING, SECOND,
DIFFERENT, ASPIRING, CAGEY, DRUNK, SAD, HIDEOUS,
LYING, CHUBBY, CALCULATING, ELASTIC, GODLY,
IDIOTIC, DRY, HILARIOUS, NEBULOUS, HIGHFALUTIN,
FIRST, WAITING, ADHESIVE, AVAILABLE, DISGUSTED,
THANKFUL

S	Q	G	A	R	R	U	L	O	U	S	S	F	H	P	U	Z	N	R
C	D	X	I	D	R	F	P	S	F	O	L	L	Y	S	A	D	A	C
Z	I	T	A	R	P	O	X	R	G	U	H	A	L	T	I	N	G	L
V	S	A	W	Y	M	T	Y	Q	C	T	Z	Q	O	M	P	A	B	N
T	G	E	O	H	L	I	W	B	V	R	N	B	R	O	K	E	N	C
G	U	E	E	F	A	S	C	I	N	A	T	E	D	M	Y	H	J	B
I	S	C	E	L	A	S	T	I	C	G	V	D	Y	A	B	I	I	L
S	T	R	A	N	G	E	J	O	C	E	E	G	N	R	A	L	D	C
K	E	Q	Y	T	G	O	D	L	Y	O	I	P	E	D	D	A	I	A
W	D	W	O	A	B	P	A	A	A	U	D	A	B	R	N	R	O	L
C	G	A	I	G	D	A	C	I	D	S	U	L	U	U	M	I	T	C
A	H	I	G	H	F	A	L	U	T	I	N	E	L	N	O	O	I	U
G	T	T	S	I	A	S	P	I	R	I	N	G	O	K	E	U	C	L
E	F	I	R	S	T	Q	D	P	K	Q	B	X	U	I	U	S	E	A
Y	O	N	F	O	B	G	R	A	N	D	I	O	S	E	R	K	O	T
F	Z	G	D	S	J	I	F	J	O	O	D	M	A	S	S	H	E	I
I	X	E	C	G	A	J	C	P	T	A	D	H	E	S	I	V	E	N
T	H	A	N	K	F	U	L	E	T	T	E	J	K	Y	I	T	P	G
H	E	E	M	R	A	M	L	L	Y	I	N	G	G	T	Q	Q	M	X

FIRST, STRANGE, ASPIRING, OUTRAGEOUS, GODLY,
HIGHFALUTIN, FASCINATED, KNOTTY, CALCULATING,
HILARIOUS, ADHESIVE, LYING, ACID, BAD, DISGUSTED,
GARRULOUS, WAITING, THANKFUL, IDIOTIC, PALE,
ELASTIC, HALTING, DRUNK, DRY, GRANDIOSE, CAGEY,
SAD, BROKEN, NEBULOUS

V	K	R	U	G	U	L	L	I	B	L	E	X	Z	F	W	K	O	S
T	V	X	B	P	Z	P	D	E	D	I	S	G	U	S	T	E	D	T
M	T	R	I	N	S	I	D	I	O	U	S	B	U	W	T	W	K	R
E	F	C	Z	W	L	D	R	U	N	K	F	F	N	O	N	A	Y	A
R	I	F	K	Z	E	L	P	W	C	H	U	B	B	Y	F	I	M	N
E	J	F	H	I	G	H	F	A	L	U	T	I	N	M	B	T	K	G
Q	Z	A	H	A	N	D	S	O	M	E	L	Y	N	I	H	I	C	E
D	I	S	I	N	Q	U	I	S	I	T	I	V	E	D	Z	N	L	Y
G	Q	C	X	O	U	G	D	P	A	S	P	I	R	I	N	G	Y	R
E	E	I	Q	U	E	O	F	A	S	A	D	H	L	O	W	Q	I	L
L	I	N	W	T	L	D	B	L	E	G	W	I	C	T	B	M	N	Z
W	E	A	C	R	A	L	M	E	C	W	C	D	K	I	W	N	G	G
Z	F	T	L	A	S	Y	W	K	O	J	D	E	U	C	S	B	C	P
S	V	E	O	G	T	G	R	A	N	D	I	O	S	E	J	D	L	F
O	J	D	U	E	I	W	I	F	D	W	D	U	X	R	K	R	I	W
J	E	O	D	O	C	C	I	G	Z	D	I	S	C	R	E	E	T	E
K	D	M	Y	U	T	H	A	N	K	F	U	L	P	Y	Z	I	Z	A
V	R	N	U	S	N	S	T	H	B	D	I	F	F	E	R	E	N	T
V	Y	W	U	F	K	H	I	L	A	R	I	O	U	S	N	D	K	I

DRUNK, PALE, LYING, DRY, HIDEOUS, INQUISITIVE,
CHUBBY, THANKFUL, FASCINATED, ELASTIC, INSIDIOUS,
IDIOTIC, HIGHFALUTIN, OUTRAGEOUS, DIFFERENT,
GRANDIOSE, SECOND, HILARIOUS, GODLY,
HANDSOMELY, MERE, DISGUSTED, ASPIRING, WAITING,
CLOUDY, SAD, GULLIBLE, STRANGE, DISCREET

M	N	B	N	C	P	M	A	T	U	R	E	Q	F	C	W	X	Y	W
C	B	S	A	D	O	L	E	Q	L	W	O	F	I	L	C	B	K	S
P	C	L	G	X	W	C	Z	B	A	O	P	X	R	O	H	O	I	T
Q	J	M	E	R	E	R	U	T	F	E	B	A	S	U	U	Q	X	R
H	W	H	J	N	R	C	A	G	E	Y	I	P	T	D	B	I	G	A
D	H	I	G	H	F	A	L	U	T	I	N	N	L	Y	B	N	C	N
I	O	P	W	Q	U	Z	A	D	H	E	S	I	V	E	Y	O	A	G
S	X	K	M	C	L	F	A	S	C	I	N	A	T	E	D	K	L	E
E	L	A	S	T	I	C	R	G	W	L	I	Z	M	B	U	P	C	D
C	K	D	L	D	K	V	A	R	O	M	A	T	I	C	W	P	U	G
O	D	I	J	X	T	R	N	I	N	S	I	D	I	O	U	S	L	V
N	I	F	Q	E	X	V	C	O	M	M	O	N	R	C	M	C	A	P
D	S	F	I	R	D	E	L	I	G	H	T	F	U	L	H	A	T	C
X	G	E	D	T	H	A	N	K	F	U	L	Y	T	B	R	R	I	X
P	U	R	I	H	A	L	T	I	N	G	U	I	X	J	C	E	N	W
J	S	E	O	K	C	Y	T	K	L	W	B	Q	B	U	I	D	G	N
Z	T	N	T	Y	D	I	A	I	G	W	M	K	R	K	M	A	L	E
B	E	T	I	U	M	N	U	P	C	O	V	Z	S	I	A	T	D	B
B	D	E	C	D	C	G	Z	G	U	L	L	I	B	L	E	A	O	L

STRANGE, HIGHFALUTIN, SCARED, THANKFUL, GULLIBLE, ELASTIC, SECOND, HALTING, DELIGHTFUL, ADHESIVE, INSIDIOUS, MALE, CALCULATING, POWERFUL, CLOUDY, FASCINATED, AROMATIC, DIFFERENT, DISGUSTED, CAGEY, CHUBBY, SAD, IDIOTIC, MERE, FIRST, COMMON, MATURE, LYING

S	Q	I	W	G	P	D	Y	X	N	V	T	E	L	A	S	T	I	C
M	U	U	E	Y	B	I	Y	U	Z	O	A	R	O	M	A	T	I	C
D	Q	H	S	J	Q	O	T	C	A	L	P	O	W	E	R	F	U	L
Z	H	I	D	E	O	U	S	J	D	X	W	I	X	L	F	T	U	A
R	D	I	S	G	U	S	T	E	D	X	M	C	N	V	A	T	T	V
M	K	U	Y	K	L	F	A	S	C	I	N	A	T	E	D	O	D	P
L	W	L	A	D	H	E	S	I	V	E	O	L	M	I	U	A	U	Z
Q	A	Y	M	O	O	L	A	N	C	W	V	C	K	A	V	M	A	Q
X	I	F	J	T	P	M	G	E	A	H	B	U	S	C	A	R	E	D
Q	T	S	A	D	D	A	U	B	G	I	D	L	T	G	E	D	I	H
A	I	C	Z	C	U	V	L	U	E	G	R	A	N	D	I	O	S	E
V	N	L	R	I	S	A	L	L	Y	H	D	T	H	M	M	T	K	D
Z	G	O	S	Z	I	I	I	O	Q	F	R	I	D	A	A	W	C	I
G	J	U	E	G	C	L	B	U	A	A	U	N	T	L	T	R	A	S
A	Y	D	C	L	H	A	L	S	Q	L	N	G	W	E	U	L	U	C
V	O	Y	O	Y	U	B	E	H	X	U	K	E	F	I	R	S	T	R
Z	A	M	N	I	B	L	W	Z	H	T	M	E	R	E	E	V	H	E
S	B	Q	D	N	B	E	P	L	D	I	F	F	E	R	E	N	T	E
Y	K	W	M	G	Y	Z	X	C	Y	N	H	A	L	T	I	N	G	T

CLOUDY, CALCULATING, LYING, ELASTIC, POWERFUL,
CAGEY, DISGUSTED, GRANDIOSE, GULLIBLE, WAITING,
SCARED, SECOND, HIGHFALUTIN, FIRST, FASCINATED,
AVAILABLE, ADHESIVE, DRUNK, AROMATIC, DISCREET,
CHUBBY, HALTING, MATURE, HIDEOUS, DIFFERENT,
MERE, MALE, SAD, NEBULOUS

O	Z	W	P	A	S	P	I	R	I	N	G	F	R	G	E	R	G	R
A	Q	A	P	S	P	O	L	Y	I	N	G	A	Q	U	E	M	G	M
R	O	I	A	T	Y	W	N	M	A	L	E	S	H	L	E	C	A	S
M	A	T	U	R	E	E	L	D	E	P	A	C	A	L	A	L	V	I
C	U	I	R	F	W	R	O	I	N	A	A	I	L	I	O	O	A	M
A	H	N	Z	E	Z	F	C	F	J	L	R	N	T	B	M	U	I	I
L	W	G	H	X	W	U	S	F	Q	E	L	A	I	L	E	D	L	S
C	I	Z	I	H	Y	L	E	E	F	G	Q	T	N	E	R	Y	A	D
U	N	W	G	I	K	Q	C	R	S	A	D	E	G	I	E	M	B	R
L	Q	O	H	L	W	V	O	E	T	P	S	D	L	R	J	B	L	U
A	U	R	F	A	X	V	N	N	I	N	N	O	C	E	N	T	E	T
T	I	A	A	R	B	Q	D	T	I	N	S	I	D	I	O	U	S	R
I	S	R	L	I	G	D	I	S	G	U	S	T	E	D	L	N	G	D
N	I	L	U	O	O	U	T	R	A	G	E	O	U	S	M	S	I	B
G	T	R	T	U	D	J	U	U	G	E	A	D	H	E	S	I	V	E
T	I	L	I	S	R	W	V	P	A	T	H	I	D	E	O	U	S	M
W	V	Z	N	P	U	K	G	R	A	N	D	I	O	S	E	W	Y	U
O	E	R	J	D	N	O	C	R	X	Z	I	D	I	O	T	I	C	C
X	I	B	D	X	K	E	N	U	E	L	A	S	T	I	C	X	E	E

WAITING, HIGHFALUTIN, DISGUSTED, GULLIBLE, DIFFERENT, HIDEOUS, AVAILABLE, OUTRAGEOUS, DRUNK, SECOND, INNOCENT, MERE, POWERFUL, HILARIOUS, CLOUDY, INSIDIOUS, GRANDIOSE, SAD, ADHESIVE, CALCULATING, HALTING, FASCINATED, IDIOTIC, MALE, MATURE, ASPIRING, INQUISITIVE, PALE, ELASTIC, LYING

W	V	H	I	L	A	R	I	O	U	S	F	D	T	R	N	O	X	T
C	L	O	U	D	Y	Y	T	D	K	R	H	I	D	T	I	U	H	F
K	N	X	I	C	G	O	D	L	Y	C	V	S	P	L	N	T	Q	A
D	N	Q	D	W	A	I	T	I	N	G	T	G	K	C	S	R	K	S
Z	O	T	I	S	E	C	O	N	D	S	D	U	S	A	I	A	C	C
I	U	L	O	M	A	L	E	N	I	R	P	S	T	G	D	G	O	I
W	M	A	T	U	R	E	U	O	O	A	V	T	R	E	I	E	M	N
U	Z	H	I	V	D	R	Y	C	H	Q	A	E	A	Y	O	O	M	A
P	K	I	C	P	A	L	E	E	K	B	J	D	N	Z	U	U	O	T
C	H	U	B	B	Y	Q	H	N	C	F	U	Z	G	V	S	S	N	E
P	T	Y	P	H	B	Z	I	T	E	U	M	B	E	S	A	D	M	D
G	H	Q	X	H	C	H	A	N	D	S	O	M	E	L	Y	L	Q	R
Q	A	N	Y	H	I	G	H	F	A	L	U	T	I	N	E	D	X	M
N	N	E	G	Z	A	S	P	I	R	I	N	G	S	P	Y	W	T	L
A	K	T	J	F	D	I	S	C	R	E	E	T	I	W	H	V	Y	X
P	F	P	F	P	R	M	N	E	B	U	L	O	U	S	D	L	U	D
P	U	P	H	F	F	L	C	U	G	R	A	N	D	I	O	S	E	T
K	L	D	G	U	L	L	I	B	L	E	S	Y	Y	K	L	K	E	O
Q	P	O	W	E	R	F	U	L	G	N	Q	Z	I	I	V	P	B	A

GODLY, CAGEY, CLOUDY, HANDSOMELY, IDIOTIC, SAD, INSIDIOUS, ASPIRING, NEBULOUS, OUTRAGEOUS, INNOCENT, HILARIOUS, POWERFUL, STRANGE, PALE, HIGHFALUTIN, SECOND, FASCINATED, CHUBBY, GRANDIOSE, MALE, WAITING, THANKFUL, DISCREET, DISGUSTED, COMMON, GULLIBLE, MATURE, DRY

L	H	L	C	A	L	C	U	L	A	T	I	N	G	D	G	J	J	G
W	F	O	P	D	G	S	G	R	A	N	D	I	O	S	E	L	Z	G
S	F	U	D	I	S	C	R	E	E	T	V	F	K	Q	W	E	P	G
B	A	T	G	T	H	A	N	K	F	U	L	J	Y	P	S	P	M	Z
W	S	R	U	R	W	S	H	I	N	E	B	U	L	O	U	S	G	A
I	C	A	L	S	T	R	A	N	G	E	D	B	Z	U	F	U	C	V
W	I	G	L	X	P	M	M	B	B	K	I	G	V	D	R	Y	U	X
G	N	E	I	N	N	O	A	C	C	A	S	P	H	F	I	D	P	H
C	A	O	B	A	U	P	L	X	T	W	G	F	I	E	N	G	O	I
L	T	U	L	P	A	L	E	G	H	A	U	I	L	H	Q	A	W	W
O	E	S	E	C	O	N	D	C	R	I	S	R	A	I	U	D	E	W
U	D	L	Y	X	H	S	R	L	X	T	T	S	R	N	I	H	R	H
D	I	N	N	O	C	E	N	T	O	I	E	T	I	S	S	E	F	A
Y	N	L	D	Y	F	T	E	G	R	N	D	A	O	I	I	S	U	L
U	E	S	C	A	R	E	D	O	L	G	G	D	U	D	T	I	L	T
X	S	C	C	M	G	W	V	D	Y	C	O	A	S	I	I	V	Q	I
J	H	I	D	E	O	U	S	L	I	L	S	A	Q	O	V	E	P	N
J	S	R	Y	R	F	Q	K	Y	N	H	T	T	Y	U	E	F	B	G
P	B	V	O	E	Q	E	Z	M	G	Z	L	L	P	S	U	A	Q	F

HILARIOUS, HIDEOUS, CALCULATING, DRY, THANKFUL, SECOND, OUTRAGEOUS, DISCREET, GODLY, ADHESIVE, STRANGE, CLOUDY, WAITING, SCARED, HALTING, FASCINATED, INQUISITIVE, INSIDIOUS, GRANDIOSE, GULLIBLE, MALE, POWERFUL, FIRST, DISGUSTED, PALE, NEBULOUS, LYING, INNOCENT, MERE

A	V	A	I	L	A	B	L	E	C	D	D	E	A	T	G	B	J	P
Z	O	T	P	D	H	S	O	W	H	A	W	P	F	I	R	S	T	P
L	R	L	S	C	A	R	E	D	U	D	O	X	F	J	W	Q	C	D
G	A	G	Z	E	W	H	U	U	B	W	A	I	T	I	N	G	A	T
R	Y	H	G	R	O	O	V	Y	B	E	C	D	M	V	V	D	G	L
A	D	I	S	C	R	E	E	T	Y	T	A	D	A	R	V	I	E	U
N	U	I	N	S	I	D	I	O	U	S	L	M	C	J	C	F	Y	K
D	C	H	I	L	A	R	I	O	U	S	C	A	K	F	H	F	Q	E
I	E	I	J	A	C	K	V	I	A	S	U	T	O	E	I	E	I	H
O	A	G	V	S	W	Z	R	N	Y	T	L	U	U	I	D	R	K	A
S	R	H	G	P	E	S	B	N	R	R	A	R	T	Z	E	E	A	N
E	O	F	H	I	D	A	J	O	S	A	T	E	R	B	O	N	A	D
X	M	A	A	R	G	D	Q	C	R	N	I	U	A	I	U	T	T	S
B	A	L	L	I	K	J	J	E	R	G	N	E	G	P	S	N	C	O
C	T	U	T	N	N	J	W	N	G	E	G	U	E	N	I	X	L	M
G	I	T	I	G	O	C	P	T	C	B	T	C	O	M	M	O	N	E
V	C	I	N	A	T	I	A	G	R	Y	A	U	U	X	H	M	V	L
M	T	N	G	J	T	C	L	R	A	J	Q	L	S	I	U	N	N	Y
T	D	U	M	V	Y	H	E	N	L	D	R	Y	W	J	P	K	Z	K

MATURE, CALCULATING, OUTRAGEOUS, SCARED, HANDSOMELY, HALTING, DISCREET, INSIDIOUS, HIGHFALUTIN, INNOCENT, ASPIRING, SAD, CHUBBY, GROOVY, CAGEY, KNOTTY, FIRST, DRY, AVAILABLE, WAITING, DIFFERENT, AROMATIC, HILARIOUS, COMMON, PALE, STRANGE, HIDEOUS, GRANDIOSE

C	U	U	P	Y	D	T	I	D	I	S	G	U	S	T	E	D	E	O
A	R	A	D	H	E	S	I	V	E	D	N	L	A	R	O	B	O	X
S	C	M	I	C	L	K	R	Z	P	W	F	I	R	S	T	G	P	I
P	A	Y	F	A	O	S	I	I	D	I	O	T	I	C	V	F	O	Z
I	G	O	F	L	F	F	A	K	U	O	M	E	R	E	E	P	W	S
R	E	U	E	C	V	P	K	O	F	A	S	C	I	N	A	T	E	D
I	Y	T	R	U	K	S	M	M	B	O	I	V	M	A	T	U	R	E
N	G	R	E	L	N	C	O	M	M	O	N	N	V	T	H	W	F	C
G	W	A	N	A	O	D	R	U	N	K	N	K	R	K	M	I	U	H
P	I	G	T	T	T	X	O	F	P	T	O	N	B	A	D	X	L	U
K	T	E	W	I	T	L	E	U	P	S	C	H	V	P	A	L	E	B
U	J	O	M	N	Y	D	R	I	X	G	E	C	L	O	U	D	Y	B
Q	B	U	A	G	G	R	O	O	V	Y	N	V	A	F	T	T	Z	Y
E	I	S	S	E	C	O	N	D	M	X	T	X	P	T	C	C	E	J
M	W	P	T	Z	C	G	N	J	D	E	L	I	G	H	T	F	U	L
V	G	Q	F	Z	Z	I	N	S	I	D	I	O	U	S	J	R	M	H
D	G	R	A	N	D	I	O	S	E	U	K	W	V	B	M	Z	H	K
V	F	N	B	F	E	Y	D	I	S	C	R	E	E	T	G	I	P	G
K	W	O	H	A	M	F	S	U	D	H	I	L	A	R	I	O	U	S

SECOND, DIFFERENT, KNOTTY, HILARIOUS, CHUBBY, DELIGHTFUL, INSIDIOUS, FASCINATED, GRANDIOSE, BAD, DISCREET, PALE, INNOCENT, MATURE, ASPIRING, IDIOTIC, OUTRAGEOUS, POWERFUL, CALCULATING, ADHESIVE, COMMON, FIRST, MERE, DISGUSTED, CAGEY, CLOUDY, GROOVY, DRUNK

F	K	K	S	S	C	L	O	U	D	Y	T	S	C	O	I	X	J	R
F	T	F	G	M	Z	K	H	K	V	C	R	H	C	C	R	J	S	Z
G	H	P	O	V	O	R	M	E	R	E	L	I	D	I	P	C	I	X
G	A	O	D	Y	M	W	B	D	L	I	Y	G	Y	I	F	P	N	S
R	N	W	L	R	D	R	U	N	K	G	K	H	V	Q	B	C	N	S
A	K	E	Y	K	L	Y	I	N	G	O	S	F	H	F	C	T	O	I
N	F	R	S	D	I	S	C	R	E	E	T	A	A	Q	A	O	C	N
D	U	F	M	J	X	M	R	G	I	E	F	L	N	C	G	U	E	S
I	L	U	M	F	X	Z	B	S	D	O	I	U	D	A	E	T	N	I
O	E	L	M	A	T	U	R	E	I	I	R	T	S	L	Y	R	T	D
S	H	P	A	L	E	T	D	Z	O	A	S	I	O	C	P	A	Q	I
E	Y	W	A	I	T	I	N	G	T	S	T	N	M	U	Q	G	G	O
D	I	F	F	E	R	E	N	T	I	P	D	P	E	L	Z	E	M	U
E	L	A	S	T	I	C	L	M	C	I	R	R	L	A	D	O	O	S
R	D	P	V	R	F	G	Z	A	H	R	I	J	Y	T	K	U	S	I
K	F	T	B	G	B	G	U	L	L	I	B	L	E	I	Y	S	D	G
C	H	U	B	B	Y	Q	U	E	W	N	M	Z	U	N	K	E	K	G
N	E	B	U	L	O	U	S	T	O	G	E	J	P	G	G	P	K	X
L	C	J	S	Q	N	L	Y	H	I	L	A	R	I	O	U	S	T	P

THANKFUL, OUTRAGEOUS, MALE, ELASTIC, GRANDIOSE,
CLOUDY, DRUNK, POWERFUL, HIGHFALUTIN, WAITING,
GULLIBLE, DISCREET, IDIOTIC, ASPIRING, MERE,
INNOCENT, CALCULATING, NEBULOUS, HILARIOUS,
GODLY, CAGEY, CHUBBY, PALE, DIFFERENT, INSIDIOUS,
LYING, FIRST, MATURE, HANDSOMELY

F	X	S	I	N	Q	U	I	S	I	T	I	V	E	Y	W	B	Q	W
R	T	C	F	G	O	D	L	Y	M	M	Q	D	J	D	R	U	R	K
Q	G	A	T	F	K	J	Y	D	Q	A	W	R	M	E	R	E	W	B
V	M	R	B	C	E	H	F	K	C	T	C	Y	L	I	N	Z	J	W
B	J	E	H	J	R	C	A	L	C	U	L	A	T	I	N	G	S	U
O	J	D	J	R	X	K	S	N	X	R	I	D	I	O	T	I	C	O
G	A	Z	C	N	K	K	C	E	K	E	M	C	O	M	M	O	N	U
U	S	X	P	G	Y	N	I	B	H	I	L	A	R	I	O	U	S	T
M	P	O	I	R	L	O	N	U	D	M	A	L	E	S	Z	Z	N	R
Z	I	Z	J	A	Y	T	A	L	R	N	A	H	S	J	V	U	H	A
E	R	O	A	N	I	T	T	O	U	R	C	W	A	I	T	I	N	G
L	I	G	V	D	N	Y	E	U	N	T	I	L	G	J	D	E	V	E
A	N	T	A	I	G	Y	D	S	K	E	D	X	J	D	E	C	Q	O
S	G	C	I	O	T	H	A	N	D	S	O	M	E	L	Y	B	S	U
T	A	D	L	S	M	M	M	D	I	S	C	R	E	E	T	O	A	S
I	K	N	A	E	T	H	A	N	K	F	U	L	W	K	R	U	D	G
C	D	E	B	Q	E	A	E	Y	N	G	I	L	W	R	B	V	P	V
V	U	T	L	G	L	X	M	F	P	F	G	U	L	L	I	B	L	E
F	A	F	E	C	L	E	J	U	J	A	N	N	W	V	R	H	L	J

DRY, HANDSOMELY, AVAILABLE, THANKFUL, ACID, WAITING, MATURE, SCARED, NEBULOUS, HILARIOUS, FASCINATED, ELASTIC, GRANDIOSE, GULLIBLE, MERE, MALE, IDIOTIC, LYING, CALCULATING, ASPIRING, OUTRAGEOUS, KNOTTY, DISCREET, GODLY, INQUISITIVE, DRUNK, COMMON, SAD

A	H	I	G	H	F	A	L	U	T	I	N	Q	L	G	L	V	O	K
V	W	R	D	R	Y	A	N	D	G	W	D	E	W	S	S	M	L	M
A	C	U	G	W	J	Y	D	I	R	K	K	W	A	I	T	I	N	G
I	B	B	B	L	B	Y	J	S	A	A	W	C	L	O	U	D	Y	S
L	S	T	R	A	N	G	E	C	N	P	J	T	H	H	K	Z	D	N
A	R	O	M	A	T	I	C	R	D	B	M	V	I	A	G	M	I	I
B	D	R	U	N	K	N	X	E	I	P	O	B	D	L	U	F	F	J
L	I	D	I	O	T	I	C	E	O	K	Y	M	E	T	H	I	F	H
E	H	G	R	O	O	V	Y	T	S	A	W	A	O	I	E	R	E	E
D	F	A	S	C	I	N	A	T	E	D	J	L	U	N	B	S	R	Y
I	N	N	O	C	E	N	T	S	I	Y	O	E	S	G	R	T	E	L
H	A	M	L	B	H	A	Z	C	A	L	C	U	L	A	T	I	N	G
A	S	E	Y	K	V	T	B	C	O	M	M	O	N	K	M	K	T	Z
P	P	R	I	A	E	H	A	N	D	S	O	M	E	L	Y	I	P	D
C	I	E	N	H	P	S	Y	H	T	H	A	N	K	F	U	L	V	P
Z	R	J	G	Y	P	H	Y	S	E	C	O	N	D	Y	N	D	M	U
E	I	D	E	L	I	G	H	T	F	U	L	C	M	D	M	Z	O	X
L	N	E	H	G	B	D	I	S	G	U	S	T	E	D	I	O	H	H
P	G	H	I	L	A	R	I	O	U	S	C	M	H	R	J	W	I	H

SECOND, CLOUDY, HANDSOMELY, HIGHFALUTIN, WAITING, STRANGE, HALTING, GRANDIOSE, FASCINATED, CALCULATING, HIDEOUS, MALE, THANKFUL, DRUNK, DELIGHTFUL, DISCREET, HILARIOUS, INNOCENT, ASPIRING, AROMATIC, DIFFERENT, LYING, AVAILABLE, COMMON, MERE, DRY, FIRST, IDIOTIC, DISGUSTED, GROOVY

R	T	H	S	W	Q	A	D	J	X	S	E	C	O	N	D	J	D	D
G	S	Q	G	H	T	Y	R	P	O	W	E	R	F	U	L	C	D	O
K	I	D	R	G	D	N	U	H	I	L	A	R	I	O	U	S	L	S
T	D	W	A	R	R	D	N	E	A	E	S	T	Y	V	U	W	M	I
V	I	A	N	Z	Y	C	K	P	R	H	E	L	A	S	T	I	C	N
N	O	I	D	A	Z	L	U	W	D	I	F	F	E	R	E	N	T	S
Z	T	T	I	Z	J	O	A	V	Z	D	R	Q	S	B	C	D	I	I
H	I	I	O	I	L	U	J	H	R	E	C	Y	T	D	A	I	N	D
B	C	N	S	E	P	D	Y	L	A	O	O	Y	R	Q	G	S	Q	I
W	G	G	E	I	U	Y	V	Y	D	U	M	F	A	S	E	C	U	O
T	H	A	N	K	F	U	L	I	H	S	M	A	N	P	Y	R	I	U
G	U	L	L	I	B	L	E	N	E	U	O	S	G	X	K	E	S	S
N	E	B	U	L	O	U	S	G	S	W	N	C	E	M	E	E	I	R
H	W	I	C	H	U	B	B	Y	I	X	I	I	K	N	V	T	T	S
Z	A	R	O	M	A	T	I	C	V	Y	V	N	O	R	R	O	I	X
B	D	H	A	N	D	S	O	M	E	L	Y	A	F	H	W	S	V	M
J	I	D	I	S	G	U	S	T	E	D	I	T	G	T	V	E	E	J
H	G	V	P	I	N	N	O	C	E	N	T	E	K	L	R	D	F	G
S	C	A	L	C	U	L	A	T	I	N	G	D	B	Y	V	G	S	W

FASCINATED, INSIDIOUS, HIDEOUS, CHUBBY, LYING, STRANGE, DRY, DIFFERENT, IDIOTIC, ELASTIC, GULLIBLE, CLOUDY, AROMATIC, DRUNK, THANKFUL, ADHESIVE, HANDSOMELY, NEBULOUS, DISCREET, COMMON, POWERFUL, INQUISITIVE, WAITING, INNOCENT, DISGUSTED, CAGEY, HILARIOUS, SECOND, CALCULATING, GRANDIOSE

P	M	P	S	A	N	P	F	Q	C	Q	T	G	A	D	K	I	U	D
U	A	A	A	B	A	S	G	T	A	S	K	G	L	F	V	X	P	N
U	E	L	D	R	V	H	R	X	L	X	S	G	O	I	P	X	T	L
S	R	E	B	N	A	I	V	D	C	M	S	C	A	R	E	D	O	W
E	V	P	M	M	I	L	Q	R	U	O	F	A	S	S	O	A	U	N
C	T	B	V	A	L	A	Y	U	L	S	I	D	P	T	U	P	H	W
O	J	C	M	L	A	R	S	N	A	N	N	H	I	T	T	I	V	S
N	L	M	A	E	B	I	T	K	T	E	N	E	R	G	R	N	T	Q
D	S	R	V	N	L	O	R	R	I	B	O	S	I	C	A	S	H	Q
A	R	P	N	R	E	U	A	C	N	U	C	I	N	F	G	I	A	M
D	G	O	D	L	Y	S	N	E	G	L	E	V	G	C	E	D	N	A
I	G	C	A	G	E	Y	G	J	L	O	N	E	J	X	O	I	K	T
F	U	P	B	Y	L	Y	E	M	J	U	T	Z	J	A	U	O	F	U
Z	L	F	G	R	B	M	T	S	F	S	T	I	K	B	S	U	U	R
H	L	Q	W	H	A	N	D	S	O	M	E	L	Y	Q	R	S	L	E
Y	I	W	V	X	B	H	G	P	O	W	E	R	F	U	L	V	Z	R
O	B	D	I	S	G	U	S	T	E	D	N	L	G	V	E	D	W	Q
J	L	E	S	V	N	Q	F	B	Z	W	A	Z	I	G	P	O	O	F
F	E	Z	W	Y	F	S	K	F	Q	A	O	M	G	G	Q	S	I	T

POWERFUL, NEBULOUS, FIRST, MATURE, HANDSOMELY, OUTRAGEOUS, AVAILABLE, ASPIRING, CALCULATING, HILARIOUS, SECOND, SCARED, PALE, STRANGE, DRUNK, THANKFUL, SAD, INSIDIOUS, ADHESIVE, MALE, GULLIBLE, CAGEY, INNOCENT, GODLY, DISGUSTED

W	U	E	I	S	H	D	I	F	F	E	R	E	N	T	F	W	O	X
G	Z	O	R	Z	O	X	V	H	O	U	T	R	A	G	E	O	U	S
I	N	Q	U	I	S	I	T	I	V	E	X	O	S	Z	G	C	P	K
G	B	Y	C	A	L	C	U	L	A	T	I	N	G	B	B	A	D	I
Z	A	Z	R	T	M	A	C	Q	N	C	G	O	D	L	Y	S	I	W
Z	F	A	S	C	I	N	A	T	E	D	V	X	W	C	E	U	S	V
H	I	G	H	F	A	L	U	T	I	N	Y	C	X	L	F	V	C	X
C	A	V	A	I	L	A	B	L	E	T	P	M	J	O	W	T	R	Z
A	D	H	E	S	I	V	E	Y	M	P	O	E	K	U	S	F	E	U
H	A	L	T	I	N	G	U	I	P	A	E	R	J	D	A	H	E	D
N	U	W	K	T	B	D	D	N	A	L	D	E	O	Y	D	I	T	Y
I	R	A	O	H	R	I	R	G	E	E	M	V	R	M	A	L	E	H
N	M	I	N	A	I	S	Y	L	F	I	R	S	T	J	E	A	V	R
N	D	T	L	N	D	G	N	E	B	U	L	O	U	S	M	R	R	V
O	V	I	X	K	F	U	Y	L	C	M	D	R	U	N	K	I	Y	K
C	N	N	F	F	B	S	A	S	P	I	R	I	N	G	G	O	Q	P
E	H	G	U	U	Q	T	S	G	H	I	D	E	O	U	S	U	D	H
N	P	B	N	L	C	E	G	U	L	L	I	B	L	E	J	S	L	C
T	I	H	P	J	A	D	W	R	P	O	W	E	R	F	U	L	A	I

INQUISITIVE, GULLIBLE, CALCULATING, NEBULOUS, LYING, HALTING, THANKFUL, MERE, HIGHFALUTIN, DISGUSTED, GODLY, HIDEOUS, FASCINATED, PALE, ASPIRING, DIFFERENT, DRY, INNOCENT, POWERFUL, MALE, OUTRAGEOUS, WAITING, AVAILABLE, SAD, ADHESIVE, CLOUDY, DRUNK, DISCREET, HILARIOUS, FIRST

G	R	I	M	M	C	T	A	S	P	I	R	I	N	G	W	Y	X	F
S	D	V	A	A	P	G	C	Q	C	C	O	M	M	O	N	O	K	W
E	F	E	L	T	A	E	W	A	I	T	I	N	G	H	G	Q	B	Q
C	E	G	E	U	L	N	W	B	F	C	H	B	R	Q	I	X	J	T
D	I	S	C	R	E	E	T	E	S	B	O	L	W	O	B	O	Q	F
L	K	M	K	E	R	R	E	C	C	F	S	A	D	R	R	T	G	A
Y	O	L	Q	R	B	A	L	P	N	N	P	H	C	T	Z	I	G	S
B	E	L	M	Y	V	L	A	C	A	V	A	I	L	A	B	L	E	C
N	K	L	Y	O	J	W	S	A	J	S	I	D	O	K	X	C	J	I
E	N	D	R	U	N	K	T	G	F	A	O	E	U	D	Y	V	L	N
B	O	I	E	T	B	N	I	E	H	X	D	O	D	I	X	H	G	A
U	T	N	G	J	F	L	C	Y	Q	Z	P	U	Y	S	G	I	R	T
L	T	N	M	T	O	C	W	B	C	P	E	S	H	G	U	L	A	E
O	Y	O	H	I	G	H	F	A	L	U	T	I	N	U	L	A	N	D
U	U	C	K	S	T	R	A	N	G	E	U	O	O	S	L	R	D	N
S	J	E	Y	H	A	N	D	S	O	M	E	L	Y	T	I	I	I	O
P	S	N	C	A	L	C	U	L	A	T	I	N	G	E	B	O	O	G
M	G	T	H	J	A	R	O	M	A	T	I	C	B	D	L	U	S	Q
M	Y	L	H	A	L	T	I	N	G	W	T	W	M	B	E	S	E	V

CAGEY, DRUNK, SAD, AVAILABLE, FASCINATED,
INNOCENT, HIGHFALUTIN, GRANDIOSE, COMMON,
GULLIBLE, KNOTTY, DISGUSTED, CALCULATING, MALE,
HIDEOUS, HANDSOMELY, GENERAL, DISCREET, MATURE,
PALE, HALTING, ELASTIC, WAITING, HILARIOUS,
NEBULOUS, ASPIRING, CLOUDY, AROMATIC, STRANGE

U	Q	H	G	C	H	B	Q	O	U	T	R	A	G	E	O	U	S	G
W	C	A	H	A	A	N	B	G	U	L	V	G	P	O	R	G	W	U
I	M	L	J	L	N	Z	I	C	T	H	A	N	K	F	U	L	H	Z
J	C	T	O	C	D	N	N	V	W	W	H	I	D	E	O	U	S	D
D	C	I	L	U	S	P	Q	N	H	I	L	A	R	I	O	U	S	A
L	O	N	E	L	O	G	U	L	L	I	B	L	E	B	D	I	J	D
P	M	G	Q	A	M	F	I	B	X	W	U	P	R	C	Y	N	E	I
C	M	Y	O	T	E	L	S	S	N	Y	Q	A	J	L	U	N	E	S
J	O	Q	Q	I	L	A	I	D	I	O	T	I	C	O	Z	O	O	C
D	N	X	G	N	Y	C	T	N	E	B	U	L	O	U	S	C	W	R
I	G	K	F	G	X	U	I	V	S	E	C	O	N	D	I	E	F	E
F	N	C	A	G	E	Y	V	G	I	S	C	X	A	Y	D	N	I	E
F	B	M	B	P	D	S	E	H	V	T	L	D	R	Z	E	T	R	T
E	J	A	M	J	P	C	C	H	U	B	B	Y	O	Y	L	S	S	B
R	T	O	A	Z	H	A	F	L	Y	I	N	G	M	Z	A	C	T	J
E	Y	P	T	Q	B	R	M	A	L	E	P	D	A	Q	S	E	N	Q
N	C	H	U	H	Q	E	X	M	K	M	N	R	T	W	T	C	F	E
T	G	B	R	N	G	D	C	F	E	L	M	Y	I	W	I	B	K	D
W	K	L	E	G	R	A	N	D	I	O	S	E	C	O	C	K	B	S

CALCULATING, THANKFUL, FIRST, CHUBBY, MATURE,
COMMON, NEBULOUS, GRANDIOSE, HANDSOMELY,
INNOCENT, GULLIBLE, ELASTIC, INQUISITIVE, SECOND,
CAGEY, DIFFERENT, CLOUDY, SCARED, DISCREET,
AROMATIC, HIDEOUS, HALTING, MALE, HILARIOUS, DRY,
LYING, IDIOTIC, OUTRAGEOUS

T	I	G	D	N	F	D	I	S	G	U	S	T	E	D	N	Z	B	F
A	W	Q	H	H	Q	W	S	U	D	C	X	Y	Q	N	T	X	A	D
M	E	R	E	Y	F	T	C	X	R	L	D	Q	D	W	Q	D	S	I
K	A	G	E	C	B	H	A	J	U	O	C	P	A	L	E	R	P	S
K	I	U	H	E	F	A	R	H	N	U	Y	E	S	A	D	Y	I	C
N	N	L	I	L	C	N	E	G	K	D	C	O	M	M	O	N	R	R
C	S	L	L	A	A	K	D	R	K	Y	Q	N	L	P	O	N	I	E
M	I	I	A	S	L	F	F	A	S	C	I	N	A	T	E	D	N	E
A	D	B	R	T	C	U	Y	N	H	W	R	R	O	D	O	Y	G	T
T	I	L	I	I	U	L	L	D	L	M	I	M	Q	Q	I	Q	A	F
U	O	E	O	C	L	W	Z	I	N	Q	U	I	S	I	T	I	V	E
R	U	L	U	S	A	U	U	O	X	U	L	C	C	A	G	E	Y	G
E	S	O	S	T	T	E	T	S	H	A	N	D	S	O	M	E	L	Y
H	H	A	L	T	I	N	G	E	N	I	L	F	S	A	S	B	M	V
S	U	U	F	W	N	P	O	W	E	R	F	U	L	B	L	I	J	A
A	L	P	L	Y	G	O	U	T	R	A	G	E	O	U	S	J	D	J
A	N	Y	V	L	Y	I	N	G	G	T	J	E	R	C	D	M	U	D
K	Z	O	X	J	W	I	E	X	T	J	O	G	O	D	L	Y	S	R
M	L	T	D	I	F	F	E	R	E	N	T	A	L	E	O	V	H	N

HALTING, POWERFUL, DRUNK, DISGUSTED, MATURE,
COMMON, CAGEY, GODLY, LYING, INQUISITIVE,
THANKFUL, HILARIOUS, ASPIRING, FASCINATED, DRY,
GRANDIOSE, CLOUDY, ELASTIC, DIFFERENT,
CALCULATING, HANDSOMELY, PALE, MERE, DISCREET,
GULLIBLE, SCARED, OUTRAGEOUS, INSIDIOUS, SAD

H	F	C	K	T	L	W	B	W	A	I	T	I	N	G	L	B	B	C
H	D	T	C	G	Z	F	E	U	I	T	D	U	G	O	D	L	Y	W
H	R	Y	E	S	Y	A	P	X	N	G	I	I	T	O	I	Y	X	Q
X	U	A	M	Y	X	S	H	B	S	R	F	N	C	Y	N	I	I	E
D	N	Z	I	H	K	C	A	L	I	A	F	N	Y	Y	Q	N	G	E
B	K	H	A	L	T	I	N	G	D	N	E	O	D	H	U	G	F	X
C	L	O	U	D	Y	N	D	H	I	D	R	C	H	N	I	N	I	U
E	H	B	I	V	B	A	S	G	O	I	E	E	I	M	S	Q	R	X
E	L	I	D	R	Y	T	O	B	U	O	N	N	L	A	I	K	S	R
S	T	R	A	N	G	E	M	A	S	S	T	T	A	L	T	W	T	D
Z	W	P	G	S	P	D	E	S	Q	E	Q	B	R	E	I	S	U	I
T	A	O	M	E	C	P	L	P	V	X	I	Z	I	T	V	C	E	S
M	A	W	C	C	F	Z	Y	I	W	W	T	G	O	A	E	M	X	G
A	A	E	L	O	O	U	T	R	A	G	E	O	U	S	F	X	I	U
T	Q	R	K	N	R	I	V	I	I	E	L	A	S	T	I	C	A	S
U	G	F	C	D	Q	U	U	N	A	V	A	I	L	A	B	L	E	T
R	A	U	D	B	G	S	F	G	H	I	D	E	O	U	S	L	R	E
E	I	L	S	A	D	O	Z	I	G	O	R	T	Y	I	Y	K	N	D
S	W	V	E	T	H	A	N	K	F	U	L	Z	J	S	H	U	B	I

HIDEOUS, DRY, DIFFERENT, DISGUSTED, FASCINATED, WAITING, SAD, MALE, ASPIRING, AVAILABLE, CLOUDY, OUTRAGEOUS, LYING, STRANGE, HILARIOUS, DRUNK, INQUISITIVE, SECOND, THANKFUL, MATURE, INSIDIOUS, GRANDIOSE, ELASTIC, HALTING, INNOCENT, HANDSOMELY, FIRST, GODLY, POWERFUL

G	V	W	I	Z	A	O	P	O	W	E	R	F	U	L	F	I	A	Y
E	G	O	N	G	V	K	D	I	F	F	E	R	E	N	T	N	C	M
D	U	Z	N	R	A	L	N	T	Z	H	I	D	E	O	U	S	T	R
I	L	M	O	A	I	Y	E	H	S	T	R	A	N	G	E	I	D	S
S	L	A	C	N	L	I	B	A	D	U	X	S	Q	I	R	D	I	R
C	I	T	E	D	A	N	U	N	R	S	I	H	H	N	E	I	S	A
R	B	U	N	I	B	G	L	K	Y	E	N	R	C	Q	I	O	G	D
E	L	R	T	O	L	K	O	F	K	C	L	C	H	U	B	U	U	B
E	E	E	I	S	E	R	U	U	X	O	U	L	U	I	U	S	S	U
T	M	A	L	E	O	N	S	L	Q	N	P	O	B	S	K	F	T	Z
H	A	N	D	S	O	M	E	L	Y	D	H	U	B	I	Y	K	E	R
M	H	A	L	T	I	N	G	M	B	I	X	D	Y	T	W	C	D	C
O	U	T	R	A	G	E	O	U	S	B	P	Y	G	I	N	N	B	J
H	I	G	H	F	A	L	U	T	I	N	V	A	A	V	N	K	A	N
Y	G	M	I	O	M	F	A	S	C	I	N	A	T	E	D	K	H	B
S	J	W	E	N	U	Z	K	S	A	D	J	I	X	U	A	K	V	H
M	R	B	N	T	T	N	Q	D	H	I	L	A	R	I	O	U	S	E
I	X	A	B	W	A	I	T	I	N	G	O	V	M	W	Q	Q	O	Q
A	K	R	C	A	L	C	U	L	A	T	I	N	G	W	C	D	Z	I

LYING, HILARIOUS, CALCULATING, SAD, FASCINATED,
MATURE, AVAILABLE, CHUBBY, HALTING, SECOND,
WAITING, NEBULOUS, THANKFUL, INSIDIOUS,
POWERFUL, DISGUSTED, DIFFERENT, OUTRAGEOUS,
STRANGE, GULLIBLE, CLOUDY, INQUISITIVE,
HIGHFALUTIN, HIDEOUS, GRANDIOSE, HANDSOMELY,
DISCREET, MALE, INNOCENT, DRY

M	H	I	D	E	O	U	S	W	H	Y	W	H	G	B	U	H	L	O
A	A	H	T	K	M	K	D	L	A	D	H	E	S	I	V	E	O	W
T	Z	W	H	G	O	D	L	Y	U	G	U	R	L	X	F	E	V	H
U	C	A	A	D	I	F	F	E	R	E	N	T	E	V	Z	L	D	P
R	O	I	N	P	K	B	L	Y	I	N	G	Z	Z	C	B	V	I	U
E	F	T	K	T	A	T	J	S	T	R	A	N	G	E	J	V	S	B
I	A	I	F	C	X	T	O	E	L	A	S	T	I	C	D	I	C	N
D	S	N	U	Y	U	N	Y	S	S	P	A	L	E	X	T	L	R	H
L	C	G	L	Z	S	Y	E	A	C	L	C	H	C	N	L	I	E	I
F	I	R	S	T	Q	K	V	D	A	V	C	V	A	Q	K	W	E	L
D	N	P	O	A	H	Q	V	X	R	G	H	G	L	S	I	A	T	A
Z	A	G	U	L	L	I	B	L	E	F	U	R	C	H	N	V	W	R
T	T	Y	K	U	S	V	M	U	D	L	B	A	U	A	N	A	B	I
Q	E	L	X	S	W	E	E	S	G	H	B	N	L	L	O	I	N	O
E	D	U	P	O	W	E	R	F	U	L	Y	D	A	T	C	L	Y	U
I	D	I	O	T	I	C	E	B	M	J	P	I	T	I	E	A	R	S
K	M	K	D	R	U	N	K	X	O	S	M	O	I	N	N	B	O	Q
O	K	I	O	W	P	B	T	M	A	L	E	S	N	G	T	L	D	V
P	E	A	S	P	I	R	I	N	G	S	J	E	G	K	Y	E	H	P

HILARIOUS, GULLIBLE, ELASTIC, FIRST, HIDEOUS,
GRANDIOSE, WAITING, HALTING, STRANGE, THANKFUL,
DRUNK, ASPIRING, DISCREET, POWERFUL, DIFFERENT,
CALCULATING, ADHESIVE, INNOCENT, FASCINATED,
MERE, MALE, LYING, AVAILABLE, IDIOTIC, GODLY,
CHUBBY, SAD, MATURE, SCARED, PALE

G	O	N	X	P	N	X	A	Y	N	D	H	N	U	C	A	G	E	Y
H	C	L	O	U	D	Y	V	Y	E	J	D	P	X	D	L	L	M	U
A	K	P	Y	F	S	S	A	H	B	H	I	L	A	R	I	O	U	S
N	G	K	A	A	D	M	I	I	U	P	O	W	E	R	F	U	L	B
D	U	R	D	R	Y	E	L	G	L	I	N	N	O	C	E	N	T	X
S	L	E	H	O	Z	R	A	H	O	G	R	A	N	D	I	O	S	E
O	L	L	E	M	B	E	B	F	U	R	G	B	K	K	B	Z	Y	P
M	I	A	S	A	N	M	L	A	S	F	C	G	M	A	T	U	R	E
E	B	S	I	T	F	T	E	L	D	I	F	F	E	R	E	N	T	Q
L	L	T	V	I	Q	G	W	U	K	N	T	Z	H	O	D	R	Y	C
Y	E	I	E	C	N	G	E	T	Y	L	C	D	R	U	M	Z	W	Q
W	Z	C	H	U	B	B	Y	I	I	O	H	D	N	T	C	C	J	T
O	K	Q	J	E	D	R	A	N	G	L	A	M	M	R	O	K	I	H
W	P	X	S	X	N	F	I	R	S	T	L	E	Z	A	M	L	D	A
Q	L	Z	D	T	D	I	S	G	U	S	T	E	D	G	M	E	I	N
A	D	D	I	S	C	R	E	E	T	U	I	R	C	E	O	J	O	K
C	E	S	E	C	O	N	D	S	H	R	N	O	A	O	N	G	T	F
B	K	T	Y	H	J	L	Y	I	N	G	G	H	K	U	X	K	I	U
Z	P	M	A	L	E	O	Y	W	M	F	E	K	S	S	X	B	C	L

CAGEY, DISGUSTED, HIGHFALUTIN, AVAILABLE, CHUBBY, GULLIBLE, LYING, DIFFERENT, FIRST, MERE, INNOCENT, DISCREET, HANDSOMELY, OUTRAGEOUS, CLOUDY, MALE, GRANDIOSE, HALTING, ADHESIVE, THANKFUL, NEBULOUS, AROMATIC, SECOND, POWERFUL, DRY, COMMON, IDIOTIC, HILARIOUS, MATURE, ELASTIC

X	S	T	R	A	N	G	E	T	H	G	C	G	U	O	X	X	G	H
G	E	N	E	R	A	L	T	S	A	R	L	O	D	E	P	J	S	K
F	A	R	R	H	L	S	T	A	L	P	O	D	L	G	E	H	A	E
J	D	W	K	U	G	V	I	C	T	U	U	L	N	P	M	E	R	E
M	H	L	B	U	V	M	B	I	I	Z	D	Y	E	O	Y	L	O	Y
A	E	D	T	G	T	A	F	D	N	X	Y	D	G	G	I	A	M	T
P	S	E	T	H	A	T	L	U	G	L	Y	I	N	G	M	Y	A	C
L	I	R	C	I	S	U	A	C	O	M	M	O	N	O	A	Z	T	B
S	V	A	U	L	P	R	T	H	A	N	K	F	U	L	L	S	I	E
I	E	N	D	A	I	E	F	A	S	C	I	N	A	T	E	D	C	M
P	F	G	R	R	R	C	C	M	T	S	A	D	D	O	Z	U	F	Q
G	Y	E	U	I	I	Z	Y	B	R	O	K	E	N	N	A	S	T	L
E	D	D	N	O	N	W	T	Y	D	G	O	W	A	I	T	I	N	G
H	R	R	K	U	G	O	I	N	S	I	D	I	O	U	S	C	G	O
D	D	P	G	S	H	I	G	H	F	A	L	U	T	I	N	H	Q	T
J	D	X	K	I	N	N	O	C	E	N	T	O	V	P	A	U	W	B
I	N	Q	U	I	S	I	T	I	V	E	Z	H	Q	A	S	B	G	H
N	N	E	B	U	L	O	U	S	F	K	O	Q	O	L	V	B	D	C
I	N	W	L	D	I	F	F	E	R	E	N	T	X	E	M	Y	G	R

MATURE, GENERAL, FASCINATED, INNOCENT, ACID,
MALE, CHUBBY, ADHESIVE, NEBULOUS, LYING, ASPIRING,
STRANGE, WAITING, HILARIOUS, MERE, BROKEN, PALE,
SAD, INSIDIOUS, HIGHFALUTIN, COMMON, GODLY,
DERANGED, DRUNK, AROMATIC, HALTING, INQUISITIVE,
DIFFERENT, CLOUDY, THANKFUL

W	V	D	Z	V	S	T	R	A	N	G	E	C	P	D	W	W	E	W
T	W	B	S	I	E	C	A	L	C	U	L	A	T	I	N	G	B	F
T	H	A	N	K	F	U	L	D	R	D	Z	M	B	S	C	I	A	I
U	A	Y	Y	E	N	G	C	G	A	I	A	G	H	C	S	A	D	R
S	N	H	T	A	S	P	I	R	I	N	G	M	T	R	T	E	R	S
K	D	I	F	D	B	D	G	J	G	O	D	L	Y	E	L	R	G	T
M	S	G	U	F	L	X	M	A	Q	D	I	F	F	E	R	E	N	T
V	O	H	J	A	L	R	R	V	A	M	A	T	F	T	P	A	L	E
A	M	F	N	S	W	C	M	A	L	E	R	Z	E	W	D	C	U	Y
D	E	A	C	C	A	L	O	I	C	R	P	O	W	E	R	F	U	L
H	L	L	H	I	C	O	U	L	H	E	E	L	A	S	T	I	C	F
E	Y	U	I	N	A	U	T	A	U	Z	D	L	F	A	I	O	B	S
S	M	T	D	A	G	D	R	B	B	G	R	A	N	D	I	O	S	E
I	Z	I	E	T	E	Y	A	L	B	P	U	H	A	L	T	I	N	G
V	R	N	O	E	Y	K	G	E	Y	G	N	E	D	U	E	Q	P	O
E	W	W	U	D	E	Q	E	V	A	S	K	Y	A	C	B	I	H	R
U	Y	J	S	N	B	W	O	Y	I	N	N	O	C	E	N	T	H	J
I	X	L	F	R	U	X	U	K	Y	H	I	L	A	R	I	O	U	S
V	L	L	B	Y	H	L	S	R	Q	V	J	U	U	W	H	H	O	M

POWERFUL, DIFFERENT, DRUNK, MERE, AVAILABLE, ASPIRING, HIGHFALUTIN, CAGEY, ELASTIC, THANKFUL, GRANDIOSE, HALTING, INNOCENT, SAD, GODLY, OUTRAGEOUS, ADHESIVE, CALCULATING, DISCREET, FASCINATED, MALE, PALE, FIRST, CLOUDY, CHUBBY, HIDEOUS, HANDSOMELY, HILARIOUS, STRANGE

R	S	T	R	A	N	G	E	L	C	X	X	Q	V	D	O	K	M	S
V	P	M	O	S	K	C	A	L	C	U	L	A	T	I	N	G	N	F
Y	G	F	U	O	U	T	R	A	G	E	O	U	S	V	A	Q	E	A
H	K	Y	A	V	E	Q	N	X	G	W	A	Z	H	H	S	D	B	E
A	H	Y	J	H	R	W	Z	C	L	O	U	D	Y	A	P	K	U	Z
N	A	K	D	C	Q	Q	O	M	N	P	G	U	L	L	I	B	L	E
O	N	L	M	P	W	V	C	H	U	B	B	Y	N	T	R	R	O	E
Y	D	R	U	N	K	S	P	M	U	E	G	Z	J	I	I	O	U	Q
I	S	I	N	N	O	C	E	N	T	L	O	G	B	N	N	B	S	Q
G	O	I	D	I	O	T	I	C	M	A	D	D	Q	G	G	L	D	B
C	M	H	I	L	A	R	I	O	U	S	L	D	B	Y	Y	L	O	H
M	E	F	H	L	U	L	G	W	W	T	Y	I	D	I	T	Z	T	Q
D	L	T	F	Y	P	V	V	Z	V	I	N	S	I	D	I	O	U	S
M	Y	H	K	I	J	P	I	S	T	C	S	C	A	R	E	D	J	S
M	K	K	B	N	O	O	I	N	U	D	G	R	B	Y	X	Q	Z	E
E	E	A	M	G	P	A	L	E	O	J	Q	E	T	W	D	N	A	C
R	N	F	A	S	C	I	N	A	T	E	D	E	K	Y	B	Y	M	O
E	A	G	L	J	C	A	G	E	Y	E	I	T	Z	V	B	V	V	N
D	L	K	E	L	P	Z	Q	K	Y	W	V	K	U	C	O	K	Y	D

GULLIBLE, STRANGE, FASCINATED, SCARED, CHUBBY, ELASTIC, CALCULATING, INNOCENT, HILARIOUS, MERE, SECOND, CAGEY, HANDSOMELY, PALE, DRUNK, CLOUDY, INSIDIOUS, DISCREET, OUTRAGEOUS, NEBULOUS, ASPIRING, HALTING, GODLY, MALE, IDIOTIC, LYING

G	M	A	I	P	X	K	B	O	X	F	H	T	T	W	Z	K	I	D
I	Y	V	B	J	M	M	H	I	G	H	F	A	L	U	T	I	N	Z
O	C	R	A	C	A	G	S	C	O	M	M	O	N	F	J	S	N	B
N	E	U	A	A	D	U	T	G	A	R	O	M	A	T	I	C	O	C
N	R	U	V	G	H	L	R	E	J	X	S	E	C	O	N	D	C	O
D	M	E	A	E	E	L	A	I	P	O	W	E	R	F	U	L	E	E
E	A	U	I	Y	S	I	N	S	C	A	Z	H	A	L	T	I	N	G
L	T	A	L	W	I	B	G	S	L	M	M	E	R	E	B	D	T	C
I	U	G	A	D	V	L	E	E	O	P	E	M	A	L	E	R	S	V
G	R	E	B	F	E	E	K	X	U	A	S	B	U	V	D	U	P	I
H	E	M	L	S	C	A	R	E	D	L	M	M	X	M	K	N	Z	J
T	O	A	E	U	C	D	R	Y	Y	E	D	H	T	S	O	K	T	K
F	Y	A	H	A	N	D	S	O	M	E	L	Y	M	I	V	C	O	M
U	F	G	K	P	S	V	Z	C	A	L	C	U	L	A	T	I	N	G
L	I	O	U	J	T	Q	K	F	Y	L	Y	I	N	G	J	Y	W	I
N	L	D	G	J	B	B	H	D	D	I	F	F	E	R	E	N	T	U
P	K	L	U	T	H	D	I	S	C	R	E	E	T	L	N	I	O	A
R	P	Y	W	A	R	J	M	P	S	C	E	P	W	Z	Z	B	V	F
P	G	R	A	N	D	I	O	S	E	F	W	Y	E	U	C	T	J	U

CALCULATING, STRANGE, LYING, CLOUDY, HANDSOMELY, AVAILABLE, DRUNK, POWERFUL, DELIGHTFUL, MERE, SCARED, MATURE, DIFFERENT, HIGHFALUTIN, HALTING, SECOND, GRANDIOSE, GODLY, CAGEY, DRY, INNOCENT, PALE, ADHESIVE, AROMATIC, GULLIBLE, DISCREET, COMMON, MALE

E	G	D	Q	N	F	L	N	F	E	H	B	N	S	E	C	O	N	D
C	A	S	P	I	R	I	N	G	F	U	S	P	W	K	B	G	H	E
V	E	M	R	N	B	N	R	H	I	G	H	F	A	L	U	T	I	N
Z	S	D	E	L	I	G	H	T	F	U	L	K	E	B	O	W	M	Z
O	T	J	I	V	J	V	L	P	E	I	M	W	A	I	T	I	N	G
D	R	Z	N	A	B	U	Q	B	W	A	J	I	D	I	O	T	I	C
R	A	Y	Q	I	N	N	O	C	E	N	I	Z	P	V	N	X	F	D
Y	N	R	U	A	M	D	J	G	G	O	D	L	Y	H	E	G	A	H
S	G	K	I	G	H	O	T	H	A	N	K	F	U	L	B	C	S	I
R	E	A	S	R	I	A	R	O	M	A	T	I	C	J	U	M	C	L
S	E	A	I	A	D	S	C	A	R	E	D	W	N	O	L	C	I	A
I	U	D	T	N	E	U	B	L	Y	I	N	G	K	G	O	L	N	R
I	Q	H	I	D	O	D	I	F	F	E	R	E	N	T	U	O	A	I
B	T	E	V	I	U	C	O	M	M	O	N	I	J	T	S	U	T	O
E	F	S	E	O	S	O	U	T	R	A	G	E	O	U	S	D	E	U
F	X	I	N	S	I	D	I	O	U	S	S	W	R	I	S	Y	D	S
O	D	V	D	E	I	Z	B	B	D	O	C	H	U	B	B	Y	Z	S
S	P	E	M	M	Y	G	I	G	T	D	I	S	C	R	E	E	T	L
R	H	W	T	V	A	U	S	U	N	M	E	R	E	G	I	E	Z	B

FASCINATED, OUTRAGEOUS, IDIOTIC, HILARIOUS, HIDEOUS, WAITING, ASPIRING, INNOCENT, DRY, DIFFERENT, DELIGHTFUL, AROMATIC, NEBULOUS, HIGHFALUTIN, CLOUDY, ADHESIVE, STRANGE, INSIDIOUS, INQUISITIVE, THANKFUL, CHUBBY, DISCREET, LYING, GODLY, GRANDIOSE, SCARED, MERE, SECOND, COMMON

U	S	E	C	A	G	E	Y	X	R	X	N	O	J	M	V	L	B	O
P	E	C	W	O	H	L	S	M	P	O	W	E	R	F	U	L	O	U
I	C	S	L	F	X	I	F	I	R	S	T	M	D	O	T	D	E	U
B	O	G	O	D	L	Y	H	V	G	O	V	X	X	A	L	W	F	C
T	N	H	A	L	T	I	N	G	Z	O	L	S	S	D	T	H	U	I
K	D	O	L	V	H	H	U	C	S	Z	W	J	C	H	U	B	B	Y
H	J	U	A	U	Q	W	G	U	L	L	I	B	L	E	E	L	A	A
K	T	T	D	L	T	I	N	N	O	C	E	N	T	S	V	G	D	Q
R	C	R	I	F	M	A	L	E	J	C	C	M	P	I	J	R	I	R
D	F	A	S	C	I	N	A	T	E	D	Y	E	W	V	L	A	S	D
I	D	G	C	C	I	N	S	I	D	I	O	U	S	E	B	N	G	R
F	G	E	R	L	U	E	S	C	E	L	A	S	T	I	C	D	U	Y
F	X	O	E	O	P	H	A	N	D	S	O	M	E	L	Y	I	S	P
E	B	U	E	U	A	P	L	G	K	S	L	Y	I	N	G	O	T	U
R	W	S	T	D	L	N	P	X	S	C	A	R	E	D	F	S	E	D
E	M	W	S	Y	E	S	C	Y	P	M	A	T	U	R	E	E	D	M
N	H	I	G	H	F	A	L	U	T	I	N	B	E	Q	W	B	D	M
T	Y	W	A	I	T	I	N	G	W	G	U	B	K	Q	X	G	X	M
G	C	Y	G	T	D	D	D	C	R	R	N	F	S	J	K	T	J	T

HALTING, WAITING, GULLIBLE, CAGEY, DISGUSTED,
SCARED, INNOCENT, CLOUDY, INSIDIOUS, DRY, CHUBBY,
HANDSOMELY, GRANDIOSE, FASCINATED, ADHESIVE,
DIFFERENT, HIGHFALUTIN, FIRST, MATURE, SECOND,
OUTRAGEOUS, MALE, POWERFUL, DISCREET, LYING,
ELASTIC, GODLY, PALE

F	J	D	J	S	Y	R	A	H	A	N	D	S	O	M	E	L	Y	H
I	D	I	O	T	I	C	A	T	M	C	U	Z	K	W	H	Q	G	I
E	L	R	Z	V	D	I	N	Q	U	I	S	I	T	I	V	E	U	L
A	X	Z	B	Y	I	H	P	F	D	M	A	T	U	R	E	I	L	A
W	F	G	R	Y	F	A	N	E	B	U	L	O	U	S	Q	W	L	R
L	Y	I	N	G	F	R	U	D	G	H	J	Q	F	D	F	J	I	I
A	U	A	R	Y	E	O	C	H	U	B	B	Y	S	I	L	W	B	O
A	Z	O	P	U	R	M	Q	Z	T	H	A	N	K	F	U	L	L	U
S	V	T	I	Z	E	A	L	F	O	F	D	R	U	N	K	S	E	S
T	J	W	N	J	N	T	U	G	J	K	E	L	A	S	T	I	C	E
R	U	A	N	P	T	I	O	M	D	G	R	A	N	D	I	O	S	E
A	D	I	O	O	D	C	Z	F	I	N	S	I	D	I	O	U	S	G
N	X	T	C	W	D	T	D	K	S	H	V	R	E	Q	D	R	Y	S
G	O	I	E	E	A	L	G	I	G	X	U	S	C	A	R	E	D	Z
E	K	N	N	R	I	C	L	O	U	D	Y	T	E	M	F	J	H	K
I	W	G	T	F	Q	K	H	P	S	P	A	L	E	P	I	M	X	E
U	V	A	V	U	W	K	N	V	T	G	O	D	L	Y	R	E	L	E
L	H	H	X	L	C	H	I	D	E	O	U	S	X	H	S	R	J	G
D	N	K	S	E	C	O	N	D	D	U	M	H	V	D	T	E	C	L

WAITING, DRY, DISGUSTED, SCARED, IDIOTIC,
THANKFUL, LYING, DRUNK, HANDSOMELY, GULLIBLE,
DIFFERENT, MATURE, AROMATIC, HILARIOUS, ELASTIC,
POWERFUL, STRANGE, NEBULOUS, INSIDIOUS, CHUBBY,
SECOND, PALE, FIRST, HIDEOUS, GRANDIOSE, MERE,
INQUISITIVE, GODLY, CLOUDY, INNOCENT

O	C	Y	T	F	Q	T	H	A	N	K	F	U	L	Z	T	U	Z	C
R	S	T	R	A	N	G	E	Q	M	O	W	X	G	C	D	D	U	D
L	H	A	F	M	N	X	X	C	A	G	E	Y	T	L	K	L	S	L
A	S	P	I	R	I	N	G	S	T	U	Y	M	R	O	Y	D	F	M
Z	M	K	M	O	C	J	N	H	U	Z	L	F	O	U	R	Y	A	Y
W	A	I	T	I	N	G	E	I	R	S	U	G	Y	D	A	W	S	M
Z	G	V	U	D	X	F	B	L	E	S	A	D	C	Y	V	S	C	Y
V	W	D	N	I	T	O	U	A	B	P	A	R	O	M	A	T	I	C
F	I	R	I	O	N	V	L	R	Q	E	L	A	S	T	I	C	N	W
P	V	U	J	T	Z	I	O	I	W	T	C	U	H	Y	L	I	A	O
I	Y	N	D	I	W	U	U	O	E	C	H	D	D	D	A	N	T	U
F	V	K	R	C	P	Y	S	U	N	O	U	I	L	B	B	S	E	T
Z	U	Z	Y	P	Y	Y	F	S	F	A	B	S	B	I	L	I	D	R
G	H	A	N	D	S	O	M	E	L	Y	B	C	Y	B	E	D	J	A
R	H	I	D	E	O	U	S	E	I	D	Y	R	N	V	F	I	U	G
O	N	O	A	T	X	Y	L	Q	E	W	M	E	R	E	Y	O	S	E
O	V	F	Y	M	A	L	E	I	F	Y	L	E	Y	Y	P	U	J	O
V	A	W	R	M	C	A	L	C	U	L	A	T	I	N	G	S	X	U
Y	A	G	R	A	N	D	I	O	S	E	T	R	D	W	R	D	Q	S

HANDSOMELY, ELASTIC, GRANDIOSE, CLOUDY, GROOVY,
NEBULOUS, HILARIOUS, HIDEOUS, ASPIRING,
CALCULATING, WAITING, INSIDIOUS, CHUBBY,
AROMATIC, MALE, IDIOTIC, AVAILABLE, DRUNK,
OUTRAGEOUS, MERE, SAD, FASCINATED, DISCREET,
CAGEY, DRY, THANKFUL, STRANGE, MATURE

M	V	N	D	W	V	L	C	D	I	S	C	R	E	E	T	U	F	T
H	I	D	E	O	U	S	H	W	C	P	E	L	O	P	C	S	B	A
B	K	O	N	F	A	S	P	I	R	I	N	G	U	A	D	S	G	B
F	A	S	C	I	N	A	T	E	D	R	F	D	T	D	H	T	R	C
P	R	H	I	N	V	M	A	T	U	R	E	R	R	H	I	R	A	W
D	J	B	C	N	T	A	L	Y	I	N	G	H	A	E	L	A	N	M
I	D	S	M	O	P	O	W	E	R	F	U	L	G	S	A	N	D	G
D	A	S	E	C	O	N	D	S	Q	P	X	Q	E	I	R	G	I	O
I	M	D	D	E	M	U	P	A	R	P	R	D	O	V	I	E	O	D
O	D	X	I	N	E	E	A	D	S	L	M	P	U	E	O	H	S	L
T	I	C	F	T	R	A	L	H	S	J	H	W	S	T	U	A	E	Y
I	N	H	F	Y	E	W	E	A	B	A	R	Y	K	A	S	N	J	C
C	S	U	E	A	K	J	I	N	Q	U	I	S	I	T	I	V	E	O
K	I	B	R	H	I	G	H	F	A	L	U	T	I	N	Q	D	K	G
V	D	B	E	P	J	A	M	A	L	E	F	X	J	J	R	L	F	P
B	I	Y	N	X	C	Y	C	A	V	A	I	L	A	B	L	E	T	X
G	O	G	T	D	U	C	A	O	X	D	R	U	N	K	I	Z	U	U
O	U	W	S	C	A	R	E	D	X	T	S	R	R	P	I	X	C	O
X	S	I	V	X	B	H	V	F	F	P	T	G	N	A	U	A	D	S

INNOCENT, SECOND, INQUISITIVE, DISCREET,
HILARIOUS, GODLY, SCARED, FASCINATED, PALE,
IDIOTIC, MERE, CHUBBY, OUTRAGEOUS, MATURE,
INSIDIOUS, LYING, DRUNK, FIRST, ADHESIVE, ASPIRING,
HIDEOUS, STRANGE, MALE, SAD, HIGHFALUTIN,
POWERFUL, AVAILABLE, DIFFERENT, GRANDIOSE

G	I	D	I	F	F	E	R	E	N	T	G	D	V	I	I	O	E	Z
A	D	H	E	S	I	V	E	Z	W	L	F	I	B	O	Q	F	K	W
D	E	R	A	N	G	E	D	N	M	Y	Y	S	G	U	I	Z	T	A
N	O	P	O	W	E	R	F	U	L	I	I	G	T	T	B	P	X	I
S	G	L	G	W	V	P	G	S	K	N	D	U	B	R	N	A	F	T
C	G	A	E	A	D	A	O	C	N	G	I	S	W	A	X	R	A	I
J	T	S	Q	G	R	M	D	A	O	Z	O	T	L	G	V	E	S	N
J	B	P	U	U	U	E	L	R	T	T	T	E	K	E	P	G	C	G
C	Z	I	O	L	N	R	Y	E	T	H	I	D	E	O	U	S	I	U
A	D	R	F	L	K	E	G	D	Y	B	C	Z	I	U	I	G	N	H
L	S	I	D	I	N	N	O	C	E	N	T	B	K	S	N	A	A	Q
C	D	N	D	B	Z	B	S	T	R	A	N	G	E	Y	S	R	T	I
U	F	G	U	L	W	T	H	A	N	K	F	U	L	D	I	R	E	J
L	P	A	L	E	U	L	S	L	F	F	D	A	W	J	D	U	D	N
A	T	B	M	A	L	E	A	Q	S	A	N	V	P	Q	I	L	L	B
T	L	G	R	A	N	D	I	O	S	E	V	E	C	M	O	O	F	P
I	C	C	X	E	H	A	N	D	S	O	M	E	L	Y	U	U	F	F
N	L	J	X	M	V	S	T	P	X	F	I	R	S	T	S	S	N	X
G	C	U	M	G	K	Z	X	Q	W	A	R	O	M	A	T	I	C	C

HANDSOMELY, MALE, IDIOTIC, INNOCENT, AROMATIC,
POWERFUL, WAITING, HIDEOUS, GRANDIOSE,
OUTRAGEOUS, CALCULATING, GODLY, ASPIRING,
STRANGE, DRUNK, GARRULOUS, SCARED, FASCINATED,
GULLIBLE, ADHESIVE, LYING, FIRST, INSIDIOUS,
THANKFUL, MERE, PALE, DISGUSTED, DIFFERENT,
KNOTTY, DERANGED

N	Z	Z	H	M	H	F	W	H	I	L	A	R	I	O	U	S	L	R
Y	O	U	N	W	P	G	S	I	D	E	L	I	G	H	T	F	U	L
Q	O	I	N	E	B	U	L	O	U	S	M	P	P	X	E	K	U	T
A	V	O	W	N	G	Y	J	M	B	H	C	A	G	E	Y	Q	R	H
Q	V	Y	J	Z	T	X	G	R	O	O	V	Y	W	I	D	X	K	B
C	T	L	L	A	D	H	E	S	I	V	E	U	W	O	I	Q	P	G
I	W	C	A	L	C	U	L	A	T	I	N	G	H	W	F	I	L	G
V	E	O	A	V	A	I	L	A	B	L	E	M	K	A	F	D	P	R
P	V	S	F	A	I	S	M	A	T	U	R	E	Y	I	E	I	P	A
O	O	O	C	M	N	C	G	E	N	E	R	A	L	T	R	O	B	N
C	D	A	U	T	S	A	K	N	O	T	T	Y	C	I	E	T	M	D
O	C	E	Z	B	I	R	T	A	C	H	Z	M	L	N	N	I	N	I
R	J	K	M	C	D	E	P	R	H	A	X	X	O	G	T	C	S	O
I	L	M	H	A	I	D	X	O	U	N	O	O	U	B	C	T	T	S
G	T	A	M	M	O	U	B	M	B	K	M	R	D	E	C	Y	R	E
P	A	L	E	M	U	X	A	A	B	F	E	P	Y	M	J	T	A	I
E	M	E	F	S	S	L	D	T	Y	U	R	L	Y	I	N	G	N	W
H	V	O	V	D	R	Y	A	I	D	L	E	E	G	T	O	G	G	S
Y	R	K	Q	T	D	O	X	C	F	A	S	C	I	N	A	T	E	D

DIFFERENT, IDIOTIC, AVAILABLE, ADHESIVE, GENERAL,
MERE, SCARED, CLOUDY, DRY, STRANGE, INSIDIOUS,
DELIGHTFUL, CAGEY, NEBULOUS, CHUBBY, MALE,
KNOTTY, HILARIOUS, FASCINATED, BAD, THANKFUL,
PALE, CALCULATING, GRANDIOSE, GROOVY, MATURE,
AROMATIC, LYING, WAITING

L	O	L	Q	D	V	C	D	C	S	N	S	E	C	O	N	D	S	S
N	U	M	A	T	U	R	E	M	C	T	O	N	S	Y	B	D	O	T
W	R	N	G	S	D	J	J	E	A	R	V	E	U	H	S	E	H	N
Y	G	D	E	B	G	B	B	R	R	S	A	D	R	Z	A	L	R	J
W	L	I	Z	P	R	G	A	E	E	C	L	O	U	D	Y	I	R	N
F	Y	F	H	W	A	V	F	A	D	M	S	T	R	A	N	G	E	T
V	I	F	I	I	N	Q	U	I	S	I	T	I	V	E	D	H	H	H
M	N	E	D	W	D	C	B	B	P	C	Z	U	P	P	A	T	I	A
B	G	R	E	A	I	H	K	D	M	K	V	T	J	L	V	F	G	N
A	Y	E	O	D	O	U	G	U	L	L	I	B	L	E	A	U	H	K
S	X	N	U	H	S	B	J	T	E	H	K	H	P	I	I	L	F	F
P	B	T	S	E	E	B	E	Y	A	F	G	I	O	N	L	X	A	U
I	T	P	M	S	X	Y	B	N	V	Z	C	N	W	S	A	Y	L	L
R	I	T	H	I	L	A	R	I	O	U	S	N	E	I	B	H	U	X
I	B	D	D	V	S	U	P	F	D	S	C	O	R	D	L	V	T	G
N	R	W	Q	E	C	O	M	M	O	N	A	C	F	I	E	Z	I	V
G	H	A	N	D	S	O	M	E	L	Y	G	E	U	O	H	X	N	G
C	A	L	C	U	L	A	T	I	N	G	E	N	L	U	G	O	L	B
N	E	B	U	L	O	U	S	S	H	P	Y	T	W	S	Y	C	G	G

AVAILABLE, HILARIOUS, LYING, DELIGHTFUL, DIFFERENT, MERE, SECOND, INSIDIOUS, HIDEOUS, MATURE, INQUISITIVE, ADHESIVE, STRANGE, GULLIBLE, THANKFUL, POWERFUL, HIGHFALUTIN, CAGEY, ASPIRING, CALCULATING, INNOCENT, COMMON, CLOUDY, GRANDIOSE, NEBULOUS, SAD, SCARED, CHUBBY, HANDSOMELY

O	C	N	R	O	G	M	F	E	B	A	X	H	Q	S	Y	C	Y	C
I	W	A	S	T	R	A	N	G	E	V	M	I	U	C	S	N	G	F
F	X	T	G	L	O	Z	E	J	G	A	K	D	C	A	G	E	Y	P
I	R	M	T	B	O	R	W	I	G	I	N	E	Q	R	K	B	S	O
R	Z	E	G	J	V	K	A	L	C	L	O	O	H	E	N	U	F	C
S	A	R	V	L	Y	I	N	G	A	A	T	U	K	D	I	L	A	R
T	K	E	O	J	A	V	P	E	P	B	T	S	B	Z	H	O	S	C
R	D	R	U	C	O	M	M	O	N	L	Y	N	F	M	J	U	C	L
J	I	A	T	I	D	M	P	O	W	E	R	F	U	L	W	S	I	O
P	S	O	R	L	E	C	B	R	W	H	A	L	T	I	N	G	N	U
Y	G	P	A	K	E	S	O	H	A	L	C	H	U	B	B	Y	A	D
V	U	S	G	M	E	L	E	T	I	B	G	C	P	B	A	D	T	Y
B	S	W	E	A	I	D	I	O	T	I	C	H	Z	V	A	P	E	C
X	T	J	O	L	N	D	R	D	I	F	F	E	R	E	N	T	D	K
O	E	K	U	E	A	J	I	O	N	Q	G	P	B	L	P	U	F	S
Q	D	M	S	D	A	T	E	C	G	Y	A	D	E	P	A	T	J	T
L	D	C	H	I	G	H	F	A	L	U	T	I	N	A	L	X	E	I
Y	P	S	A	D	H	E	S	I	V	E	B	J	W	X	E	W	B	B
R	U	D	T	X	O	A	P	K	E	L	A	S	T	I	C	K	P	P

WAITING, KNOTTY, ADHESIVE, LYING, MERE, PALE, FASCINATED, OUTRAGEOUS, BAD, HIGHFALUTIN, DISGUSTED, NEBULOUS, IDIOTIC, GROOVY, AVAILABLE, MALE, COMMON, CLOUDY, FIRST, POWERFUL, ELASTIC, CAGEY, HIDEOUS, STRANGE, DIFFERENT, CHUBBY, HALTING, SCARED

U	N	F	G	Z	O	B	A	C	K	M	A	R	K	E	R	Y	N	K	X
H	M	Q	C	C	J	R	O	U	M	Z	H	A	T	T	A	C	K	U	Z
G	T	W	I	F	A	L	S	E	S	T	A	R	T	J	I	Y	C	R	A
A	R	Z	I	V	B	A	C	K	S	T	R	A	I	G	H	T	T	Z	Q
I	O	W	B	F	E	H	H	B	A	C	K	S	T	R	E	T	C	H	K
T	T	L	E	D	D	H	Q	I	B	B	C	O	A	S	T	I	N	G	J
V	T	P	L	U	E	C	S	U	I	Y	R	F	H	D	C	O	K	L	J
I	E	C	L	O	Z	G	J	C	F	B	O	I	M	Y	A	A	A	B	A
S	R	P	R	C	D	G	C	I	B	A	K	L	Y	T	R	L	K	L	C
Y	X	G	R	E	Y	H	O	U	N	D	B	L	U	V	D	L	L	E	G
Y	A	Z	D	X	Q	T	L	B	A	R	R	I	E	R	M	C	E	N	Y
T	F	U	A	A	X	Y	T	T	G	M	K	O	R	F	H	L	J	G	Q
B	G	P	O	B	R	U	J	D	B	H	L	N	S	X	O	E	Z	T	S
W	C	W	N	A	Q	Y	K	R	E	A	Q	I	L	B	G	A	O	H	D
C	G	T	H	N	J	T	V	I	G	R	D	E	R	B	Y	R	P	P	N
I	C	R	V	D	W	O	F	V	I	N	Q	Q	J	B	V	Q	X	B	R
Q	P	A	R	O	P	T	I	E	N	E	G	W	Y	N	E	V	L	F	F
C	W	C	Y	N	B	I	L	R	N	S	Y	C	A	R	T	B	S	T	B
R	H	E	B	E	M	D	N	K	E	S	C	H	E	C	K	G	V	C	R
G	I	X	C	D	L	N	H	C	R	L	W	U	Q	F	E	N	C	E	E

HARNESS, BELL, CHECK, BARRIER, DRIVER, COASTING,
LENGTH, FENCE, BACKMARKER, COLT, RACE,
ABANDONED, BEGINNER, BACKSTRAIGHT, CART,
FALSESTART, BACKSTRETCH, TROTTER, GAIT, ATTACK,
FILLION, CARD, ALLCLEAR, DERBY, GREYHOUND

R	B	G	S	M	A	U	R	F	G	A	E	C	A	X	I	N	M	U	M	F
M	Z	U	A	U	Y	W	X	J	Q	W	T	R	V	J	K	C	K	F	X	S
O	L	G	K	W	H	A	Y	D	E	N	D	O	R	T	E	Q	C	H	O	X
J	I	E	A	J	O	H	N	S	O	N	B	S	Y	H	Z	J	N	U	Y	P
C	L	E	M	U	Z	R	V	K	C	P	B	B	S	O	D	H	L	N	A	N
G	J	H	O	E	Q	Z	D	A	O	L	C	Y	M	I	T	C	H	E	L	L
R	V	R	T	J	D	O	E	E	N	N	W	E	A	G	A	Y	L	O	R	D
T	S	W	O	Q	B	G	Y	M	N	A	S	T	I	C	S	S	E	V	T	N
Y	R	V	B	O	S	V	Z	V	E	K	J	U	F	A	R	R	Y	A	N	K
X	O	B	F	A	D	O	G	O	R	S	I	C	R	D	T	H	O	M	A	S
G	E	T	A	K	E	I	B	R	S	V	W	H	K	A	U	R	H	U	E	T
R	T	X	B	V	W	K	A	N	Z	A	K	I	W	G	K	K	U	M	O	Y
Z	H	D	A	Z	H	G	P	T	H	X	Z	L	Z	G	J	W	G	Q	F	Q
M	L	J	L	C	M	V	I	D	M	A	R	K	X	E	C	H	G	P	D	S
Q	I	P	C	H	A	M	P	I	O	N	S	P	I	T	R	S	K	F	Z	H
R	S	B	C	P	O	V	W	W	F	O	F	B	A	B	C	O	C	K	K	U
Q	B	E	V	V	Y	H	A	V	E	N	E	R	U	W	M	H	K	Y	R	R
L	E	A	B	C	Q	V	L	Q	C	H	A	Y	A	S	A	K	I	K	S	L
S	G	C	R	M	L	F	L	H	H	A	R	T	U	N	G	V	R	L	P	O
G	E	H	X	A	M	W	E	V	Z	J	B	D	C	S	I	M	A	L	E	C
T	R	U	U	R	I	T	R	B	L	X	R	J	O	K	E	S	W	I	C	K

CONNER, GYMNASTICS, RYAN, CROSBY, BEACH,

CHAMPIONS, GAYLORD, JOHNSON, HARTUNG, KANZAKI,

WALLER, VIDMAR, BABCOCK, AVENER, SHURLOCK, MALE,

DAGGET, HAYDEN, HAYASAKI, MITCHELL, TAKEI,

THOMAS, SAKAMOTO, KESWICK, ROETHLISBEGER, HUG

T	A	N	A	C	N	R	N	E	Y	B	T	W	D	P	V	V	B
H	M	A	N	D	Q	M	U	L	V	I	H	I	L	L	B	N	H
B	A	P	S	Q	S	C	O	T	T	Q	C	E	C	V	C	A	P
X	L	Y	V	I	Z	G	K	Q	E	O	B	P	Y	F	E	R	I
Z	O	B	Y	D	T	Y	U	F	R	A	Y	L	R	Y	F	E	S
T	N	Q	B	F	A	M	P	J	T	U	R	N	B	O	W	Z	E
P	E	V	M	Y	L	N	E	F	J	X	W	I	E	B	E	R	G
E	Y	M	L	V	A	A	T	E	B	R	O	S	S	S	E	N	K
O	N	A	L	M	V	S	S	M	I	L	L	E	R	C	T	I	X
A	O	N	L	C	E	T	Q	A	S	F	D	U	R	H	A	M	E
J	O	V	X	C	R	I	H	L	L	T	T	J	A	A	P	L	R
I	P	I	Q	O	A	C	E	E	O	S	Z	X	A	N	U	G	I
S	D	L	G	Y	F	S	P	D	A	X	C	G	F	E	P	X	G
Y	J	L	W	B	I	L	E	S	N	O	I	N	U	Z	D	F	B
R	P	E	W	S	J	O	H	N	S	O	N	A	J	E	Z	R	Y
P	A	V	D	A	W	E	S	P	T	W	D	T	Q	R	K	W	B
R	I	I	E	S	T	E	V	M	C	N	A	M	A	R	A	A	Q
G	H	I	U	X	L	F	K	L	D	P	P	Z	D	A	L	E	Y

BILES, MULVIHILL, DALEY, PYFER, DURHAM, TALAVERA, MCCOY, SCOTT, RAY, TANAC, WIEBER, SCHANEZER, GNAT, JOHNSON, FEMALE, MALONEY, MILLER, SLOAN, MANVILLE, GYMNASTICS, BROSS, TURNBOW, RIGBY, KUPETS, MCNAMARA, DAWES

H	V	L	G	T	U	T	H	T	I	L	S	N	S	L	J	N	B	R	M	M	E	C
R	M	A	P	T	S	D	M	X	U	O	M	F	G	X	U	E	E	B	C	R	U	U
U	H	V	G	T	A	U	T	K	I	H	B	R	I	A	N	E	X	I	J	U	S	M
Y	T	E	Z	N	U	C	U	W	S	M	G	R	L	G	F	R	A	N	C	H	A	I
S	V	L	E	Q	E	W	K	N	O	P	D	A	H	L	K	E	M	P	E	R	N	Z
E	F	L	H	W	R	Z	F	S	N	R	N	L	S	D	Q	M	S	E	E	W	A	U
Q	C	E	O	I	B	N	F	U	N	E	R	M	H	O	U	V	H	D	K	K	T	Q
M	I	J	R	D	R	W	M	I	E	S	T	E	V	D	A	I	O	A	R	R	I	X
J	B	W	A	M	U	W	E	I	T	S	Z	X	G	U	H	Y	R	V	O	I	O	Y
R	Q	X	N	G	N	C	W	Z	T	K	O	U	V	N	D	Z	T	I	E	E	N	K
D	P	W	E	N	N	D	I	Y	H	E	A	T	H	N	S	E	S	D	Z	G	A	M
W	K	S	M	I	T	H	S	Y	S	V	X	J	M	Z	V	P	L	S	Q	E	L	T
I	W	W	E	J	J	I	I	P	T	L	Y	D	U	A	B	D	E	O	P	R	T	K
C	N	A	E	H	E	R	Z	U	K	T	N	F	C	C	P	U	X	N	H	H	E	B
B	W	I	T	G	C	W	O	G	D	Q	H	V	X	M	O	R	G	A	N	R	A	H
G	L	X	J	Z	V	G	C	H	H	A	R	R	I	S	E	A	M	G	A	L	M	M
L	U	R	J	S	I	P	L	A	Y	E	R	S	R	P	Y	X	F	V	S	Z	E	C
L	S	J	W	N	S	Z	S	Q	J	N	O	H	A	R	A	U	G	D	T	K	H	D
O	A	W	O	M	E	N	S	S	O	C	C	E	R	Y	H	J	B	F	M	F	D	O
Y	A	R	K	O	L	Q	W	G	N	J	M	X	A	J	A	Z	C	Q	B	U	T	N
D	X	T	L	E	S	U	G	X	D	Q	U	P	I	V	T	B	I	Z	O	R	K	A
E	F	O	C	A	M	P	B	E	L	L	X	R	X	B	C	E	W	D	G	O	K	L
E	F	Q	B	J	U	E	D	O	Z	O	V	M	D	L	H	X	F	I	C	C	A	D

USANATIONALTEAM, BRIAN, PLAYERS, MORGAN, HARRIS,

WOMENSSOCCER, SMITH, MEWIS, HORAN, KRIEGER,

SAUERBRUNN, FRANCH, SONNETT, LLOYD, SHORT, PUGH,

LAVELLE, CAMPBELL, DAHLKEMPER, PRESS, DUNN,

NAEHER, OHARA, MCDONALD, HATCH, DAVIDSON, HEATH

Y	J	Q	E	K	T	I	A	S	Z	O	C	M	F	A	R	Y	E	L
S	J	O	Y	V	J	S	M	X	L	J	S	F	D	H	I	S	V	W
P	B	P	V	F	G	G	C	H	O	L	G	R	V	D	J	L	I	Y
U	G	S	C	S	T	A	L	E	Y	X	E	B	E	Y	O	H	X	C
R	R	Z	H	W	N	B	A	P	L	A	Y	E	R	S	A	O	T	K
M	S	A	A	W	S	M	C	A	R	T	H	U	R	C	P	V	I	I
O	B	I	R	D	A	V	A	E	R	Y	C	E	G	X	L	Q	C	O
Q	I	C	L	Q	B	Z	R	L	E	S	L	I	E	L	B	D	A	N
K	M	N	E	N	A	H	T	W	A	L	K	E	R	P	U	U	T	E
I	T	Y	S	T	L	E	E	V	C	J	C	A	W	B	J	R	C	S
K	E	Y	Z	C	L	B	R	D	P	E	P	R	B	O	Z	R	H	C
B	P	Q	V	P	Y	A	I	S	A	M	U	E	L	S	O	N	I	U
R	H	K	T	A	U	R	A	S	I	P	G	T	C	T	C	N	N	N
O	O	P	W	J	V	D	L	L	L	B	H	H	H	O	O	W	G	L
W	W	A	V	O	G	W	U	M	I	K	E	H	Z	N	L	Q	S	I
N	A	C	K	W	C	U	M	L	Q	D	I	L	K	Q	L	J	Q	C
L	R	E	E	Z	C	W	P	A	R	K	E	R	G	G	I	H	G	D
J	D	M	C	O	L	T	L	C	D	A	D	Y	Y	R	E	F	O	Q
F	W	D	A	N	G	E	R	F	I	E	L	D	O	R	R	M	E	J

DURR, WNBAPLAYERS, PARKER, TAURASI, SABALLY, KEY, MCARTHUR, SAMUELSON, DILK, BOSTON, CARTER, LESLIE, BIRD, PACE, OGWUMIKE, STALEY, COLLIER, DANGERFIELD, BROWN, CATCHINGS, HEBARD, IONESCU, WALKER, CHARLES, HOWARD

G	T	J	O	H	N	S	T	O	N	W	P	P	T	Z	N	Q	D	W	B	Y
D	D	I	X	A	Y	A	E	S	B	O	V	H	D	X	M	P	Q	R	U	I
S	Z	N	K	W	Q	G	T	G	O	M	R	I	O	P	A	C	K	E	R	O
D	G	B	E	R	A	T	Y	C	W	E	W	L	T	N	V	M	R	P	D	V
E	C	J	S	D	S	A	Z	T	Y	N	I	L	N	G	B	A	A	Z	S	D
L	A	Z	S	E	N	W	H	T	N	S	W	I	A	N	F	D	P	B	O	A
Z	R	M	E	A	G	O	S	T	A	H	L	P	T	H	P	E	U	Z	I	O
R	P	F	L	K	N	O	X	M	N	O	V	P	I	P	M	C	J	D	B	U
K	E	Z	R	Y	L	A	N	A	O	C	N	O	O	O	M	K	Y	U	W	S
N	N	N	U	R	S	E	E	R	W	K	E	U	N	L	M	E	P	P	S	T
I	T	Q	K	B	V	R	D	V	O	E	Z	L	A	Y	G	R	L	Z	Z	R
G	E	A	Q	Y	F	B	U	I	Z	Y	P	A	L	M	X	B	D	K	A	X
H	R	M	B	H	L	T	G	N	F	A	Y	N	T	K	A	V	C	E	B	I
T	J	S	Y	J	Y	G	G	K	C	A	Y	B	E	I	F	U	O	X	A	F
Q	M	K	Y	E	X	U	A	S	W	D	D	S	A	L	O	N	Y	G	D	F
S	P	O	O	N	E	R	N	H	E	X	T	A	M	F	C	D	N	B	O	M
G	K	Q	V	N	X	G	R	A	N	A	T	O	S	P	V	Q	E	I	S	V
G	O	A	I	E	M	L	X	Y	T	W	C	A	Q	C	M	F	F	A	N	I
W	M	G	O	R	L	D	F	T	K	R	W	M	F	I	A	Q	Q	Y	I	R
V	V	M	C	L	G	W	S	S	B	A	I	A	D	C	H	U	W	G	X	T
Q	Q	G	X	V	P	R	U	G	G	I	E	R	O	Y	F	Q	B	W	G	R

DECKER, NURSE, RATY, MARVIN, WOMENSHOCKEY, CARPENTER, KESSEL, JENNER, PACKER, KNIGHT, COYNE, GRANATO, AGOSTA, CHU, RYLAN, KNOX, RUGGIERO, NATIONALTEAMS, JOHNSTON, DUGGAN, SZABADOS, PHILLIPPOULAN, DAOUST, SPOONER

R	S	D	P	V	S	P	M	E	N	D	O	Z	A	Q	F	F	M	W
I	U	V	J	H	E	X	O	T	V	C	Z	N	D	O	H	K	S	H
Q	T	S	K	Q	W	R	S	H	R	C	G	G	Y	S	V	T	S	Y
W	B	Z	G	Z	U	V	Z	C	H	I	D	E	S	T	E	R	R	A
C	F	S	U	C	F	E	M	A	L	E	H	U	D	E	S	F	J	B
H	I	O	X	N	H	R	O	M	E	R	O	Q	S	R	A	G	Y	B
A	N	F	E	W	Q	B	A	R	N	H	I	L	L	M	H	O	L	O
M	C	T	N	W	A	T	L	E	Y	X	D	M	P	A	A	O	B	T
B	H	B	Q	U	W	H	A	L	Q	L	S	E	L	N	R	D	J	T
E	C	A	U	Q	E	G	K	X	F	E	R	N	A	N	D	E	Z	J
R	H	L	I	I	L	A	W	R	I	E	E	M	Y	B	I	U	M	J
L	R	L	S	J	D	G	H	I	F	I	D	X	E	M	N	I	A	Y
A	O	A	T	Y	B	S	K	C	M	Y	K	J	R	I	G	Z	I	U
I	S	M	Y	E	X	M	G	K	B	N	G	N	S	A	F	Y	A	E
N	X	K	K	A	T	I	L	E	Z	J	M	U	L	I	P	O	L	A
L	W	M	U	L	V	T	O	T	R	I	C	H	A	R	D	S	O	N
R	L	A	X	X	N	H	W	T	F	V	P	B	U	S	T	O	S	F
T	M	N	I	C	K	L	E	S	B	D	E	R	Y	R	J	Z	Q	Z
B	J	M	Y	T	X	W	B	Z	D	U	A	T	G	A	R	C	I	A

NICKLES, LAWRIE, WATLEY, SOFTBALL, MENDOZA, MULIPOLA, FINCH, FERNANDEZ, CHIDESTER, BARNHILL, CHAMBERLAIN, ABBOTT, RICKETTS, FEMALE, RICHARDSON, SMITH, HARDING, GOOD, ROMERO, BUSTOS, LOWE, OSTERMAN, PLAYERS, ENQUIST, GARCIA

Q	G	M	G	H	R	K	V	H	V	C	Q	K	O	H	V	T	C	O	D	Y	A	B	U	J	C	V	F
A	A	U	P	U	C	O	R	N	H	U	S	K	E	R	S	R	C	W	P	F	O	A	R	X	B	P	M
X	M	J	M	R	R	G	D	U	C	K	S	U	Y	O	L	O	J	T	P	B	A	D	R	D	P	D	H
F	E	G	O	R	I	C	S	P	A	R	T	A	N	S	C	J	C	V	D	S	F	G	R	V	I	E	I
D	C	L	U	I	U	W	H	F	M	W	E	O	S	R	O	A	L	K	V	X	K	E	K	D	L	V	L
C	O	V	N	C	Z	C	N	D	D	F	B	P	G	P	L	N	C	C	V	Q	O	R	D	J	U	Y	O
M	C	E	T	A	N	X	K	U	N	Y	G	I	J	N	L	S	R	M	L	P	B	S	L	E	G	Q	N
Q	K	P	A	N	X	D	J	Y	B	R	A	W	V	G	E	S	I	N	T	G	B	L	K	W	A	Z	G
U	S	E	I	E	J	U	C	B	W	D	T	I	E	I	G	W	M	S	E	M	I	N	O	L	E	S	H
C	P	P	N	S	P	I	F	J	T	I	G	E	R	S	E	K	S	N	M	R	T	K	T	N	Y	L	O
N	W	C	E	I	S	E	B	P	F	E	D	F	J	K	F	Z	O	G	U	R	G	A	T	O	R	S	R
R	K	J	E	X	X	G	P	F	P	U	N	C	J	B	O	C	N	V	Q	L	P	O	G	Z	O	B	N
F	R	R	R	T	D	B	U	C	K	E	Y	E	S	V	O	F	T	I	D	G	L	I	D	V	X	X	S
W	O	Z	S	J	Y	J	A	S	U	A	W	S	A	R	T	U	I	H	U	A	A	G	M	J	B	D	O
O	U	N	F	W	J	D	M	Q	S	G	S	O	B	Z	B	C	D	A	T	N	J	K	V	S	H	W	J
B	U	K	X	L	A	G	G	I	E	S	I	M	K	T	A	I	E	W	A	V	O	R	A	B	M	L	Q
F	S	S	O	O	N	E	R	S	R	E	S	E	O	Q	L	A	T	K	J	R	K	S	L	D	V	Y	H
N	N	A	B	U	L	L	D	O	G	S	A	V	N	V	L	B	R	E	A	P	W	O	J	D	B	B	D
H	J	W	P	T	E	R	R	A	P	I	N	S	S	Y	T	O	R	Y	Y	D	S	U	I	X	K	A	W
S	P	R	M	A	Z	K	Y	F	J	H	T	Q	M	H	E	I	J	E	S	W	R	T	N	I	H	N	O
O	F	I	G	H	T	I	N	G	I	R	I	S	H	R	A	V	X	S	K	W	H	U	M	L	H	U	S
O	Z	Z	P	S	A	I	H	F	Y	W	B	I	Z	L	M	Y	O	P	A	X	E	F	F	Y	F	D	E
B	H	Q	D	A	K	J	J	S	K	J	C	B	P	N	S	L	C	J	B	H	A	D	E	S	D	Z	J
H	L	M	O	P	A	L	Z	O	X	M	V	O	L	U	N	T	E	E	R	S	G	C	J	B	S	D	R
F	W	O	R	F	P	O	R	A	Z	O	R	B	A	C	K	S	X	G	O	M	L	W	L	D	R	C	B
I	K	M	S	J	M	N	Q	Q	P	F	I	Y	Q	K	X	K	W	O	L	V	E	R	I	N	E	S	C
Z	R	E	M	I	E	A	M	L	I	O	N	S	P	I	H	M	S	C	B	Q	S	H	Q	P	W	F	P
G	E	F	N	L	U	U	Z	S	H	I	T	H	K	B	X	K	P	Y	Z	U	H	A	O	Y	A	M	S

WOLVERINES, LIONS, COLLEGEFOOTBALLTEAMS, HURRICANES, BULLDOGS, GATORS, BADGERS, HAWKEYES, GAMECOCKS, LONGHORNS, EAGLES, TERRAPINS, BUCKEYES, FIGHTINGIRISH, VOLUNTEERS, RAZORBACKS, SEMINOLES, SOONERS, MOUNTAINEERS, TROJANS, CRIMSONTIDE, SPARTANS, TIGERS, AGGIES, CORNHUSKERS, DUCKS

S O Q F L S Y F D Q H H U X K T I G E R S B J R J Z

Z H T S G P E N G I N E E R S O G O R W G C B K V J

X V L D K A L B O B C A T S M R O O R I Y S D B Q X

R N T B N R L D P W V X R B B Q L C A W L U M J F Y

H C V V I T O R W D I R U U M A D O E B O N A H P N

Y F K H G A W E O D A U S L L O E L T H G D R W M U

D U W I H N J D M U P K U L A J N L B I O E M W F U

S A I N T S A M E T I S T D C Z G E V B L V Z J S Q

S E D N S K C E F C H T M O S P O G S G D I Y G Q W

S A J V P F K N Z H Z N M G A C P E X L E L C I X X

R G R C I G E S X M V F M S B S H H V G N S Y G G E

W L T S G L T D S E E V T D L V E O R J G D V I E K

D E I R B D S K C N Q V R A A S R C H A R G E R S I

A S T W O L V E R I N E S F C R S K E W I R Q N T U

Q G C D A M R E D H A W K S K S B E S L F I A H X A

P V P H U S K I E S I C Z P B Y G Y H Q F F A H D T

W B Z O C E L Z T X F Z E Y E O Q T S F I H N V C Z

H N W D M I N U T E M E N Z A T A E M R N G O W O Z

O M G S V X Z S Z Z T Y H T R O W A T I S K S T B J

G O L D E N K N I G H T S E S F D M A A V X Y F I D

C U R B W M A V E R I C K S V A V S Y R Q E P A C B

B E A V E R S G A M P R H Q K I A F I S G Y V L H K

G P B A D G E R S R M X V R I L M I E D X Q G C D O

P V V W N P H F I G H T I N G I R I S H E O C O L H

N W R I D O D J R V P U R P L E E A G L E S O N F U

I W F H N R M F J L P I P I O N E E R S T K J S O R

BLACKBEARS, GOLDENGOPHERS, WOLVERINES,

YELLOWJACKETS, EAGLES, BOBCATS, BULLDOGS,

PIONEERS, TIGERS, BADGERS, CHARGERS, FALCONS,

SUNDEVILS, MINUTEMEN, REDMENS,

COLLEGEHOCKEYTEAMS, SPARTANS, REDHAWKS,

PURPLEEAGLES, SAINTS, BEAVERS, HUSKIES,

FIGHTINGIRISH, MAVERICKS, DUTCHMEN,

GOLDENGRIFFINS, ENGINEERS, FRIARS,

GOLDENKNIGHTS, KNIGHTS

P	A	X	T	H	J	M	B	T	Y	P	W	F	S	S	I	D	U	M
O	S	B	W	L	H	I	G	H	F	A	L	U	T	I	N	H	X	Z
W	P	M	H	A	N	D	S	O	M	E	L	Y	D	V	S	V	E	T
E	I	O	T	H	A	N	K	F	U	L	I	G	P	D	I	H	U	F
R	R	A	V	A	I	L	A	B	L	E	M	U	D	E	D	Y	J	R
F	I	D	C	L	O	U	D	Y	A	O	A	L	I	L	I	I	E	N
U	N	H	V	U	T	N	R	X	G	S	T	L	F	I	O	F	V	E
L	G	E	I	M	N	T	U	C	W	T	U	I	F	G	U	Y	C	B
C	X	S	I	L	Y	I	N	G	A	R	R	B	E	H	S	F	A	U
H	A	I	N	R	G	J	K	A	I	A	E	L	R	T	K	I	R	L
B	Q	V	N	B	R	Z	S	E	T	N	W	E	E	F	B	X	O	O
K	B	E	O	M	A	L	E	K	I	G	L	B	N	U	U	K	M	U
N	T	J	C	G	N	Y	N	Z	N	E	M	H	T	L	U	I	A	S
W	K	S	E	O	D	P	C	N	G	C	O	M	M	O	N	D	T	Y
K	A	Q	N	D	I	E	L	A	S	T	I	C	A	Q	G	I	I	O
B	O	V	T	L	O	R	D	D	R	Y	G	N	N	M	K	O	C	D
H	J	K	I	Y	S	S	E	C	O	N	D	O	E	U	E	T	A	H
L	W	R	L	B	E	M	E	R	E	J	H	V	I	Q	Q	I	K	Q
X	H	I	L	A	R	I	O	U	S	X	B	A	I	M	H	C	H	E

ADHESIVE, INSIDIOUS, GODLY, DRY, DRUNK, DIFFERENT,
POWERFUL, GRANDIOSE, WAITING, IDIOTIC,
HIGHFALUTIN, COMMON, MALE, INNOCENT, AVAILABLE,
NEBULOUS, GULLIBLE, DELIGHTFUL, THANKFUL, MERE,
LYING, ASPIRING, CLOUDY, HANDSOMELY, AROMATIC,
ELASTIC, STRANGE, SECOND, MATURE, HILARIOUS

P P J Z R E D R A I D E R S B F H G B Z E V Y A C G O Y I S
W T N G E O R O A T X X T Y P D U C K S S N N Q A G Q P H V
K K C M W H W X D D M X C W O W I L D C A T S E R E R L T F
K C O L L E G E B A S K E T B A L L T E A M S P D V V D Q A
G I M J X A R W E N X Q X E C P O M B B S Z M Y I C I M E I
A U H W U U S E M I N O L E S D Q E E C P E A S N X Z B D R
T K H H G S P F B M I U Y K K D F G W S V O S W A U W L P V
O R U P P S W A U V V D U I W K U P A D A B M O L L X U Z A
R P S U S I O R C A V A L I E R S Y Z N A T L L S V S E U V
S T K K W Y Y C K F U N N N M S E L T X H D I V C N L J P P
A H I S T V R D E G M N C P W O L X E L F A I E P Q M A L S
H W E G T T U F Y S S A S D N D L O C C L O I R R Z Y Y T L
W P S C X M L J E B Y S O E M H I R S Q Y H N I U H D S S O
X B X V Q O F T S C A Q E J A T X A D G E K P N K H R M P C
L D Z K P F G Y A O P V R G P E U N I A R A Y E L Z R V W O
O H W H A D X R C R U O W N M X D G H F S J Z S K M Y J R M
M H K M Y Y X I C B Z G L X R G M E M E N X Q O I I H Y X V
P N M C R Q Z P P J D Q E B Q Y U R H A I O T M B I Q I J W
C G H X E C P I K X P G K T G P I A Q G G B U L L D O G S D
O B R U I N S R K H D T K B S K Y A F L N U A N I X W C K B
C S Z B Z H B A N H U A Q E Z R O Y F E M M S H E U D T M A
A L S J C O L T J J Q R B A U Z N S U S A Q B P J T A U X I
J U R C Z O U E V E I H S R F A M F N U G S W Z U E P Z K W
F E V O Z S E S R H N E D S A R J B B D Y P R G L R T K S N
W D M U G I D A G U G E G G P S U R D V X A Q C V R K Q X B
K R Z G V E E K M F H L J A Y H A W K S K R U M Z A D A R U
Y C I A I R V H S E S S J Z D T P N G T H T P A F P G U C U
P I L R P S I G I Y L O N G H O R N S R R A U X K I Z O O C
G Z O S T V L F G Q R L W K I Q M O H T G N V Q Z N M X F O
U B W R U T S M T X T H V Y I B A K M M I S F N Q S M T M W

PIRATES, DUCKS, BULLDOGS, WILDCATS, SPARTANS,
BEARS, BRUINS, AZTECS, CARDINALS, TARHEELS,
HUSKIES, HOOSIERS, WOLVERINES, LONGHORNS,
COLLEGEBASKETBALLTEAMS, ORANGE, TERRAPINS,
COUGARS, BLUEJAYS, EAGLES, FLYERS, JAYHAWKS,
CAVALIERS, BUCKEYES, SEMINOLES, BLUEDEVILS,
GATORS, REDRAIDERS

I C M N N Z L Z H O R Y C C M T L Z L L M R B D Z H
O I R W H P G I U I A H L U I R O C G X Z N H J X K
R U J U B M M Z S L C P E V L Z B F Q M X H O Y A S
A Y I Q P U T A K R X I Q D W R O O Z P Y Y U T G Q
C O T I G E R S I S B L O H G P S R B Y E D V V P J
F T Y J Z R H F E O T O H U P W P T W I N Y G K N M
I Y D A K H Q E S W C T T A E N K Y Y V O Q X F S J
G J H A G D Z M X E F S V X J H K N B G R G P N F G
H A O Q L N G J K A F B F T X S Z I Z O A D U V A M
T K F S U V E X M H G X L R M S X N W N N Y U F W Y
I A L N L E Q I L I R G A Q V J R E U P G R N E K M
N B Y V B O Q W T J R K M S K F P R S L E T D P R O
G R E A E F L X P X I W E K O A I S U R M W R S G U
H B R J C U Z K X K M J S A A G G I E S B Z U S A N
A N S C A P J T F P H N L F R C T O Z R Q Q C G Y T
W I J K V C O L L E G E S O C C E R T E A M S P X A
K P K Z A L L H N M J N U E F D N H Z K I H L S G I
S U U B L Q H I W F N G H I G H L A N D E R S Z U N
Y T S L I P D W C Y R A W V X U D A W Z M I Q N U E
D G B P E E F U D W M R E I B B L U E D E V I L S E
J L K P R I Z F I G H T I N B L U E H E N S V A H R
T J X Q S R T Y T E R R A P I N S I B N F F H Q Z S
B E P A N T H E R S C E F F K E Z U F I T L X T P V
Q D H I D O A T W S L G G W B H Q L Q N X Y T K D L
B O D T Q J A S W H J C K Q J I L F X W L G B Y V L
P Z X J E F G A E L S J I F F K H S V L E X A W B O

MOUNTAINEERS, CAVALIERS, HUSKIES, PANTHERS, BLUEDEVILS, FORTYNINERS, ORANGE, GAELS, FIGHTINBLUEHENS, FLYERS, COLLEGESOCCERTEAMS, FLAMES, TIGERS, AGGIES, TERRAPINS, HOYAS, LOBOS, FIGHTINGHAWKS, HIGHLANDERS, PILOTS

C	V	W	P	V	V	S	Z	K	T	J	C	R	Z	H	W	W	S
O	V	A	M	D	N	D	X	M	A	A	N	U	L	A	W	I	V
L	N	C	V	M	K	I	N	E	R	S	J	S	D	L	A	R	Q
L	C	X	F	R	F	F	M	A	Y	S	E	D	K	L	G	U	M
I	O	A	A	R	O	N	H	T	G	T	T	E	C	O	N	T	A
N	B	P	H	E	R	M	A	N	K	Y	E	A	P	F	E	H	S
S	B	F	A	X	D	U	M	B	P	N	R	Q	K	F	R	M	G
D	U	F	F	Y	C	S	O	H	O	U	G	V	H	A	H	V	E
A	H	F	Q	E	A	D	K	E	E	L	E	R	L	M	S	I	J
X	V	G	E	U	R	F	O	X	X	D	N	F	K	E	I	W	X
B	N	G	O	R	E	T	Z	V	A	I	B	D	C	P	A	F	M
B	A	N	K	S	W	R	O	W	N	C	Q	R	D	T	S	Y	I
U	B	A	S	E	B	A	L	L	S	K	Q	I	X	H	R	U	H
A	N	K	I	O	A	M	E	X	O	E	L	C	V	A	B	K	F
B	D	A	V	E	R	I	L	L	N	Y	L	E	C	T	M	T	P
M	T	C	W	O	C	H	U	M	B	R	O	C	K	V	E	O	Y
W	Y	N	N	I	H	R	S	J	F	V	L	U	M	V	A	C	L
O	N	R	Q	S	J	M	A	N	T	L	E	E	Z	J	X	Y	R

AARON, WYNN, JETER, ANSON, FOXX, WAGNER, RICE,

KEELER, BASEBALL, BROCK, MANTLE, AVERILL,

FORDCAREW, HERMAN, DUFFY, KINER, DICKEY, BANKS,

MAYS, RUTH, COLLINS, COBB, HALLOFFAME

Q	M	J	A	Q	Y	G	S	P	N	V	G	U	J	J	A	K	M	F
D	W	U	P	M	W	Z	T	R	F	O	N	I	A	T	J	B	T	S
H	N	A	E	I	O	A	R	A	N	R	X	C	E	N	T	E	R	R
R	S	G	T	Y	X	Q	A	C	C	O	L	O	R	S	I	C	D	G
I	W	S	C	O	R	E	I	T	L	I	S	M	S	H	R	E	E	H
N	Y	V	C	R	M	D	G	I	A	N	B	P	D	F	I	E	L	D
G	V	P	X	H	F	G	H	C	N	Q	V	E	E	S	O	M	D	F
S	P	A	W	Q	Q	R	T	E	D	T	E	T	A	R	G	E	T	S
F	A	N	H	U	N	I	C	O	G	H	S	E	X	N	S	D	B	P
Q	T	O	A	I	O	Y	R	R	P	U	S	P	O	W	E	R	Q	D
Z	X	C	S	V	G	L	O	V	E	N	H	C	E	V	S	E	R	J
U	Y	K	D	E	Z	C	Z	R	K	T	O	M	L	P	W	S	R	Q
T	M	N	J	R	B	Q	E	H	U	I	O	K	N	S	F	S	N	K
N	Y	Q	Z	U	O	Z	E	B	L	N	T	G	T	H	Z	S	U	P
H	G	E	T	M	L	E	S	S	S	G	W	M	N	A	Q	H	A	O
X	A	T	Z	G	T	A	P	P	L	E	J	F	P	F	X	I	R	I
F	I	G	V	W	V	V	M	P	A	Y	N	Q	N	T	R	E	R	N
X	M	K	Z	B	S	H	J	A	R	C	H	E	R	Y	I	L	O	T
Y	S	J	M	E	K	V	Z	C	U	P	I	D	R	T	Y	D	W	R

FIELD, SCORE, GLOVE, COMPETE, CUPID, RINGS,
COLORS, POINT, SHOOT, QUIVER, STRAIGHT,
DRESSSHIELD, TARGETS, LAND, NOCK, APPLE, AIMS,
CENTER, ARROW, ARCHERY, PRACTICE, HUNTING, SHAFT,
POWER, BOLT

U	Y	H	Z	J	E	W	E	D	B	Z	J	P	Z	R	E	V	H	G	A	G	G	Y	W
A	B	N	G	S	H	E	U	M	V	S	Q	R	O	T	W	D	Z	F	V	X	M	E	I
N	O	E	N	G	O	N	W	W	Q	A	N	R	K	Y	U	W	F	Z	T	I	L	L	L
V	R	M	K	H	S	H	M	A	U	D	L	E	O	U	J	L	C	G	L	I	G	D	L
R	G	G	W	E	A	A	K	Y	A	U	K	G	Q	Y	U	D	G	H	S	H	U	B	I
L	I	Y	I	D	B	Y	T	E	N	N	I	S	H	A	L	L	O	F	F	A	M	E	A
Q	M	D	L	V	A	L	U	T	O	I	Y	X	V	X	H	Q	F	A	U	W	O	T	M
N	O	V	L	E	T	Z	N	E	B	O	I	Z	Z	A	G	P	M	U	J	V	H	O	S
W	I	U	S	W	I	B	Q	V	Y	A	U	E	J	Q	I	D	T	S	J	I	P	F	C
N	H	S	K	Z	N	F	L	E	N	D	L	F	Q	E	G	S	R	T	A	L	O	P	M
G	C	T	X	V	I	S	D	Q	P	G	C	S	T	A	E	E	B	I	C	A	E	R	G
W	E	V	Y	E	V	W	I	L	A	N	D	E	R	B	G	L	I	N	J	S	V	B	A
N	U	X	A	R	L	V	E	G	U	U	H	V	B	I	R	E	S	H	D	G	E	W	J
U	F	W	K	E	N	E	A	M	E	F	V	V	G	G	A	S	O	W	T	T	R	Z	R
R	N	Z	Y	V	U	C	G	P	C	C	S	Y	U	H	F	W	N	Q	G	B	T	J	Y
N	V	D	V	A	S	O	A	G	S	R	P	Y	R	I	X	V	Z	M	O	Q	R	S	S
A	E	C	H	L	D	N	S	R	E	B	T	V	B	M	V	W	U	P	B	S	E	L	Q
S	Y	A	A	A	T	N	S	A	R	D	P	I	Z	O	E	L	F	Q	T	Z	E	M	J
T	H	S	G	J	R	O	I	V	I	Q	X	S	Y	Q	Y	F	U	J	O	V	U	Q	Y
A	C	H	L	J	T	L	Z	Q	Q	K	L	K	A	H	B	X	S	O	R	V	W	Y	Z
S	K	E	Y	E	R	L	O	J	V	U	A	T	I	C	A	P	R	I	A	T	I	I	E
E	O	U	C	G	V	Y	K	I	N	G	V	J	J	G	M	Q	N	X	A	A	Y	L	G
T	J	C	A	D	A	P	X	D	Q	J	E	L	C	J	Z	G	X	N	G	K	J	H	M
R	I	J	P	V	F	Y	D	R	J	H	R	L	D	Q	M	X	P	I	Q	V	E	H	U

WILLS, CONNOLLY, AUSTIN, ZVEREVA, LAVER, EVERT,

NASTASE, GRAF, WILANDER, LENDL, ASHE, WILLIAMS,

KING, CAPRIATI, TENNISHALLOFFAME, SABATINI, BORG,

BISON, AGASSI, VILAS, SELES

A	E	U	Q	V	D	D	Q	R	A	B	S	A	Y	Z	Q	H	Z	P	C
Q	T	B	U	T	O	R	U	B	I	D	O	V	X	R	S	V	J	Y	E
O	R	A	L	L	Y	N	V	A	P	N	M	L	V	B	E	T	E	U	Y
V	P	Q	M	D	J	G	K	L	P	G	J	P	T	S	R	Q	H	D	E
C	O	F	N	R	L	D	V	L	N	K	M	F	Q	Q	V	S	M	O	W
S	R	M	E	E	I	P	O	G	W	V	A	R	V	Y	I	T	F	W	E
U	A	A	M	X	B	M	L	T	R	E	T	U	R	N	C	R	B	N	A
R	M	R	S	F	J	F	L	L	Z	T	C	J	A	B	E	O	S	R	R
E	M	K	B	U	D	A	E	M	R	B	H	F	Z	D	B	K	E	U	G
C	A	E	Y	X	R	U	Y	N	A	F	O	U	T	O	O	E	R	V	P
I	Z	R	O	Q	F	L	E	Y	C	V	F	T	R	M	X	V	V	T	H
E	C	D	S	Y	M	T	P	H	Q	S	G	P	A	I	P	G	E	J	E
V	M	O	T	S	A	X	H	X	U	C	L	H	L	N	Z	A	R	O	F
E	J	A	R	Q	C	K	T	V	E	N	C	D	L	A	O	Z	A	H	V
R	X	E	I	U	C	O	U	R	T	F	G	G	Y	T	H	S	Y	U	I
P	L	W	K	A	F	H	A	N	D	O	U	T	N	I	L	V	J	R	P
R	E	H	E	S	P	S	I	J	U	S	W	U	G	N	D	W	O	Q	Z
L	T	X	F	H	G	S	I	X	Y	T	V	A	J	G	P	F	F	W	I
L	B	P	J	F	S	X	S	C	A	I	U	D	F	U	T	C	B	L	M
P	I	N	T	E	R	F	E	R	E	N	C	E	Z	S	M	C	D	T	C

MARKER, RALLY, STROKE, DOWN, LET, HANDOUT, OUT,

SERVICEBOX, STRIKE, MATCH, VOLLEY, TIN,

INTERFERENCE, FAULT, RETURN, EYEWEAR, SQUASH,

COURT, RECIEVER, BALL, RALLY, RACQUET, DOMINATING,

SERVER

Incorrect!

A	C	C	U	R	A	C	Y	R	X	S	E	H	W	X	E	H	S	W	M
W	U	B	O	X	U	D	K	P	D	T	G	R	E	S	C	U	E	P	O
G	R	A	V	I	T	Y	F	O	V	R	L	L	D	J	W	P	E	I	Q
D	M	R	C	K	V	E	O	G	O	A	H	T	R	I	S	E	R	L	Y
U	O	G	U	J	X	H	S	P	B	P	D	I	R	E	C	T	I	O	N
Z	Z	R	Y	B	P	J	P	N	V	S	V	H	X	C	Q	F	S	T	H
Y	C	O	B	H	O	H	E	I	G	H	T	S	E	Y	R	Q	I	L	A
A	X	U	D	R	A	I	E	I	R	N	Y	L	O	N	E	D	L	O	R
R	S	N	R	T	J	W	D	L	U	H	E	L	M	E	T	W	K	T	N
E	D	D	C	Z	I	I	G	T	U	N	T	I	Q	S	K	I	R	T	E
A	I	D	J	O	B	B	F	P	T	T	G	J	I	D	F	S	V	U	S
R	S	K	Y	D	I	V	I	N	G	H	H	P	S	Q	F	I	C	N	S
S	M	N	S	G	A	F	C	P	A	R	A	T	R	O	O	P	E	R	S
L	O	S	W	O	L	R	U	C	X	N	A	H	V	I	C	L	A	S	S
O	W	B	V	Q	T	E	E	G	X	L	W	U	K	M	L	R	E	R	B
T	J	W	K	V	I	E	S	T	U	N	T	P	F	R	A	M	L	Q	X
H	U	G	T	A	T	F	M	J	X	W	J	L	G	T	N	R	F	U	K
M	M	F	U	D	U	A	P	L	Y	T	R	A	I	N	D	N	M	U	A
A	P	I	R	O	D	L	H	F	N	Y	U	N	R	M	Z	N	F	E	L
V	S	P	N	Z	E	L	A	A	N	R	U	E	A	K	R	F	P	U	E

SKYDIVING, RESCUE, CLASS, GRAVITY, GROUND, LAND,
PARATROOPERS, FREEFALL, SPEED, HEIGHTS, PLANE,
DIRECTION, TURN, HARNESS, SILK, STUNT, SKIRT,
STRAPS, REARSLOT, RISER, HELMET, ACCURACY,
ALTITUDE, NYLON, PILOT, TRAIN, JUMPS

O	V	S	N	X	H	D	K	O	B	R	L	C	H	U	B	B	Y	F
W	S	A	D	E	I	S	N	G	A	V	A	J	S	V	D	F	H	U
P	Y	W	H	A	L	T	I	N	G	D	K	T	Q	A	G	F	D	R
T	K	N	J	U	A	X	F	G	E	N	E	P	U	N	A	C	R	E
C	A	L	G	A	R	Y	A	I	G	M	P	U	A	C	M	U	Y	E
L	U	C	A	H	I	D	S	N	R	A	L	S	W	O	C	M	C	C
F	I	R	S	T	O	R	C	N	E	T	A	A	V	U	H	D	P	T
E	P	A	L	E	U	U	I	S	N	I	C	P	A	V	A	I	E	S
S	O	C	H	I	S	E	N	B	O	J	I	P	L	E	M	F	C	A
O	N	A	G	A	N	O	A	R	B	K	D	O	L	R	O	F	A	R
T	O	R	I	N	O	A	T	U	L	I	Q	R	E	H	N	E	J	A
Q	I	X	D	L	U	T	E	C	E	G	W	O	Y	R	I	R	B	J
D	N	V	I	K	V	J	D	K	P	L	Y	I	N	G	X	E	B	E
K	D	I	O	I	N	Q	U	I	S	I	T	I	V	E	H	N	I	V
E	R	V	T	V	H	A	N	D	S	O	M	E	L	Y	S	T	F	O
P	K	W	I	L	F	O	P	L	S	A	M	A	T	U	R	E	R	V
R	I	G	C	W	B	S	E	L	A	S	T	I	C	M	C	S	L	G
L	Q	I	A	L	G	L	Q	U	A	S	P	I	R	I	N	G	L	W
C	U	L	S	Y	Z	O	I	N	S	I	D	I	O	U	S	L	P	W

INNSBRUCK, HANDSOMELY, SAPPORO, FASCINATED, CHAMONIX, SQUAWVALLEY, INSIDIOUS, ASPIRING, SARAJEVO, HILARIOUS, GRENOBLE, LYING, ELASTIC, MATURE, FIRST, IDIOTIC, NAGANO, LAKEPLACID, OSLO, CHUBBY, SAD, HALTING, PALE, TORINO, DIFFERENT, SOCHI, INQUISITIVE, CALGARY, VANCOUVER

S	S	T	I	M	S	T	M	O	R	T	I	Z	I	F	F	G	S	S	D	G
M	S	A	L	A	K	E	P	L	A	C	I	D	E	K	Y	J	T	T	O	E
X	F	K	J	J	Q	R	S	T	O	C	K	H	O	L	M	B	L	O	R	E
O	O	X	K	P	B	E	R	L	I	N	M	A	M	B	K	P	O	C	I	R
M	I	R	S	W	M	O	S	C	O	W	V	X	O	U	Y	J	U	K	O	W
X	S	Q	U	A	W	V	A	L	L	E	Y	J	N	Z	W	M	I	H	D	B
A	V	O	E	P	Q	T	O	K	Y	O	F	V	T	Y	J	F	S	O	E	E
N	E	N	S	P	A	R	I	S	C	G	T	J	R	Z	J	G	A	L	J	H
T	Q	A	T	L	A	N	T	A	J	F	R	B	E	B	G	S	W	M	A	M
W	K	D	P	J	O	T	G	K	O	F	O	Z	A	T	H	E	N	S	N	I
E	Y	D	B	S	Q	P	G	G	Q	L	M	C	L	Q	Z	P	A	L	E	X
R	S	H	U	E	A	R	J	J	L	O	E	Q	C	H	A	M	O	N	I	X
P	A	D	E	O	R	G	T	G	N	S	D	F	D	O	M	P	G	M	R	V
H	I	F	N	U	Z	I	N	C	P	A	U	D	P	J	E	G	Q	J	O	H
S	Y	C	O	L	T	W	S	I	T	N	Z	I	N	Q	L	J	J	H	T	K
T	A	M	S	T	E	R	D	A	M	G	T	O	K	R	B	J	Y	U	A	W
B	O	X	A	O	S	L	O	H	T	E	Z	P	T	P	O	U	I	W	A	X
I	U	Q	I	G	I	W	I	U	N	L	T	Z	C	K	U	S	N	D	S	B
J	Z	W	R	P	D	F	E	K	M	E	D	S	P	B	R	T	L	W	X	W
H	U	I	E	I	Z	I	F	I	T	S	W	G	W	O	N	F	R	Y	J	H
F	M	Z	S	D	V	Q	O	L	O	N	D	O	N	K	E	U	I	S	K	Q

BERLIN, STLOUIS, ATLANTA, TOKYO, LONDON,
SQUAWVALLEY, LOSANGELES, MOSCOW, ROME,
MELBOURNE, ATHENS, BUENOSAIRES, STOCKHOLM,
MONTREAL, OSLO, PARIS, ANTWERP, STMORTIZ,
CHAMONIX, LAKEPLACID, AMSTERDAM, RIODEJANEIRO,
STOCKHOLM, SEOUL

B	A	H	N	E	B	U	L	O	U	S	A	R	I	G	U	P	Q	C	Q	F	A	Q
C	F	B	C	V	G	O	D	X	W	P	T	O	J	N	E	A	F	Y	Y	U	M	C
Z	C	C	X	P	I	B	C	C	H	O	W	L	A	Y	V	K	R	C	W	Q	S	I
I	B	T	T	F	N	W	H	P	P	Y	G	L	M	C	O	I	X	L	U	T	P	G
H	E	E	U	S	Q	R	A	Z	V	S	W	E	L	F	L	E	W	I	Z	M	O	F
S	S	N	V	K	U	Z	N	P	O	W	E	R	F	U	L	G	A	N	U	F	W	Q
P	S	N	S	I	I	O	D	P	N	X	H	S	W	J	E	F	S	G	H	L	E	I
T	B	I	E	I	S	A	B	L	R	B	A	K	F	V	Y	P	O	P	W	O	R	D
K	H	S	S	N	I	T	A	U	W	I	L	A	G	C	B	Z	F	A	Q	O	L	I
N	Y	W	P	G	T	H	L	Z	F	E	T	T	G	R	A	W	T	H	W	R	I	O
P	U	B	E	G	I	L	L	Z	B	D	I	I	O	I	L	W	B	R	O	H	F	T
X	Z	Q	C	A	V	E	M	A	L	E	N	N	L	C	L	S	A	J	M	O	T	I
B	O	A	I	M	E	T	P	A	L	E	G	G	F	K	C	K	L	L	T	C	I	C
O	P	B	A	D	M	I	N	T	O	N	F	T	B	E	M	E	L	I	S	K	N	J
C	Z	F	L	U	V	C	S	A	G	V	S	K	A	T	I	N	G	P	I	E	G	X
U	Y	O	O	M	Q	S	K	A	Y	A	K	I	N	G	Y	B	S	C	R	Y	V	Y
L	E	R	L	H	X	H	I	L	A	R	I	O	U	S	W	O	D	L	J	R	W	X
M	H	M	Y	E	Q	U	E	S	T	R	I	A	N	E	Y	W	X	W	U	N	H	M
F	N	V	M	R	I	L	E	L	A	S	T	I	C	V	O	L	Y	M	D	O	Y	X
S	T	G	P	S	E	J	O	C	A	G	E	Y	E	U	O	I	I	G	O	K	U	Q
I	X	M	I	C	C	D	C	A	J	P	S	M	Z	Z	N	N	A	F	E	X	P	Y
S	C	O	C	D	I	N	S	I	D	I	O	U	S	O	Z	G	O	E	S	N	F	N
C	L	Q	S	B	G	F	P	Z	N	B	H	G	E	V	R	G	L	I	T	Q	J	W

SPECIALOLYMPICS, BOWLING, ATHLETICS, GOLF, SKATING, POWERLIFTING, ELASTIC, ROLLERSKATING, SOFTBALL, IDIOTIC, PALE, HANDBALL, CYCLING, BADMINTON, POWERFUL, KAYAKING, MALE, VOLLEYBALL, NEBULOUS, INQUISITIVE, EQUESTRIAN, CAGEY, HILARIOUS, JUDO, INSIDIOUS, FLOORHOCKEY, TENNIS, HALTING, CRICKET, SKIING

Solutions

G	X	Z	M	W	P	X	F	C	R	E	W	S	C	N	B	W	J	I	N	I	P	Y	C	S
N	S	T	N	P	A	L	C	V	A	Y	H	E	B	A	Y	E	C	S	S	N	F	Q	I	P
R	A	Y	J	Q	I	Z	C	T	K	I	A	R	E	A	L	S	A	L	T	L	A	K	E	O
P	D	Y	N	A	M	O	I	Z	T	X	Z	T	E	R	C	L	N	M	P	M	Y	I	H	R
M	B	R	C	A	R	U	N	C	I	T	E	E	L	U	Z	P	N	X	H	I	T	X	D	T
R	A	A	W	B	E	N	C	T	X	G	H	N	Z	H	K	D	P	L	I	N	O	K	N	I
A	B	P	Q	W	D	O	I	F	D	T	I	M	B	E	R	S	U	D	L	N	R	Y	R	N
E	I	I	J	H	B	U	N	P	W	T	U	C	D	W	U	K	N	D	I	E	O	S	X	G
Z	N	D	E	I	U	L	N	N	Y	C	F	C	Z	E	F	L	U	K	D	S	N	A	G	A
N	T	S	U	T	L	Y	A	I	I	W	W	R	G	C	L	X	N	A	E	O	T	D	E	Y
K	E	B	E	E	L	A	T	L	A	N	T	A	U	N	I	T	E	D	L	T	O	C	F	T
P	R	D	U	C	S	F	I	O	J	Z	Z	Z	R	E	E	H	R	F	P	A	F	D	F	T
N	M	F	A	A	O	R	H	X	F	C	D	A	L	L	A	S	C	K	H	U	C	S	T	N
A	I	X	E	P	A	E	K	K	L	I	.	N	Z	E	S	W	Q	D	I	N	C	O	W	U
S	A	P	Z	S	F	V	Z	H	N	N	C	A	G	D	E	Q	V	L	A	I	Z	U	M	W
H	M	D	B	T	M	O	M	C	N	Q	.	P	A	Y	Q	D	T	Z	U	T	V	N	N	Y
V	I	C	T	J	R	L	D	C	I	X	U	Z	L	G	W	F	X	K	N	E	X	D	B	C
I	A	S	U	I	A	U	M	V	C	L	N	R	A	G	U	A	W	X	I	D	O	E	C	Q
L	I	M	P	A	C	T	G	M	K	N	I	D	X	G	U	P	V	O	O	E	T	R	K	P
L	B	D	L	L	J	I	Q	A	P	I	T	Q	Y	R	A	O	C	O	N	G	S	S	R	X
E	C	E	A	B	C	O	O	M	J	M	E	Z	B	C	K	I	I	Z	L	H	T	D	P	L
S	V	I	F	F	M	N	L	V	T	D	D	O	U	Q	X	B	X	R	U	K	W	J	C	L
C	P	O	C	C	T	O	R	L	A	N	D	O	C	I	T	Y	O	M	B	K	J	Q	X	A
Z	C	D	B	K	B	S	W	U	R	E	A	R	T	H	Q	U	A	K	E	S	M	V	U	A
F	K	W	K	B	C	H	I	C	A	G	O	F	I	R	E	F	M	G	O	Q	O	Y	O	G

SOUNDERS, NYCFC, ORLANDOCITY, PHILIDELPHIAUNION, EARTHQUAKES, SPORTING, NASHVILLESC, CREWSC, GALAXY, LAFC, TORONTOFC, INTERMIAMI, DYNAMO, WHITECAPS, CHICAGOFIRE, TIMBERS, D.C.UNITED, FCDALLAS, FCCINCINNATI, MINNESOTAUNITED, RAPIDS, REDBULLS, ATLANTAUNITED, REALSALTLAKE, IMPACT, REVOLUTION

Z	Y	C	P	N	I	N	E	T	J	V	N	G	D	T	R	Y	J	O
I	Z	R	K	B	I	C	E	N	T	E	R	Q	H	L	E	F	O	Y
R	F	L	A	G	F	L	T	R	D	S	X	L	N	W	F	F	F	J
D	C	O	R	N	E	R	T	J	R	C	V	J	H	E	E	I	F	O
A	R	L	N	F	N	Y	B	M	J	I	T	E	A	M	R	E	E	N
X	H	E	A	D	E	R	R	A	D	S	S	Q	Y	H	E	L	N	U
E	M	L	C	K	P	U	N	T	E	S	B	H	U	J	E	D	S	X
I	B	U	R	M	U	N	Y	C	F	O	O	S	T	R	I	K	E	R
K	O	E	O	J	R	Z	S	H	E	R	E	W	I	N	G	E	R	S
I	O	U	S	I	D	E	L	I	N	E	S	V	Z	S	T	I	K	Y
C	T	H	S	K	W	G	S	Y	S	E	T	E	A	M	Y	M	S	I
K	S	W	P	B	Q	P	O	W	E	R	P	L	A	Y	F	B	Z	U
D	I	O	D	E	F	E	N	D	E	R	V	K	P	P	K	O	W	S
F	T	R	V	O	E	A	M	P	U	X	Q	Q	K	E	P	A	S	S
Z	F	L	T	L	V	H	V	U	N	V	G	G	O	A	L	D	F	C
Q	K	D	W	F	V	M	V	O	F	F	S	I	D	E	Q	U	M	O
G	C	C	F	N	E	U	T	R	A	L	Z	O	N	E	G	Q	H	D
T	H	U	O	C	M	N	X	C	M	F	O	U	L	Z	B	F	E	X
L	L	P	S	O	C	C	E	R	B	A	L	L	L	N	J	F	R	G

OFFSIDE, PASS, KICK, DEFENSE, NET, HEADER, FOUL,
WINGER, GOAL, POWERPLAY, CENTER, SOCCERBALL,
TEAM, SIDELINES, WORLDCUP, CROSS, FLAG, OFFENSE,
PUNT, NEUTRALZONE, STRIKER, SCISSOR, TEAM, BOOTS,
DEFENDER, CORNER, FIELD, REFEREE, MATCH

Y	N	S	E	H	X	M	M	C	T	A	S	T	R	O	S	R	E	B	X
F	F	T	U	L	Z	A	W	R	O	I	I	N	D	I	A	N	S	R	C
Z	B	K	D	U	D	T	C	E	X	R	O	C	K	I	E	S	R	E	T
B	M	E	T	S	T	H	A	D	C	Y	R	G	M	L	S	T	O	W	L
R	L	A	N	G	E	L	S	S	C	D	I	Q	X	I	H	R	Y	E	K
A	O	W	H	I	T	E	S	O	X	T	O	H	X	I	J	G	A	R	A
V	T	H	Q	Z	K	T	D	Q	J	W	L	M	N	P	Y	V	L	S	Q
E	F	M	A	R	L	I	N	S	W	I	E	K	F	Y	F	C	S	N	K
S	X	C	Y	E	U	C	A	K	Q	N	S	B	L	U	E	J	A	Y	S
L	W	D	S	D	G	S	O	I	X	S	R	A	Y	S	P	E	G	P	Y
P	K	O	A	S	X	W	M	A	R	I	N	E	R	S	L	N	S	P	M
C	Q	D	M	O	N	H	E	E	C	K	N	A	T	I	O	N	A	L	S
U	R	G	I	X	D	I	A	M	O	N	D	B	A	C	K	S	S	S	G
G	C	E	G	A	V	H	P	H	I	L	L	I	E	S	S	G	J	F	G
E	U	R	U	S	G	T	I	G	E	R	S	Q	S	T	T	L	K	X	I
Z	B	S	Y	E	S	W	Z	C	A	R	D	I	N	A	L	S	J	N	A
P	S	E	U	I	U	P	S	L	I	S	U	Y	A	N	K	E	E	S	N
T	A	G	Q	P	A	D	R	E	S	G	N	F	I	D	X	H	A	I	T
C	M	A	J	R	I	T	D	T	X	K	N	Y	R	A	N	G	E	R	S
B	M	A	B	P	I	R	A	T	E	S	P	B	O	A	W	R	Z	Q	B

WHITESOX, REDSOX, PHILLIES, TIGERS, DODGERS,

ATHLETICS, MARINERS, PADRES, CUBS, RAYS,

DIAMONDBACKS, BRAVES, YANKEES, TWINS, BREWERS,

REDS, INDIANS, ORIOLES, ASTROS, METS, RANGERS,

PIRATES, CARDINALS, NATIONALS, ANGELS, BLUEJAYS,

ROCKIES, ROYALS, GIANTS, MARLINS

U	Z	W	V	N	I	N	L	O	S	H	Z	J	Y	N	F	B	I	S	T	M	M
I	O	V	E	D	S	G	H	N	K	N	C	A	T	C	H	E	R	K	D	Z	J
S	U	N	F	L	O	W	E	R	S	E	E	D	S	W	F	X	V	M	P	X	Q
Q	O	O	L	E	N	W	V	C	W	G	J	C	E	I	A	B	U	N	T	A	A
S	O	U	R	N	R	E	X	A	A	O	U	T	O	F	T	H	E	P	A	R	K
A	J	T	Q	R	I	T	I	I	L	F	N	K	D	N	V	Z	J	U	I	D	K
F	A	B	S	H	G	V	M	U	K	B	H	I	T	T	E	R	A	I	L	U	N
E	O	T	F	H	W	Q	V	G	H	L	H	U	J	Y	R	B	F	U	Y	F	W
A	V	G	A	I	N	N	I	N	G	Z	E	P	P	Y	I	U	S	H	E	G	T
A	O	O	S	G	V	C	O	V	U	H	L	F	A	I	R	Z	E	V	D	W	Q
H	A	F	T	B	U	H	R	P	Y	Z	M	R	D	I	K	F	Z	J	G	N	L
V	Y	W	B	O	J	O	C	G	X	A	E	U	I	E	P	D	U	G	O	U	T
P	M	P	A	U	S	M	Z	G	J	A	T	M	A	B	M	S	N	O	U	T	S
R	S	3	L	N	Q	E	H	J	Y	G	N	P	M	A	M	Z	Q	N	K	N	A
L	C	S	L	C	B	R	P	I	T	C	H	I	O	S	O	G	E	F	L	R	J
E	X	T	R	E	X	U	J	E	R	R	O	R	N	E	M	L	D	I	T	F	I
P	I	R	T	E	W	N	X	A	R	T	O	E	D	B	O	O	X	E	Z	U	F
Z	I	I	J	S	U	X	A	M	I	T	T	Z	T	A	U	V	K	L	G	F	N
R	O	K	X	O	W	B	D	U	Z	W	Q	X	Q	L	N	E	U	D	W	T	F
Q	W	E	A	C	N	B	I	D	F	E	C	G	T	L	D	Q	Q	E	B	A	O
M	X	S	J	W	Y	U	F	T	K	N	U	C	K	L	E	B	A	L	L	G	U
V	U	I	V	E	H	E	J	K	V	W	C	O	U	N	T	Z	O	X	E	S	L

FAIR, WALK, HOMERUN, COUNT, FASTBALL, MITT,

SUNFLOWERSEEDS, BASEBALL, FIELD, GLOVE, HELMET,

UMPIRE, TAGS, BOUNCE, KNUCKLEBALL, ERROR, SAFE,

FOUL, DUGOUT, DIAMOND, BUNT, CATCHER, MOUND,

HITTER, 3STRIKES, OUTS, PITCH, INNING,

OUTOFTHEPARK

T	W	L	V	H	F	7	K	T	E	V	W	P	A	C	E	R	S	X	D
I	Q	J	E	O	I	6	S	W	H	L	L	A	K	E	R	S	C	S	P
X	W	O	O	R	S	E	C	A	O	M	A	V	E	R	I	C	K	S	E
F	Y	W	H	N	L	R	A	R	G	R	I	Z	Z	L	I	E	S	E	L
G	R	N	W	E	T	S	V	R	L	W	I	Z	A	R	D	S	D	U	I
T	O	E	D	T	R	L	A	I	H	T	B	W	M	K	I	U	H	L	C
R	C	T	S	S	R	P	L	O	T	H	U	N	D	E	R	S	V	L	A
A	K	S	S	J	T	Y	I	R	Q	E	L	Y	S	P	U	R	S	V	N
I	E	D	J	A	Z	Z	E	S	R	A	L	H	V	C	X	R	Z	G	S
L	T	U	V	S	A	G	R	B	A	T	S	A	E	L	H	W	S	V	Y
B	S	I	W	J	D	H	S	P	P	K	Y	W	W	I	O	R	T	C	E
L	U	U	K	N	U	G	G	E	T	S	X	K	L	P	V	N	X	R	S
A	R	C	E	L	T	I	C	S	O	A	T	S	Z	P	Y	K	K	N	F
Z	D	M	A	G	I	C	P	Q	R	D	N	S	T	E	K	N	L	V	Z
E	Z	Q	Y	A	F	I	F	X	S	S	L	Y	F	R	I	I	T	D	B
R	B	V	B	U	C	K	S	P	E	N	R	H	I	S	N	C	S	Y	K
S	H	T	I	M	B	E	R	W	O	L	V	E	S	N	G	K	I	U	E
J	E	Z	F	S	A	V	M	M	V	A	H	L	Y	H	S	S	G	F	R
P	I	S	T	O	N	S	O	C	I	O	A	L	N	I	O	C	X	W	H
J	Q	K	S	I	J	C	A	F	Q	Z	U	C	U	W	S	U	N	S	G

JAZZ, WARRIORS, BULLS, BUCKS, LAKERS, HAWKS,
CELTICS, SUNS, 76ERS, NETS, SPURS, PISTONS,
TRAILBLAZERS, GRIZZLIES, PELICANS, MAGIC, HEAT,
CAVALIERS, KINGS, THUNDER, NUGGETS, RAPTORS,
KNICKS, PACERS, WIZARDS, ROCKETS, TIMBERWOLVES,
HORNETS, MAVERICKS, CLIPPERS

V	M	A	**B**	**L**	**O**	**C**	**K**	J	B	H	G	B	**Z**	F	B	**B**	J
L	V	D	I	**A**	**S**	**S**	**I**	**S**	**T**	Q	V	R	**O**	N	P	**A**	H
B	**O**	**U**	**N**	**C**	**E**	**P**	**A**	**S**	**S**	H	E	H	**N**	F	J	**S**	G
T	O	**R**	**E**	**F**	**E**	**R**	**E**	**E**	P	Z	N	D	**E**	W	F	**K**	G
I	**T**	**I**	**P**	**-**	**O**	**F**	**F**	D	D	**H**	**J**	T	R	R	B	**E**	V
M	T	A	R	F	**L**	D	U	Y	M	**O**	**U**	**D**	**U**	**N**	**K**	**T**	**H**
E	U	G	**N**	Z	**A**	K	**D**	P	O	**O**	**M**	**G**	**U**	**A**	**R**	**D**	**O**
-	K	O	**E**	C	**Y**	U	**E**	H	N	**P**	**P**	**F**	**A**	**K**	**E**	I	**O**
O	**C**	**L**	**T**	**D**	**-**	W	**F**	J	O	**S**	V	M	U	C	J	G	**K**
U	**O**	**I**	K	**R**	**U**	X	**E**	**T**	**O**	**U**	**R**	**N**	**A**	**M**	**E**	**N**	**T**
T	**U**	**N**	G	**I**	**P**	W	**N**	H	S	**C**	**O**	**R**	**N**	**E**	**R**	J	A
Y	**R**	**E**	Y	**B**	X	Z	**S**	V	**C**	**E**	**N**	**T**	**E**	**R**	S	W	E
L	**T**	F	U	**B**	Y	P	**E**	T	**L**	C	W	A	M	T	E	W	Q
M	I	H	D	**L**	X	**F**	N	J	**O**	**S**	**N**	**E**	**A**	**K**	**E**	**R**	**S**
E	V	Z	H	**E**	L	**L**	**B**	**A**	**C**	**K**	**B**	**O**	**A**	**R**	**D**	L	H
K	H	**B**	**A**	**L**	**L**	**O**	G	Q	**K**	V	Q	V	T	O	M	S	S
E	R	C	W	H	T	**O**	Z	T	E	L	**R**	**E**	**B**	**O**	**U**	**N**	**D**
Q	Q	Z	R	Z	P	**R**	I	**T**	**A**	**L**	**L**	T	L	E	C	C	G

REFEREE, JUMP, LAY-UP, LINE, BALL, ZONE, DEFENSE, COURT, TOURNAMENT, REBOUND, CLOCK, TIME-OUT, CORNER, BACKBOARD, FLOOR, TALL, BOUNCEPASS, CENTER, HOOK, HOOPS, ASSIST, SNEAKERS, NET, GUARD, FAKE, TIP-OFF, DRIBBLE, BASKET, DUNK, BLOCK

E	A	Y	C	K	C	L	I	K	L	F	B	I	U	K	R	A	M	S	B
N	R	F	M	T	B	U	B	K	B	W	C	H	A	R	G	E	R	S	E
J	P	O	L	O	S	B	J	S	B	S	E	A	H	A	W	K	S	S	A
K	X	R	D	H	D	C	E	N	U	R	T	I	T	A	N	S	D	B	R
R	O	T	G	J	V	J	T	P	A	C	K	E	R	S	E	R	A	I	S
O	V	Y	I	E	K	A	S	B	U	C	C	A	N	E	E	R	S	L	U
P	D	-	B	P	V	G	X	X	Y	Q	L	I	O	N	S	Z	C	L	S
H	A	N	O	C	R	U	L	D	P	A	N	T	H	E	R	S	A	S	Q
D	K	I	C	V	O	A	E	I	E	A	X	P	C	B	T	X	R	L	V
K	L	N	O	B	Z	R	H	W	A	I	F	A	Z	K	N	I	D	T	F
F	Z	E	L	J	P	S	D	B	G	B	A	T	V	H	J	Y	I	O	F
J	Y	R	T	R	F	V	X	R	L	Y	L	R	T	E	X	A	N	S	W
M	Y	S	S	U	E	W	P	O	E	N	C	I	B	E	N	G	A	L	S
S	T	E	E	L	E	R	S	N	S	L	O	O	M	N	S	R	L	D	I
D	O	L	P	H	I	N	S	C	O	B	N	T	R	G	G	A	S	H	P
V	S	A	I	N	T	S	S	O	A	T	S	S	P	H	I	V	U	U	M
B	L	C	O	W	B	O	Y	S	H	R	Y	C	H	N	A	E	X	P	X
G	R	A	I	D	E	R	S	N	R	V	C	A	P	L	N	N	Q	X	A
D	F	H	R	X	Y	S	T	M	C	H	I	E	F	S	T	S	S	D	Z
K	Z	I	V	P	A	E	C	B	R	O	W	N	S	J	S	Z	I	E	X

FALCONS, RAMS, CHARGERS, CARDINALS, COLTS,

RAIDERS, BROWNS, JAGUARS, BRONCOS, BILLS,

PANTHERS, PATRIOTS, JETS, BEARS, CHIEFS, STEELERS,

FORTY-NINERS, PACKERS, DOLPHINS, SEAHAWKS,

TEXANS, TITANS, BENGALS, LIONS, RAVENS, EAGLES,

COWBOYS, BUCCANEERS, SAINTS, GIANTS

T	E	D	Q	D	D	A	A	Z	R	G	**C**	**H**	**U**	**B**	**B**	**Y**	Q	W
K	X	**S**	**A**	**D**	P	I	Y	Q	I	L	R	I	C	D	R	F	N	C
H	**I**	**L**	**A**	**R**	**I**	**O**	**U**	**S**	D	J	W	T	F	M	Z	B	**E**	N
M	H	M	**D**	**I**	**F**	**F**	**E**	**R**	**E**	**N**	**T**	W	C	F	J	**A**	**L**	G
K	M	V	X	O	**H**	**A**	**N**	**D**	**S**	**O**	**M**	**E**	**L**	**Y**	Z	**S**	**A**	Y
B	L	H	A	S	A	**V**	W	H	B	X	S	**M**	**A**	**L**	**E**	**P**	**S**	G
C	H	Q	**H**	U	M	**A**	Q	**T**	**H**	**A**	**N**	**K**	**F**	**U**	**L**	**I**	**T**	E
A	E	F	**I**	**N**	F	**I**	G	C	R	S	N	**P**	**A**	**L**	**E**	**R**	**I**	**W**
D	P	L	**G**	**E**	X	**L**	D	P	V	**S**	**E**	**C**	**O**	**N**	**D**	**I**	**C**	**A**
H	P	**G**	**H**	**B**	**M**	**A**	**I**	**N**	**S**	**I**	**D**	**I**	**O**	**U**	**S**	**N**	S	**I**
E	**I**	**U**	**F**	**U**	**E**	**B**	E	D	U	K	P	V	A	S	F	**G**	B	**T**
S	**D**	**L**	**A**	**L**	**R**	**L**	Y	**F**	**A**	**S**	**C**	**I**	**N**	**A**	**T**	**E**	**D**	**I**
I	**I**	**L**	**L**	**O**	**E**	**E**	V	D	R	**T**	R	**L**	**Y**	**I**	**N**	**G**	C	**N**
V	**O**	**I**	**U**	**U**	K	C	**S**	**C**	**A**	**R**	**E**	**D**	**F**	H	V	N	T	**G**
E	**T**	**B**	**T**	**S**	P	Y	R	**G**	**R**	**A**	**N**	**D**	**I**	**O**	**S**	**E**	K	E
M	**I**	**L**	**I**	**M**	**A**	**T**	**U**	**R**	**E**	**N**	E	Q	**R**	M	T	B	L	K
W	**C**	**E**	**N**	M	X	V	I	I	E	**G**	J	A	**S**	V	N	N	S	H
I	**N**	**Q**	**U**	**I**	**S**	**I**	**T**	**I**	**V**	**E**	A	I	**T**	S	D	Y	V	Q
A	R	H	G	V	I	L	D	S	P	C	R	Q	O	H	N	A	Q	N

CHUBBY, AVAILABLE, HIGHFALUTIN, PALE, DIFFERENT,
ASPIRING, THANKFUL, NEBULOUS, MALE, GULLIBLE,
FIRST, SAD, STRANGE, WAITING, HILARIOUS,
GRANDIOSE, SCARED, ADHESIVE, MERE, HANDSOMELY,
ELASTIC, IDIOTIC, SECOND, INSIDIOUS, MATURE,
FASCINATED, LYING, INQUISITIVE

E	J	W	B	H	U	C	G	K	**T**	H	F	M	E	G	**S**	**B**	D	E
E	**K**	**I**	**C**	**K**	**E**	**R**	J	E	**A**	H	P	I	W	B	**A**	**L**	F	Q
J	**L**	**I**	**N**	**E**	**S**	**M**	**A**	**N**	**C**	U	D	E	R	F	**F**	**I**	Z	J
O	**S**	**A**	**C**	**K**	T	X	H	J	**K**	Y	L	A	E	W	**E**	**T**	G	I
H	**E**	**L**	**M**	**E**	**T**	S	L	E	**L**	W	N	D	O	U	**T**	**Z**	O	W
C	**A**	**R**	**R**	**Y**	B	N	M	W	**E**	E	**P**	F	Y	R	**Y**	V	Z	P
D	J	R	E	N	**P**	**A**	**D**	**S**	K	M	**L**	D	O	J	M	H	J	Q
G	Q	O	D	K	G	G	M	H	Z	M	**A**	**D**	**P**	**A**	**S**	**S**	F	Y
I	N	**T**	**O**	**U**	**C**	**H**	**D**	**O**	**W**	**N**	**Y**	**E**	**F**	U	M	F	**C**	I
I	Z	I	Y	D	Q	**T**	**E**	**A**	**M**	**S**	Y	**F**	**O**	L	H	I	**L**	T
I	**Q**	**U**	**A**	**R**	**T**	**E**	**R**	**B**	**A**	**C**	**K**	**E**	**O**	**H**	X	S	**E**	S
X	**D**	**H**	J	R	H	O	B	K	H	**O**	L	**N**	**T**	**U**	A	T	**A**	H
Y	**O**	**I**	**C**	**A**	**T**	**C**	**H**	E	X	**F**	O	**S**	**B**	**D**	O	Z	**T**	S
A	**W**	**K**	**E**	**N**	**D**	**Z**	**O**	**N**	**E**	**F**	J	**E**	**A**	**D**	Q	K	**S**	**P**
R	**N**	**E**	W	E	D	P	D	W	G	**E**	V	R	**L**	**L**	X	M	Y	**U**
D	**S**	**U**	**P**	**E**	**R**	**B**	**O**	**W**	**L**	**N**	M	J	**L**	**E**	Y	L	R	**N**
R	**E**	**T**	**U**	**R**	**N**	Y	C	J	M	**S**	S	V	J	H	D	P	Y	**T**
R	H	R	Q	R	S	S	V	V	C	**E**	**H**	**A**	**N**	**D**	**-**	**O**	**F**	**F**
K	Q	Z	X	I	V	L	A	J	I	J	J	Z	C	P	B	H	G	T

SUPERBOWL, DEFENSE, CATCH, CLEATS, ENDZONE, LINESMAN, PASS, TOUCHDOWN, PUNT, HUDDLE, TACKLE, OFFENSE, TEAMS, SAFETY, YARD, CARRY, PLAY, HAND-OFF, QUARTERBACK, PADS, RETURN, BLITZ, SACK, HELMET, FOOTBALL, KICKER, DOWNS, HIKE

K	Z	V	A	L	Q	H	U	I	S	N	**C**	T	H	I	P	O	C	P	A	A
W	B	O	W	K	D	R	A	U	A	F	**A**	U	G	N	S	M	A	O	T	I
J	**H**	**U**	**R**	**R**	**I**	**C**	**A**	**N**	**E**	**S**	**P**	N	**S**	U	E	F	D	Z	A	J
G	L	N	**B**	**L**	**U**	**E**	**S**	V	M	O	**I**	F	**H**	Y	E	**P**	Q	I	T	G
K	H	**B**	W	O	C	T	E	I	X	Z	**T**	J	**A**	J	**S**	**A**	I	I	B	**F**
E	**R**	**L**	C	**F**	**L**	**A**	**M**	**E**	**S**	V	**A**	J	**R**	P	**A**	**N**	J	F	S	**L**
T	**A**	**A**	D	F	**O**	**I**	**L**	**E**	**R**	**S**	**L**	G	**K**	**R**	**B**	**T**	G	**L**	C	**Y**
M	**N**	**C**	U	F	**C**	**A**	**N**	**U**	**C**	**K**	**S**	H	**S**	**E**	**R**	**H**	Y	**I**	R	**E**
C	**G**	**K**	N	L	C	M	**B**	**R**	**U**	**I**	**N**	**S**	C	**D**	**E**	**E**	Y	**G**	X	**R**
A	**E**	**H**	G	W	B	P	**D**	**E**	**V**	**I**	**L**	**S**	P	**W**	**S**	**R**	B	**H**	J	**S**
N	**R**	**A**	**B**	**L**	**U**	**E**	**J**	**A**	**C**	**K**	**E**	**T**	**S**	**I**	T	**S**	Y	**T**	F	L
A	**S**	**W**	**D**	**U**	**C**	**K**	**S**	**S**	S	L	L	V	R	**N**	O	S	V	**N**	C	W
D	K	**K**	Q	U	Z	F	**P**	**T**	B	V	B	T	Q	**G**	S	O	**C**	**I**	P	H
I	X	**S**	A	J	D	F	**E**	**A**	T	L	G	B	G	**S**	K	K	**O**	**N**	I	P
E	K	N	**W**	**I**	**L**	**D**	**N**	**R**	Q	K	E	P	R	O	Z	E	**Y**	**G**	U	H
N	M	X	**K**	X	E	N	**G**	**S**	**S**	**E**	**N**	**A**	**T**	**O**	**R**	**S**	**O**	Q	R	T
S	U	Q	**I**	K	F	N	**U**	**A**	**V**	**A**	**L**	**A**	**N**	**C**	**H**	**E**	**T**	K	X	H
T	D	D	**N**	E	U	M	**I**	**S**	**L**	**A**	**N**	**D**	**E**	**R**	**S**	Z	**E**	E	V	O
W	F	N	**G**	X	Z	X	**N**	**M**	**A**	**P**	**L**	**E**	**L**	**E**	**A**	**F**	**S**	G	S	Y
S	Q	Q	**S**	O	S	X	**S**	**G**	**O**	**L**	**D**	**E**	**N**	**K**	**N**	**I**	**G**	**H**	**T**	**S**
K	Z	T	L	M	O	M	C	P	**P**	**R**	**E**	**D**	**A**	**T**	**O**	**R**	**S**	V	R	C

STARS, BRUINS, WILD, FLAMES, REDWINGS, SENATORS, CANADIENS, CAPITALS, DEVILS, PANTHERS, DUCKS, PENGUINS, HURRICANES, BLACKHAWKS, CANUCKS, RANGERS, SABRES, FLYERS, BLUES, COYOTES, GOLDENKNIGHTS, OILERS, AVALANCHE, BLUEJACKETS, ISLANDERS, SHARKS, KINGS, LIGHTNING, PREDATORS, MAPLELEAFS

X	Y	E	G	R	H	K	W	**P**	**E**	**N**	**A**	**L**	**T**	**Y**	**B**	**O**	**X**
C	Q	Y	U	D	M	Y	H	V	H	L	**B**	**B**	O	**S**	**H**	**O**	**T**
I	S	R	E	I	**G**	**O**	**A**	**L**	**I**	**E**	**L**	**E**	U	P	N	**P**	P
R	**S**	**L**	**A**	**P**	**S**	**H**	**O**	**T**	Z	**I**	**U**	**N**	**W**	Z	**J**	**E**	Q
C	**F**	**O**	**R**	**E**	**H**	**A**	**N**	**D**	**N**	**C**	**E**	**C**	**I**	X	**E**	**N**	U
L	S	**C**	**E**	**N**	**T**	**E**	**R**	**H**	**E**	**E**	**L**	**H**	**N**	T	**R**	**A**	E
E	E	A	G	A	**S**	**S**	**K**	**A**	**T**	**E**	**I**	Q	**G**	M	**S**	**L**	X
H	W	O	**C**	G	**L**	R	**S**	K	I	V	**N**	C	**E**	M	**E**	**T**	J
G	**O**	**A**	**L**	C	**A**	N	**T**	L	I	C	**E**	W	**R**	O	**Y**	**Y**	D
C	C	G	**O**	N	**S**	C	**I**	A	V	E	W	X	**C**	**H**	**E**	**C**	**K**
C	**P**	**U**	**C**	**K**	**H**	D	**C**	P	O	E	A	X	F	W	T	O	I
X	E	T	**K**	C	Z	Z	**K**	**R**	**E**	**D**	**L**	**I**	**N**	**E**	D	I	Y
P	N	M	R	**R**	**I**	**N**	**K**	A	I	A	V	X	Q	L	J	O	F
M	O	N	V	E	E	M	P	**B**	**L**	**E**	**A**	**C**	**H**	**E**	**R**	**S**	E
Y	N	B	**H**	**E**	**L**	**M**	**E**	**T**	E	O	D	Q	U	D	I	P	**S**
W	C	X	T	**B**	**A**	**R**	**D**	**O**	**W**	**N**	P	Q	K	W	N	M	**H**
D	**E**	**F**	**E**	**N**	**S**	**E**	V	I	R	K	U	N	K	N	A	C	**O**
N	J	D	N	S	**B**	**A**	**C**	**K**	**H**	**A**	**N**	**D**	I	L	X	B	**T**

BLEACHERS, HELMET, CENTER, PUCK, BARDOWN, NET,
CHECK, BACKHAND, ICE, RINK, REDLINE, BLUELINE,
DEFENSE, STICK, WINGER, PENALTYBOX, SHOT, CIRCLE,
SLAPSHOT, BENCH, SHOT, SLASH, CLOCK, PENALTY,
FOREHAND, GOALIE, GOAL, SKATE, JERSEY

H	I	M	Z	L	P	A	W	S	G	T	Q	A	C	O	M	M	O	N
I	A	U	N	U	A	A	V	A	I	L	A	B	L	E	B	S	V	J
G	D	W	Q	V	L	E	W	D	D	D	E	F	Q	L	E	T	B	B
H	H	A	G	C	E	N	G	R	A	N	D	I	O	S	E	R	F	O
F	E	V	U	H	M	H	A	N	D	S	O	M	E	L	Y	A	A	Y
A	S	N	L	U	P	L	R	N	C	A	G	E	Y	D	X	N	S	H
L	I	T	L	B	I	Y	Y	L	H	M	A	T	U	R	E	G	C	A
U	V	V	I	B	Y	I	N	O	A	A	F	I	D	U	I	E	I	O
T	E	W	B	Y	J	N	I	C	L	H	I	M	V	N	N	L	N	B
I	G	H	L	V	B	G	R	Z	T	V	R	A	Z	K	Q	X	A	K
N	D	I	E	E	L	A	S	T	I	C	S	L	L	Q	U	Q	T	Q
H	V	L	S	E	C	O	N	D	N	W	T	E	K	Q	I	I	E	C
S	C	A	R	E	D	H	P	Q	G	N	T	V	N	Q	S	R	D	L
D	K	R	O	I	M	W	M	I	D	I	O	T	I	C	I	S	A	U
E	D	I	L	G	F	S	X	S	N	A	P	S	H	O	T	B	O	W
N	I	O	I	N	S	I	D	I	O	U	S	L	K	J	I	A	G	H
P	L	U	A	R	O	M	A	T	I	C	F	E	Q	N	V	Q	S	V
Y	U	S	I	N	N	O	C	E	N	T	P	M	V	G	E	X	Q	O
D	P	S	F	N	E	B	U	L	O	U	S	E	B	T	H	R	O	B

CAGEY, MALE, HALTING, GULLIBLE, MATURE, CHUBBY,
IDIOTIC, HILARIOUS, INQUISITIVE, INNOCENT, SAD,
STRANGE, PALE, AROMATIC, COMMON, ADHESIVE,
HANDSOMELY, SECOND, LYING, SCARED, AVAILABLE,
INSIDIOUS, DRUNK, NEBULOUS, GRANDIOSE, ELASTIC,
HIGHFALUTIN, SNAPSHOT, FASCINATED, FIRST

Z	D	Y	N	I	W	U	H	Q	W	N	J	B	Y	S	E	V	W	E
X	D	F	J	N	E	B	U	L	O	U	S	Y	G	A	N	L	V	O
E	J	G	E	S	G	W	M	G	M	B	M	E	W	D	U	J	G	F
R	P	M	L	I	D	G	A	O	I	Z	F	X	R	G	Q	C	H	L
I	J	O	A	D	C	U	T	D	R	K	E	O	V	E	K	B	I	C
T	U	U	S	I	A	L	U	L	A	S	P	I	R	I	N	G	D	C
X	W	T	T	O	G	L	R	Y	P	O	W	E	R	F	U	L	E	P
F	A	R	I	U	E	I	E	Z	T	C	H	U	B	B	Y	D	O	A
W	I	A	C	S	Y	B	E	H	I	L	A	R	I	O	U	S	U	L
D	T	G	D	U	R	L	Y	S	D	Y	M	H	S	S	O	B	S	E
I	I	E	Z	B	O	E	U	C	C	I	A	C	C	F	I	R	S	T
S	N	O	I	D	I	O	T	I	C	N	L	Z	A	F	I	P	C	B
C	G	U	K	C	S	T	R	A	N	G	E	V	R	O	P	P	B	K
R	X	S	J	A	S	Z	D	I	F	F	E	R	E	N	T	S	N	S
E	G	R	A	N	D	I	O	S	E	X	S	F	D	Y	N	Z	V	Y
E	J	B	Z	M	F	I	X	F	A	S	C	I	N	A	T	E	D	F
T	L	I	S	Q	Y	A	D	H	E	S	I	V	E	N	K	J	D	U
B	M	M	H	M	Y	A	M	I	N	Q	U	I	S	I	T	I	V	E
L	D	M	A	V	A	I	L	A	B	L	E	W	T	J	O	R	R	U

DISCREET, DIFFERENT, HIDEOUS, LYING, ADHESIVE,
CAGEY, HILARIOUS, OUTRAGEOUS, SAD, ASPIRING,
NEBULOUS, GODLY, SCARED, FASCINATED, GRANDIOSE,
GULLIBLE, AVAILABLE, IDIOTIC, FIRST, ELASTIC,
INSIDIOUS, POWERFUL, CHUBBY, INQUISITIVE, WAITING,
MATURE, MALE, STRANGE, PALE

U	T	E	X	J	A	**C**	**A**	**L**	**C**	**U**	**L**	**A**	**T**	**I**	**N**	**G**	R	Y
M	T	D	**S**	**T**	**R**	**A**	**N**	**G**	**E**	Y	S	R	E	Y	M	**M**	H	Y
R	V	B	K	**H**	**I**	**G**	**H**	**F**	**A**	**L**	**U**	**T**	**I**	**N**	P	**A**	Z	T
B	**I**	**N**	**S**	**I**	**D**	**I**	**O**	**U**	**S**	D	K	F	G	G	S	**L**	**N**	T
P	B	D	Z	U	L	B	N	A	H	L	K	**C**	E	B	F	**E**	**E**	V
W	V	**D**	**I**	**S**	**C**	**R**	**E**	**E**	**T**	T	Q	**H**	Y	B	**T**	M	**B**	U
D	**R**	**Y**	O	G	B	W	E	E	W	H	T	**U**	Y	**S**	**H**	V	**U**	**D**
V	B	K	L	F	A	I	Q	**S**	**A**	**D**	P	**B**	I	**E**	**A**	N	**L**	**I**
W	R	**I**	**N**	**N**	**O**	**C**	**E**	**N**	**T**	G	L	**B**	F	**C**	**N**	E	**O**	**F**
H	**I**	**L**	**A**	**R**	**I**	**O**	**U**	**S**	J	V	C	**Y**	G	**O**	**K**	H	**U**	**F**
T	**A**	Z	**I**	**N**	**Q**	**U**	**I**	**S**	**I**	**T**	**I**	**V**	**E**	**N**	**F**	M	**S**	**E**
S	**R**	X	**A**	V	O	**H**	B	J	**C**	**A**	**G**	**E**	**Y**	**D**	**U**	L	G	**R**
C	**O**	**D**	**S**	L	**W**	**A**	Z	Z	I	T	L	F	**G**	Y	**L**	C	U	**E**
A	**M**	**R**	**P**	**M**	**A**	**L**	**C**	**L**	**O**	**U**	**D**	**Y**	**O**	Z	K	P	O	**N**
R	**A**	**U**	**I**	**A**	**I**	**T**	V	W	B	K	V	I	**D**	D	G	I	G	**T**
E	**T**	**N**	**R**	**T**	**T**	**I**	J	X	C	I	G	V	**L**	**L**	**Y**	**I**	**N**	**G**
D	**I**	**K**	**I**	**U**	**I**	**N**	T	O	N	K	Q	S	**Y**	X	Q	P	O	Z
K	**C**	T	**N**	**R**	**N**	**G**	E	A	U	W	W	H	I	**M**	**E**	**R**	**E**	L
K	C	D	**G**	**E**	**G**	V	X	**H**	**I**	**D**	**E**	**O**	**U**	**S**	M	V	M	M

HIGHFALUTIN, SCARED, SAD, CALCULATING, LYING,
AROMATIC, CLOUDY, SECOND, HILARIOUS, HALTING,
MALE, DRUNK, WAITING, INQUISITIVE, INSIDIOUS,
DIFFERENT, DRY, GODLY, THANKFUL, MERE, CHUBBY,
NEBULOUS, DISCREET, INNOCENT, STRANGE, CAGEY,
ASPIRING, HIDEOUS, MATURE

B	V	Q	C	Z	D	A	S	C	A	R	E	D	I	E	K	P	E	C
L	Y	I	N	G	I	D	P	M	T	E	C	O	Y	Z	Y	N	A	A
K	B	I	P	K	F	H	D	I	S	G	U	S	T	E	D	F	P	L
N	M	N	O	X	F	E	I	U	E	M	R	C	O	P	A	L	E	C
H	C	N	W	J	E	S	N	Q	E	L	A	S	T	I	C	O	A	U
U	O	O	E	O	R	I	S	G	R	A	N	D	I	O	S	E	S	L
Z	D	C	R	M	E	V	I	A	C	A	G	E	Y	K	K	K	P	A
J	T	E	F	N	N	E	D	T	U	Z	P	S	A	D	G	O	I	T
C	F	N	U	Y	T	A	I	L	C	L	O	U	D	Y	Y	U	R	I
H	W	T	L	C	M	L	O	J	M	M	M	C	E	G	A	T	I	N
I	T	H	A	N	K	F	U	L	G	R	E	G	W	E	B	R	N	G
L	P	L	M	N	B	M	S	S	H	U	R	D	Q	U	E	A	G	T
A	F	A	O	W	I	C	L	M	A	L	E	I	V	I	P	G	H	Z
R	F	J	R	L	K	V	W	Z	H	A	N	D	S	O	M	E	L	Y
I	A	F	A	S	C	I	N	A	T	E	D	I	S	W	F	O	W	E
O	C	I	T	Z	F	V	G	H	S	E	C	O	N	D	O	U	A	G
U	S	D	R	U	N	K	B	V	S	I	X	T	N	U	H	S	F	Q
S	V	A	H	I	G	H	F	A	L	U	T	I	N	A	W	I	P	H
K	E	F	B	N	E	B	U	L	O	U	S	C	U	R	N	V	D	E

DRUNK, PALE, CAGEY, SECOND, MERE, THANKFUL,
DIFFERENT, CLOUDY, SCARED, INSIDIOUS, SAD, LYING,
CALCULATING, MALE, IDIOTIC, NEBULOUS, INNOCENT,
HANDSOMELY, ADHESIVE, ASPIRING, OUTRAGEOUS,
DISGUSTED, FASCINATED, HIGHFALUTIN, ELASTIC,
POWERFUL, GRANDIOSE, HILARIOUS

C	H	I	G	H	F	A	L	U	T	I	N	L	K	N	W	H	D	O
F	Y	U	D	I	S	C	R	E	E	T	J	H	L	P	E	O	I	U
W	Z	C	A	L	C	U	L	A	T	I	N	G	T	A	G	K	F	T
X	J	R	O	K	N	F	L	O	B	D	S	O	Z	W	R	H	F	R
S	P	A	I	W	Z	I	H	N	G	O	D	L	Y	A	A	A	E	A
Z	Y	Y	G	O	H	R	A	C	H	U	B	B	Y	I	N	L	R	G
I	C	U	L	S	M	S	N	C	A	G	E	Y	P	T	D	T	E	E
S	Z	J	Q	A	A	T	D	E	X	H	J	I	X	I	I	I	N	O
E	D	C	Z	D	T	V	S	L	Y	I	L	V	A	N	O	N	T	U
C	R	L	T	B	U	L	O	A	T	L	Q	O	N	G	S	G	J	S
O	U	G	J	X	R	P	M	S	H	A	C	R	U	M	E	R	E	G
N	N	T	B	J	E	S	E	T	A	R	N	E	B	U	L	O	U	S
D	K	C	L	Y	J	P	L	I	N	I	S	Y	I	W	X	Z	M	S
I	M	A	L	E	L	S	Y	C	K	O	T	G	D	U	C	B	W	P
T	E	C	C	L	O	U	D	Y	F	U	R	V	I	M	E	X	W	F
T	S	C	A	R	E	D	M	L	U	S	A	X	O	I	S	Z	A	H
L	A	S	P	I	R	I	N	G	L	T	N	J	T	T	Y	W	T	N
N	X	D	I	N	N	O	C	E	N	T	G	T	I	L	X	F	T	R
C	L	Y	I	N	G	X	C	W	D	F	E	B	C	M	O	U	Y	E

NEBULOUS, HANDSOMELY, MATURE, HILARIOUS,
SECOND, FIRST, GODLY, CLOUDY, INNOCENT, IDIOTIC,
MERE, DRUNK, WAITING, SAD, CALCULATING,
GRANDIOSE, HIGHFALUTIN, STRANGE, CAGEY, ASPIRING,
DIFFERENT, HALTING, THANKFUL, ELASTIC, CHUBBY,
MALE, SCARED, LYING, OUTRAGEOUS, DISCREET

Q	E	X	I	N	S	I	D	I	O	U	S	I	L	D	J	Y	T	X
A	R	O	M	A	T	I	C	S	Y	B	H	M	Y	R	S	J	S	Z
M	O	M	Y	D	P	D	I	E	N	Q	R	A	I	Y	I	L	P	L
U	J	P	M	G	R	I	J	C	T	A	G	T	N	L	U	X	G	H
W	F	D	H	O	O	O	O	O	Y	W	V	U	G	R	L	A	B	A
C	U	J	V	D	I	T	O	N	L	Y	Q	R	A	X	W	U	X	L
T	U	H	E	L	A	I	S	D	A	D	H	E	S	I	V	E	B	T
H	L	D	C	Y	C	C	M	Y	Z	V	A	C	L	O	U	D	Y	I
A	C	I	N	N	O	C	E	N	T	Z	V	Z	S	I	F	I	A	N
N	A	R	N	D	B	B	R	I	E	L	A	S	T	I	C	L	K	G
K	L	L	E	P	M	H	E	T	D	M	I	R	K	W	K	G	T	Q
F	C	S	B	L	A	V	S	V	I	A	L	X	Y	T	H	N	W	L
U	U	T	U	R	S	F	N	X	F	L	A	J	I	V	D	J	G	Q
L	L	R	L	P	P	W	X	E	F	E	B	P	M	Q	R	Z	D	W
I	A	A	O	P	I	I	N	D	E	M	L	P	C	H	U	B	B	Y
G	T	N	U	D	R	K	R	X	R	T	E	F	M	G	N	G	C	X
U	I	G	S	C	I	P	O	W	E	R	F	U	L	E	K	G	Z	Q
O	N	E	X	I	N	I	V	B	N	J	D	I	S	C	R	E	E	T
E	G	M	K	M	G	N	Y	T	T	G	R	A	N	D	I	O	S	E

HALTING, AVAILABLE, NEBULOUS, DIFFERENT,

INNOCENT, CALCULATING, MERE, SECOND, LYING,

CHUBBY, ELASTIC, MALE, THANKFUL, GODLY, MATURE,

INSIDIOUS, DRY, DISCREET, STRANGE, GRANDIOSE,

CLOUDY, POWERFUL, IDIOTIC, DRUNK, ASPIRING,

AROMATIC, ADHESIVE

P	S	G	B	O	E	S	H	I	L	A	R	I	O	U	S	B	J	C
O	D	Y	X	S	A	D	B	I	T	E	Z	H	G	U	S	U	A	O
L	I	N	N	O	C	E	N	T	P	Z	W	A	U	E	P	E	D	G
F	A	S	C	I	N	A	T	E	D	C	H	N	L	C	T	T	H	I
I	N	Q	U	I	S	I	T	I	V	E	O	D	L	I	O	D	E	P
X	H	I	G	H	F	A	L	U	T	I	N	S	I	H	R	M	S	N
Y	P	A	L	E	O	T	Z	A	O	M	C	O	B	F	O	A	I	F
X	L	I	W	S	U	H	R	L	W	D	E	M	L	M	P	L	V	N
L	Y	I	N	G	T	A	H	D	U	R	H	E	E	J	I	E	E	T
F	I	R	S	T	R	N	A	I	I	Y	A	L	B	L	W	A	L	A
B	N	P	C	L	A	K	L	S	L	W	F	Y	W	M	W	D	P	Y
A	E	Z	L	E	G	F	T	C	A	G	E	Y	Z	E	J	R	F	P
S	E	D	O	J	E	U	I	R	D	I	F	F	E	R	E	N	T	J
P	T	M	U	I	O	L	N	E	M	A	T	U	R	E	S	B	Y	J
I	J	S	D	U	U	W	G	E	A	R	O	M	A	T	I	C	T	S
R	Z	C	Y	V	S	X	I	T	L	W	A	H	I	D	E	O	U	S
I	H	U	U	Z	M	Q	Q	L	G	O	D	L	Y	J	W	Y	P	E
N	S	J	B	M	M	N	C	N	W	A	I	T	I	N	G	R	S	U
G	A	P	L	K	T	T	F	E	D	I	S	G	U	S	T	E	D	Y

FASCINATED, MERE, DISGUSTED, GULLIBLE, HANDSOMELY, HALTING, DIFFERENT, WAITING, ASPIRING, AROMATIC, OUTRAGEOUS, PALE, SAD, CAGEY, HILARIOUS, MALE, LYING, DISCREET, DRY, INQUISITIVE, GODLY, INNOCENT, CLOUDY, HIGHFALUTIN, FIRST, ADHESIVE, THANKFUL, HIDEOUS, MATURE

B	A	P	L	D	D	R	Y	F	V	L	V	S	Q	Y	E	L	I	F
L	Q	O	A	E	W	G	O	D	L	Y	G	M	A	E	J	Y	N	V
A	S	W	V	G	X	K	A	Q	C	A	G	E	Y	E	W	Q	Q	K
S	X	E	A	I	U	K	D	K	S	T	N	R	R	Q	K	T	U	I
E	J	R	I	N	Y	K	H	D	I	F	F	E	R	E	N	T	I	H
D	G	F	L	N	H	T	E	B	U	D	R	U	N	K	R	C	S	I
Z	N	U	A	O	I	X	S	B	I	N	G	U	U	E	P	C	I	D
Q	I	L	B	C	L	Q	I	S	A	M	R	R	C	V	A	A	T	E
N	F	Q	L	E	A	F	V	T	S	E	C	O	N	D	L	L	I	O
G	A	S	E	N	R	I	E	R	W	S	X	D	H	H	Y	C	V	U
U	S	I	A	T	I	R	I	A	S	A	D	X	A	J	I	U	E	S
L	C	T	D	H	O	S	I	N	U	H	Q	X	N	B	N	L	C	V
L	I	X	V	F	U	T	R	G	O	G	R	K	D	V	G	A	I	U
I	N	H	B	D	S	Q	S	E	S	X	W	M	S	P	J	T	K	K
B	A	K	Y	D	I	S	G	U	S	T	E	D	O	M	R	I	L	C
L	T	H	I	G	H	F	A	L	U	T	I	N	M	A	T	N	F	U
E	E	R	C	I	H	A	L	T	I	N	G	U	E	L	M	G	Q	V
W	D	H	W	A	R	O	M	A	T	I	C	T	L	E	F	E	S	R
G	H	F	R	B	H	Y	K	C	M	N	S	N	Y	J	W	F	Y	V

HANDSOMELY, HIGHFALUTIN, SAD, LYING, INNOCENT,

FIRST, DRUNK, GULLIBLE, HIDEOUS, AVAILABLE,

ADHESIVE, DIFFERENT, SECOND, DISGUSTED, MALE,

POWERFUL, CALCULATING, HILARIOUS, STRANGE,

AROMATIC, GODLY, HALTING, CAGEY, FASCINATED,

MERE, INQUISITIVE, DRY

B	Y	T	I	Q	K	K	Y	A	S	P	I	R	I	N	G	U	N	A
R	I	E	Y	I	T	P	C	Z	H	S	M	A	T	U	R	E	V	V
R	V	U	D	K	Z	W	W	E	S	A	D	Z	G	L	B	Q	V	A
D	T	H	A	N	K	F	U	L	B	D	U	A	R	K	O	V	F	I
R	X	W	S	S	F	I	R	S	T	W	L	A	A	I	F	R	A	L
U	R	M	G	Q	I	P	C	A	P	A	L	E	N	X	D	E	S	A
H	M	X	O	Q	D	A	L	B	B	D	H	E	D	C	X	J	C	B
Y	H	S	D	C	I	D	X	S	I	Q	Z	H	I	O	O	C	I	L
T	I	E	L	A	O	H	H	L	Y	I	N	G	O	M	G	A	N	E
P	G	C	Y	G	T	E	I	M	E	R	E	P	S	M	U	L	A	Q
E	H	O	T	E	I	S	L	D	Y	K	G	F	E	O	L	C	T	H
G	F	N	J	Y	C	I	A	L	S	M	A	L	E	N	L	U	E	I
B	A	D	V	E	B	V	R	J	B	O	D	I	W	C	I	L	D	B
K	L	J	X	J	X	E	I	C	H	U	B	B	Y	R	B	A	I	E
Z	U	N	E	B	U	L	O	U	S	Y	E	S	W	W	L	T	L	M
A	T	R	V	U	E	B	U	E	L	A	S	T	I	C	E	I	L	N
D	I	P	Y	S	L	I	S	A	R	O	M	A	T	I	C	N	E	X
R	N	K	I	J	M	S	C	A	R	E	D	U	M	G	U	G	G	M
Y	A	H	J	R	F	D	Y	M	D	L	G	F	P	P	T	N	V	S

SAD, SCARED, HIGHFALUTIN, GODLY, MATURE, MERE,

NEBULOUS, CHUBBY, FIRST, CAGEY, CALCULATING,

HILARIOUS, ASPIRING, COMMON, PALE, DRY, GULLIBLE,

ADHESIVE, THANKFUL, FASCINATED, GRANDIOSE,

ELASTIC, IDIOTIC, SECOND, AVAILABLE, MALE,

AROMATIC, LYING

Q	M	K	F	B	H	C	G	I	F	A	S	C	I	N	A	T	E	D
Q	Y	S	X	V	I	D	W	D	T	D	I	S	G	U	S	T	E	D
S	B	C	G	G	G	V	L	I	N	Q	U	I	S	I	T	I	V	E
A	F	L	E	R	H	X	P	O	W	E	R	F	U	L	T	K	F	A
K	M	O	W	A	F	X	U	T	I	N	S	I	D	I	O	U	S	H
S	T	U	O	N	A	M	D	I	J	C	H	B	K	S	K	K	R	L
P	A	D	H	D	L	E	B	C	X	Z	I	Y	A	T	M	A	L	E
F	V	Y	D	I	U	R	G	L	X	Q	L	S	D	R	U	N	K	I
S	A	F	D	O	T	E	B	O	J	H	A	J	H	A	Y	F	N	G
R	I	E	W	S	I	S	O	B	P	A	R	M	E	N	I	L	H	J
E	L	Q	H	E	N	D	H	E	W	N	I	A	S	G	N	T	C	Z
Q	A	E	L	A	S	T	I	C	N	D	O	C	I	E	N	F	D	H
E	B	H	S	F	D	T	S	O	W	S	U	S	V	R	O	I	R	H
F	L	O	E	A	P	P	A	K	G	O	S	E	E	U	C	R	Y	A
P	E	Y	C	H	X	M	D	L	O	M	P	O	R	M	E	S	R	L
A	Y	K	O	W	L	A	X	K	D	E	M	J	F	W	N	T	Z	T
L	T	F	N	F	W	F	G	U	L	L	I	B	L	E	T	H	V	I
E	D	U	D	N	L	N	I	D	Y	Y	V	C	A	G	E	Y	A	N
Q	H	Z	N	S	W	A	U	Q	W	W	S	C	O	M	M	O	N	G

HILARIOUS, HALTING, GODLY, DRUNK, SAD, STRANGE, COMMON, IDIOTIC, POWERFUL, ELASTIC, HANDSOMELY, HIGHFALUTIN, PALE, INQUISITIVE, GRANDIOSE, SECOND, GULLIBLE, FASCINATED, CAGEY, INSIDIOUS, INNOCENT, DRY, ADHESIVE, DISGUSTED, AVAILABLE, CLOUDY, FIRST, MALE, MERE

O	T	F	A	Y	M	A	T	U	R	E	G	Q	I	V	R	C	W	K
G	H	Q	D	I	S	G	U	S	T	E	D	O	D	A	V	H	V	O
W	A	X	X	A	R	O	M	A	T	I	C	G	I	W	U	U	D	L
P	N	W	Y	M	A	D	G	R	A	N	D	I	O	S	E	B	J	N
O	K	L	G	G	I	L	F	A	Z	I	I	E	T	I	T	B	F	M
W	F	H	J	U	W	Y	S	I	A	N	E	L	I	R	X	Y	H	W
E	U	A	F	I	R	S	T	T	V	Q	S	A	C	O	J	Z	A	V
R	L	N	P	V	D	R	Y	C	A	U	L	S	I	I	S	Y	L	A
F	X	D	W	B	A	U	D	H	I	I	Y	T	T	U	O	J	T	D
U	T	S	A	D	Q	B	N	D	L	S	I	I	V	I	J	M	I	H
L	M	O	Z	P	T	D	F	M	A	I	N	C	B	D	Z	A	N	E
T	M	M	M	E	R	E	O	I	B	T	G	W	N	R	C	E	G	S
C	M	E	V	R	L	W	P	P	L	I	W	A	I	T	I	N	G	I
H	I	L	A	R	I	O	U	S	E	V	J	D	I	X	D	V	K	V
A	R	Y	A	C	A	G	E	Y	O	E	R	N	T	L	I	D	B	E
P	A	Z	K	D	I	X	F	O	U	T	R	A	G	E	O	U	S	F
R	X	G	R	C	A	L	C	U	L	A	T	I	N	G	Y	V	Z	J
C	D	R	U	N	K	E	E	T	K	C	T	O	H	L	I	N	X	Z
G	O	B	O	S	D	I	F	F	E	R	E	N	T	G	I	T	A	T

DRUNK, IDIOTIC, GODLY, AVAILABLE, CALCULATING,

SAD, WAITING, THANKFUL, LYING, DISGUSTED,

HANDSOMELY, MATURE, INQUISITIVE, CAGEY,

DIFFERENT, ADHESIVE, DRY, OUTRAGEOUS, FIRST,

AROMATIC, HILARIOUS, GRANDIOSE, HALTING,

POWERFUL, CHUBBY, ELASTIC, MERE

G	U	L	L	I	B	L	E	Z	C	T	E	S	S	P	T	J	A	W
X	I	N	N	O	C	E	N	T	H	O	I	R	A	A	S	U	J	D
D	I	F	F	E	R	E	N	T	U	B	C	Y	D	Z	E	S	V	M
U	L	A	O	U	C	E	N	C	B	D	K	D	P	C	C	C	D	V
R	V	L	B	F	C	L	R	O	B	C	H	I	D	E	O	U	S	M
A	L	U	N	O	C	A	Y	M	Y	A	N	S	U	V	N	A	N	D
V	Y	A	N	W	A	S	S	M	K	G	N	C	G	O	D	L	Y	V
B	I	A	Q	Q	L	T	Z	O	U	E	J	R	G	L	Y	E	Y	S
I	N	F	C	P	C	I	A	N	Y	Y	V	E	H	N	P	F	V	D
H	G	A	M	K	U	C	Z	Y	Y	Q	U	E	C	E	Y	E	V	I
I	X	S	A	K	L	P	P	A	L	E	S	T	S	B	E	I	L	S
L	Y	C	T	O	A	S	P	I	R	I	N	G	Z	U	H	K	F	G
A	U	I	U	H	T	H	A	N	D	S	O	M	E	L	Y	J	I	U
R	U	N	R	M	I	L	M	G	R	A	N	D	I	O	S	E	R	S
I	L	A	E	E	N	A	R	O	M	A	T	I	C	U	F	G	S	T
O	Q	T	E	R	G	Q	D	R	Y	C	B	D	B	S	E	D	T	E
U	E	E	T	E	T	M	D	R	I	S	L	C	L	O	U	D	Y	D
S	U	D	D	E	L	I	G	H	T	F	U	L	M	P	D	C	A	M
C	X	F	S	S	Z	W	P	O	W	E	R	F	U	L	A	F	H	Q

GRANDIOSE, CLOUDY, COMMON, LYING, CAGEY, GODLY,

MERE, MATURE, NEBULOUS, SAD, CALCULATING,

GULLIBLE, DELIGHTFUL, CHUBBY, DISCREET, DRY,

DISGUSTED, HIDEOUS, ASPIRING, DIFFERENT,

HANDSOMELY, FIRST, ELASTIC, FASCINATED, SECOND,

HILARIOUS, AROMATIC, INNOCENT, PALE, POWERFUL

I	X	O	E	H	Q	P	P	F	I	R	S	T	C	O	S	Y	A	Y
X	Q	I	Y	I	I	O	D	F	Q	P	O	W	E	R	F	U	L	M
K	D	D	Z	G	V	G	I	C	G	R	A	N	D	I	O	S	E	M
D	P	I	B	H	A	U	F	H	E	I	D	I	O	T	I	C	B	F
G	Y	S	U	F	H	L	F	E	M	C	O	M	M	O	N	W	Q	S
X	P	G	R	A	F	L	E	K	Z	A	B	M	A	T	U	R	E	F
S	A	U	K	L	Y	I	R	Y	M	G	B	C	H	U	B	B	Y	N
E	L	S	H	U	V	B	E	B	I	E	N	N	X	F	E	R	Z	I
C	E	T	G	T	P	L	N	W	Q	Y	O	L	Y	I	N	G	G	N
O	H	E	C	I	H	E	T	D	E	L	I	G	H	T	F	U	L	Q
N	N	D	V	N	A	R	O	M	A	T	I	C	J	N	R	W	I	U
D	J	F	A	S	C	I	N	A	T	E	D	J	T	R	W	E	G	I
M	U	H	A	N	D	S	O	M	E	L	Y	U	M	I	W	S	B	S
M	B	C	A	L	C	U	L	A	T	I	N	G	E	L	Z	C	S	I
P	A	V	A	I	L	A	B	L	E	B	Y	O	R	B	T	A	A	T
Q	K	I	E	W	A	I	T	I	N	G	B	D	E	O	O	R	D	I
I	N	S	I	D	I	O	U	S	T	J	V	L	H	E	U	E	N	V
R	P	H	H	I	L	A	R	I	O	U	S	Y	W	H	L	D	H	E
D	D	E	L	A	S	T	I	C	F	D	I	J	J	B	G	B	Y	C

PALE, FASCINATED, HILARIOUS, HIGHFALUTIN, SECOND, DELIGHTFUL, CALCULATING, CHUBBY, GODLY, FIRST, POWERFUL, INQUISITIVE, IDIOTIC, SAD, SCARED, INSIDIOUS, WAITING, CAGEY, GULLIBLE, ELASTIC, DIFFERENT, MATURE, GRANDIOSE, MERE, HANDSOMELY, AVAILABLE, COMMON, AROMATIC, DISGUSTED, LYING

E	E	C	D	J	V	C	N	F	P	D	R	U	N	K	R	M	O	F
D	Z	Z	Y	I	Q	B	S	Y	T	I	N	N	O	C	E	N	T	Q
I	O	U	T	R	A	G	E	O	U	S	V	R	D	D	C	N	H	I
S	K	T	M	S	W	J	T	A	D	H	E	S	I	V	E	W	S	N
C	G	I	O	L	J	S	B	W	L	O	W	A	I	T	I	N	G	Q
R	R	C	C	S	P	H	I	G	H	F	A	L	U	T	I	N	E	U
E	A	A	S	P	I	R	I	N	G	H	V	N	I	Q	S	R	L	I
E	N	E	C	V	A	X	M	F	M	A	A	E	N	T	C	W	A	S
T	D	G	A	I	R	C	G	B	A	N	I	B	S	V	A	H	S	I
F	I	N	G	X	O	A	I	E	T	D	L	U	I	E	R	L	T	T
T	O	F	E	H	M	L	D	T	U	S	A	L	D	Z	E	U	I	I
F	S	I	Y	A	A	C	I	S	R	O	B	O	I	U	D	F	C	V
D	E	R	P	L	T	U	O	L	E	M	L	U	O	O	D	R	Y	E
F	D	S	C	T	I	L	T	Y	Y	E	E	S	U	E	F	S	R	H
W	I	T	H	I	C	A	I	I	W	L	Z	A	S	M	N	E	C	Y
D	W	E	Z	N	K	T	C	N	L	Y	K	X	P	F	A	C	Q	H
W	D	D	S	G	O	I	Y	G	P	A	L	E	R	U	W	O	N	A
P	E	S	D	Q	J	N	P	V	B	C	H	U	B	B	Y	N	Q	R
W	Z	Z	Q	X	Z	G	H	I	L	A	R	I	O	U	S	D	F	U

PALE, LYING, MATURE, WAITING, DISCREET, AROMATIC, HALTING, INSIDIOUS, ADHESIVE, DRY, INQUISITIVE, IDIOTIC, AVAILABLE, HIGHFALUTIN, CAGEY, DRUNK, GRANDIOSE, SECOND, ASPIRING, CALCULATING, CHUBBY, SCARED, NEBULOUS, INNOCENT, HANDSOMELY, HILARIOUS, FIRST, OUTRAGEOUS, ELASTIC

H	H	E	W	B	P	H	I	N	N	O	C	E	N	T	Z	W	J	Q
C	Y	S	U	F	T	I	I	K	E	L	Y	F	V	N	M	E	R	E
S	I	C	I	T	X	L	I	A	A	D	H	E	S	I	V	E	W	H
I	S	A	D	B	X	A	Y	S	D	I	F	F	E	R	E	N	T	I
F	K	R	Y	Q	F	R	L	Y	I	N	G	B	T	F	Y	Y	I	G
T	W	E	I	R	L	I	F	G	O	D	L	Y	F	Y	U	W	H	H
B	Y	D	F	B	E	O	S	C	A	G	E	Y	Z	O	X	C	U	F
J	J	J	A	Y	A	U	R	L	M	A	S	P	I	R	I	N	G	A
Z	A	Y	S	J	V	S	E	I	D	I	S	G	U	S	T	E	D	L
E	O	J	C	H	A	N	D	S	O	M	E	L	Y	J	E	G	F	U
S	X	N	I	W	I	Y	I	X	G	F	I	R	S	T	D	R	F	T
F	D	T	N	S	L	M	S	E	C	O	N	D	D	A	C	A	P	I
J	R	S	A	M	A	T	U	R	E	V	Q	V	A	E	H	N	A	N
U	U	A	T	M	B	A	R	O	M	A	T	I	C	E	U	D	L	O
J	N	R	E	S	L	W	P	O	W	E	R	F	U	L	B	I	E	I
S	K	B	D	K	E	Y	Y	U	A	M	A	L	E	L	B	O	J	E
D	R	K	K	D	C	L	O	U	D	Y	D	V	L	B	Y	S	P	H
S	L	D	I	K	L	F	G	U	L	L	I	B	L	E	E	E	B	D
K	K	D	K	K	Q	W	A	B	I	Y	L	W	O	A	X	D	R	Y

GODLY, FASCINATED, HILARIOUS, MERE, MATURE,
HANDSOMELY, DRY, DIFFERENT, DISGUSTED, PALE,
DRUNK, LYING, CHUBBY, CAGEY, MALE, CLOUDY, FIRST,
POWERFUL, AVAILABLE, HIGHFALUTIN, GRANDIOSE,
ADHESIVE, SECOND, INNOCENT, ASPIRING, AROMATIC,
GULLIBLE, SCARED

U	I	H	H	A	L	T	I	N	G	D	G	W	P	E	D	I	W	U
G	N	W	N	W	I	D	O	M	C	C	H	U	B	B	Y	V	D	L
S	Q	C	A	G	E	Y	P	L	V	N	K	G	E	R	H	B	U	A
A	U	U	H	G	E	N	E	R	A	L	Y	R	K	Q	H	O	Q	I
D	I	X	I	N	X	G	R	O	O	V	Y	A	N	J	G	Y	U	G
S	S	S	D	E	X	D	Y	T	R	J	Z	N	O	D	R	U	N	K
R	I	T	E	B	E	L	A	S	T	I	C	D	T	D	M	A	H	P
T	T	W	O	U	W	F	D	N	S	Z	C	I	T	I	A	V	R	J
K	I	W	U	L	B	D	A	A	I	N	G	O	Y	S	T	A	U	R
O	V	Y	S	O	P	I	X	D	N	I	A	S	A	G	U	I	P	C
F	E	S	F	U	Q	F	C	H	S	V	R	E	C	U	R	L	O	W
J	H	C	F	S	W	F	L	E	I	I	R	U	A	S	E	A	W	S
Q	B	A	D	X	A	E	O	S	D	D	U	F	P	T	V	B	E	E
X	V	R	G	P	I	R	U	I	I	I	L	Y	U	E	M	L	R	C
G	S	E	M	M	T	E	D	V	O	O	O	P	G	D	L	E	F	O
D	A	D	X	X	I	N	Y	E	U	T	U	B	M	E	R	E	U	N
Y	R	J	Y	U	N	T	F	V	S	I	S	P	I	Q	Z	U	L	D
R	Y	U	Y	V	G	L	F	A	S	C	I	N	A	T	E	D	M	N
C	A	L	C	U	L	A	T	I	N	G	S	W	V	A	Z	D	U	W

CLOUDY, ADHESIVE, HIDEOUS, NEBULOUS, CHUBBY, GARRULOUS, KNOTTY, GRANDIOSE, SAD, IDIOTIC, POWERFUL, CALCULATING, ELASTIC, SCARED, BAD, AVAILABLE, INSIDIOUS, WAITING, MERE, DRUNK, DIFFERENT, HALTING, SECOND, FASCINATED, DISGUSTED, GROOVY, GENERAL, MATURE, CAGEY, INQUISITIVE

X	H	X	J	C	C	W	K	F	I	L	S	E	C	O	N	D	R	A
D	I	F	I	R	S	T	C	S	N	S	N	Q	Y	S	H	P	C	K
R	G	K	D	I	C	A	L	C	U	L	A	T	I	N	G	S	I	E
Y	H	X	V	N	A	V	A	I	L	A	B	L	E	T	Y	C	L	F
F	F	K	C	S	J	H	D	H	D	V	I	C	Q	A	M	A	L	E
K	A	L	A	I	L	K	H	A	I	Y	J	H	K	L	N	R	T	G
U	L	W	G	D	Y	K	E	L	S	B	G	U	A	H	E	E	H	R
O	U	A	E	I	I	K	S	T	C	A	O	B	F	X	B	D	A	A
M	T	D	Y	O	N	C	I	I	R	D	D	B	B	F	U	H	N	N
Q	I	E	J	U	G	T	V	N	E	O	L	Y	D	J	L	Z	K	D
L	N	L	Z	S	N	I	E	G	E	J	Y	S	V	P	O	N	F	I
L	K	I	N	Q	U	I	S	I	T	I	V	E	C	H	U	Z	U	O
F	Z	G	I	Q	O	U	T	R	A	G	E	O	U	S	S	H	L	S
X	R	H	J	F	W	Q	G	K	H	I	D	E	O	U	S	I	K	E
S	Q	T	A	H	N	J	A	S	P	I	R	I	N	G	G	I	H	I
P	T	F	O	N	H	P	T	R	E	L	A	S	T	I	C	I	M	W
I	O	U	N	B	I	A	W	M	D	I	S	G	U	S	T	E	D	H
C	S	L	N	D	J	L	I	Q	Q	I	A	R	O	M	A	T	I	C
O	F	K	H	L	D	E	Y	X	F	A	S	C	I	N	A	T	E	D

INQUISITIVE, FIRST, BAD, ADHESIVE, SCARED,
NEBULOUS, PALE, HIGHFALUTIN, AVAILABLE, DISCREET,
OUTRAGEOUS, INSIDIOUS, DISGUSTED, GRANDIOSE,
HALTING, SECOND, FASCINATED, CHUBBY, MALE,
DELIGHTFUL, DRY, CALCULATING, AROMATIC, GODLY,
LYING, ASPIRING, ELASTIC, HIDEOUS, THANKFUL, CAGEY

D	R	U	N	K	V	F	W	G	H	W	E	Y	J	T	M	H	Y	T
Q	Q	N	B	W	C	S	C	L	O	U	D	Y	S	H	P	I	G	D
N	I	S	D	J	A	K	C	H	U	B	B	Y	H	A	F	G	V	V
A	N	D	I	E	G	R	O	O	V	Y	D	R	B	N	A	H	H	W
R	F	I	F	O	E	C	O	M	M	O	N	X	J	K	S	F	I	O
O	F	S	F	M	Y	N	E	B	U	L	O	U	S	F	C	A	D	U
M	A	C	E	D	I	S	G	U	S	T	E	D	T	U	I	L	E	T
A	S	R	R	H	A	N	D	S	O	M	E	L	Y	L	N	U	O	R
T	P	E	E	A	A	V	A	I	L	A	B	L	E	S	A	T	U	A
I	I	E	N	C	V	H	I	L	A	R	I	O	U	S	T	I	S	G
C	R	T	T	X	H	A	L	T	I	N	G	H	N	B	E	N	J	E
H	I	J	S	E	C	O	N	D	Q	P	G	E	H	P	D	U	I	O
S	N	B	F	D	G	R	V	F	S	A	C	S	A	D	D	F	G	U
H	G	Q	F	M	A	T	U	R	E	L	K	A	I	A	E	L	V	S
U	C	I	N	N	O	C	E	N	T	E	I	D	A	M	P	B	Z	S
U	O	V	W	P	U	F	I	P	G	S	P	O	W	E	R	F	U	L
R	A	A	R	M	G	J	F	Y	A	D	H	E	S	I	V	E	X	K
A	N	Q	Z	L	T	E	W	S	H	H	H	Z	V	M	P	D	R	Y
Z	X	I	W	J	H	F	G	R	A	N	D	I	O	S	E	J	J	O

HIDEOUS, FASCINATED, AROMATIC, GROOVY,
DIFFERENT, POWERFUL, NEBULOUS, HALTING,
INNOCENT, DRY, CAGEY, DISCREET, PALE, HANDSOMELY,
GRANDIOSE, HILARIOUS, THANKFUL, DISGUSTED,
MATURE, OUTRAGEOUS, CHUBBY, DRUNK, ADHESIVE,
HIGHFALUTIN, ASPIRING, SAD, SECOND, AVAILABLE,
COMMON, CLOUDY

A	N	F	W	C	F	J	L	Y	I	N	G	T	U	F	X	A	K	W
V	A	S	T	R	A	N	G	E	O	N	P	C	D	A	O	C	K	P
A	H	I	D	E	O	U	S	V	B	B	L	J	D	O	O	E	Y	R
I	M	N	E	B	U	L	O	U	S	X	Q	X	S	Y	W	Z	O	M
L	G	F	O	M	A	T	U	R	E	A	T	O	X	Y	M	I	N	I
A	N	S	K	H	A	L	T	I	N	G	N	T	K	E	S	D	I	T
B	G	A	R	Q	S	Z	A	L	G	O	D	L	Y	B	T	Q	N	X
L	Y	D	G	R	A	N	D	I	O	S	E	U	C	M	H	L	N	G
E	T	O	K	F	S	C	A	R	E	D	C	X	E	Y	A	C	O	D
I	N	Q	U	I	S	I	T	I	V	E	E	O	P	D	N	A	C	S
I	P	M	Z	R	A	D	H	E	S	I	V	E	N	F	K	G	E	E
H	O	G	G	S	D	C	H	U	B	B	Y	F	Z	F	F	E	N	G
U	W	F	E	T	R	F	Z	N	S	M	E	R	E	E	U	Y	T	U
V	E	E	C	Q	J	A	W	A	I	T	I	N	G	L	L	I	E	L
Z	R	W	I	D	I	O	T	I	C	Y	L	C	R	A	H	X	A	L
Q	F	S	S	G	D	I	F	F	E	R	E	N	T	S	G	T	E	I
R	U	T	M	A	L	E	K	D	Q	T	M	I	K	T	F	E	G	B
T	L	A	H	A	N	D	S	O	M	E	L	Y	P	I	T	S	C	L
P	A	L	E	R	D	O	O	G	W	Z	G	F	Q	C	W	A	O	E

HIDEOUS, GULLIBLE, GODLY, ADHESIVE, MATURE,
IDIOTIC, PALE, HALTING, ELASTIC, SAD, THANKFUL,
SCARED, MALE, MERE, GRANDIOSE, INQUISITIVE,
DIFFERENT, FIRST, INNOCENT, NEBULOUS, AVAILABLE,
CAGEY, WAITING, LYING, POWERFUL, STRANGE,
HANDSOMELY, CHUBBY

G	R	A	N	D	I	O	S	E	X	H	X	M	H	I	I	N	T	Z
J	L	S	M	I	C	F	H	R	S	X	K	U	A	G	N	D	Q	D
X	X	L	S	N	M	A	L	E	A	F	M	G	N	O	S	E	S	E
P	O	W	E	R	F	U	L	L	D	I	Z	Z	D	D	I	G	S	L
C	R	F	C	H	U	B	B	Y	F	P	F	I	S	L	D	S	T	I
Q	S	I	M	E	R	E	T	M	C	A	T	W	O	Y	I	S	R	G
U	C	R	I	I	N	N	O	C	E	N	T	C	M	I	O	U	A	H
A	A	S	Q	A	K	H	O	U	T	R	A	G	E	O	U	S	N	T
Q	R	T	C	S	D	R	Y	F	D	D	G	U	L	A	S	V	G	F
K	E	U	Z	P	E	X	P	L	Y	I	N	G	Y	Y	C	A	E	U
A	D	A	Y	I	H	X	H	J	J	F	D	G	Q	J	R	B	T	L
E	B	A	P	R	E	G	I	V	M	F	I	D	C	L	O	U	D	Y
L	W	X	A	I	M	U	A	K	U	E	S	H	A	L	T	I	N	G
A	Q	S	L	N	D	L	X	K	M	R	G	D	Q	S	B	A	F	L
S	P	K	E	G	C	L	J	F	S	E	U	R	A	A	C	L	L	D
T	H	I	L	A	R	I	O	U	S	N	S	U	K	Z	D	G	D	Y
I	J	J	H	M	H	B	E	J	F	T	T	N	S	U	U	B	B	L
C	R	V	S	U	W	L	J	C	Q	H	E	K	E	B	L	V	Q	S
J	M	H	K	Y	Z	E	Y	P	M	A	D	G	W	A	K	W	U	S

CHUBBY, DIFFERENT, LYING, STRANGE, GRANDIOSE,
FIRST, ASPIRING, OUTRAGEOUS, HANDSOMELY, DRY,
ELASTIC, HALTING, GULLIBLE, SCARED, INSIDIOUS,
MALE, SAD, HILARIOUS, CLOUDY, DELIGHTFUL, DRUNK,
PALE, DISGUSTED, MERE, GODLY, POWERFUL, INNOCENT

M	G	P	A	**H**	**I**	**D**	**E**	**O**	**U**	**S**	I	Z	J	L	N	W	C	I
B	**A**	**S**	**C**	**A**	**R**	**E**	**D**	C	M	**T**	Q	K	O	W	**D**	P	G	X
Y	**D**	G	**D**	**G**	Z	**H**	L	**I**	T	**R**	**P**	**A**	**L**	**E**	**R**	P	N	I
F	**H**	P	**I**	**R**	P	**A**	M	**N**	H	**A**	F	T	D	J	**U**	I	J	E
C	**E**	D	**S**	**A**	V	**L**	I	**Q**	V	**N**	H	**S**	X	Q	**N**	W	X	F
X	**S**	F	**G**	**N**	R	**T**	P	**U**	E	**G**	**M**	**A**	**L**	**E**	**K**	I	Y	J
U	**I**	**F**	**U**	**D**	K	**I**	Q	**I**	F	**E**	V	**D**	**G**	**O**	**D**	**L**	**Y**	H
Q	**V**	**I**	**S**	**I**	U	**N**	A	**S**	H	**D**	**I**	**F**	**F**	**E**	**R**	**E**	**N**	**T**
R	**E**	**R**	**T**	**O**	F	**G**	L	**I**	P	R	**D**	**I**	**S**	**C**	**R**	**E**	**E**	**T**
F	X	**S**	**E**	**S**	O	R	A	**T**	C	R	U	D	**H**	**A**	O	**O**	V	Y
Y	O	**T**	**D**	**E**	F	B	L	**I**	C	F	T	G	**I**	**L**	Z	**U**	**A**	Y
K	V	Y	**C**	**A**	**G**	**E**	**Y**	**V**	I	E	S	P	**L**	**C**	T	**T**	**S**	**I**
I	**N**	**N**	**O**	**C**	**E**	**N**	**T**	**E**	V	K	Z	G	**A**	**U**	T	**R**	**P**	**D**
Q	F	D	Z	**A**	**V**	**A**	**I**	**L**	**A**	**B**	**L**	**E**	**R**	**L**	W	**A**	**I**	**I**
M	G	**H**	**A**	**N**	**D**	**S**	**O**	**M**	**E**	**L**	**Y**	Z	**I**	**A**	B	**G**	**R**	**O**
E	**H**	**I**	**G**	**H**	**F**	**A**	**L**	**U**	**T**	**I**	**N**	W	**O**	**T**	W	**E**	**I**	**T**
R	Q	R	D	**N**	**E**	**B**	**U**	**L**	**O**	**U**	**S**	F	**U**	**I**	X	**O**	**N**	**I**
E	J	**L**	**Y**	**I**	**N**	**G**	C	U	K	Y	D	S	**S**	**N**	D	**U**	**G**	**C**
N	Y	**G**	**U**	**L**	**L**	**I**	**B**	**L**	**E**	E	G	K	N	**G**	X	**S**	O	N

FIRST, IDIOTIC, INQUISITIVE, HILARIOUS, DISCREET, AVAILABLE, STRANGE, DISGUSTED, CAGEY, DRUNK, INNOCENT, SCARED, LYING, HIGHFALUTIN, DIFFERENT, GRANDIOSE, SAD, CALCULATING, ADHESIVE, OUTRAGEOUS, GODLY, HANDSOMELY, PALE, NEBULOUS, ASPIRING, HIDEOUS, GULLIBLE, MALE, MERE, HALTING

B	H	S	A	D	V	Z	F	D	R	Y	G	H	S	F	Y	D	W	J
B	I	U	D	N	V	K	Z	B	P	T	V	I	D	R	U	N	K	T
F	L	R	H	E	N	X	W	Y	C	I	H	D	U	M	E	R	E	K
U	A	V	E	B	F	K	F	P	G	H	Y	E	W	C	K	L	F	F
H	R	Y	S	U	I	C	H	U	B	B	Y	O	C	T	Q	C	A	B
Q	I	J	I	L	R	M	J	N	F	L	C	U	I	H	S	A	S	V
L	O	N	V	O	S	O	T	A	V	A	E	S	D	A	K	L	C	M
E	U	R	E	U	T	F	A	Q	W	A	I	T	I	N	G	C	I	C
S	S	J	Q	S	P	M	A	L	E	S	D	G	O	K	A	U	N	L
A	T	I	N	N	O	C	E	N	T	P	G	V	T	F	V	L	A	O
D	D	I	S	C	R	E	E	T	M	I	S	T	I	U	A	A	T	U
D	I	F	F	E	R	E	N	T	L	R	W	X	C	L	I	T	E	D
N	X	A	R	L	G	R	A	N	D	I	O	S	E	C	L	I	D	Y
N	G	U	R	C	L	H	S	O	U	N	A	S	T	R	A	N	G	E
G	U	L	L	I	B	L	E	G	N	G	C	O	Q	N	B	G	B	Y
W	H	A	L	T	I	N	G	O	Y	W	K	S	U	G	L	G	O	P
N	C	Q	I	T	K	E	V	D	I	T	N	I	G	Y	E	Q	W	Z
K	B	F	M	Z	O	O	C	L	T	I	N	S	I	D	I	O	U	S
Y	B	J	Q	T	K	H	N	Y	B	E	L	A	S	T	I	C	S	Q

STRANGE, ASPIRING, CLOUDY, MERE, FIRST, HALTING,

SAD, DRUNK, HILARIOUS, ELASTIC, DISCREET, ADHESIVE,

INNOCENT, WAITING, IDIOTIC, HIDEOUS, AVAILABLE,

GRANDIOSE, GODLY, FASCINATED, INSIDIOUS, DRY,

CHUBBY, GULLIBLE, THANKFUL, DIFFERENT,

CALCULATING, NEBULOUS, MALE

I	S	Z	O	Y	Q	O	G	X	M	F	F	I	R	S	T	I	Z	D
A	A	K	U	Z	K	M	S	D	O	F	L	Q	D	W	H	N	S	I
D	D	E	T	R	C	B	P	I	M	A	H	P	I	A	A	S	T	N
P	H	N	R	D	P	A	Z	S	A	S	Q	O	F	I	N	I	R	N
S	E	B	A	D	I	P	S	C	L	C	L	W	F	T	K	D	A	O
U	S	A	G	M	A	T	U	R	E	I	I	E	E	I	F	I	N	C
G	I	E	E	V	U	D	Q	E	L	N	R	R	R	N	U	O	G	E
O	V	K	O	J	Z	C	I	E	V	A	U	F	E	G	L	U	E	N
D	E	B	U	Z	Y	I	C	T	Y	T	V	U	N	T	Y	S	M	T
L	P	O	S	D	G	X	S	O	S	E	F	L	T	M	W	T	C	R
Y	S	G	O	R	D	S	H	A	N	D	S	O	M	E	L	Y	F	A
L	T	I	S	U	R	C	H	U	B	B	Y	K	D	P	V	W	S	W
O	N	D	Z	N	Y	D	I	S	G	U	S	T	E	D	J	Q	B	Y
V	C	I	U	K	L	J	I	K	G	H	I	L	A	R	I	O	U	S
F	F	O	Q	S	T	J	C	A	L	C	U	L	A	T	I	N	G	R
Y	S	T	D	A	X	U	O	P	E	U	Y	S	E	C	O	N	D	I
B	M	I	W	G	U	L	L	I	B	L	E	F	O	I	I	F	I	Q
T	H	C	K	K	X	Z	C	A	G	E	Y	Y	W	N	Q	J	P	S
M	O	H	I	D	E	O	U	S	D	C	A	T	Q	Y	L	U	L	B

CHUBBY, DRY, OUTRAGEOUS, FASCINATED,

CALCULATING, SECOND, HIDEOUS, DISGUSTED,

ADHESIVE, DRUNK, HANDSOMELY, THANKFUL, CAGEY,

FIRST, IDIOTIC, INSIDIOUS, WAITING, DISCREET, GODLY,

HILARIOUS, STRANGE, GULLIBLE, DIFFERENT, MATURE,

INNOCENT, POWERFUL, MALE

H	I	L	A	R	I	O	U	S	P	D	N	Y	Q	Q	O	P	K	T
I	B	G	F	M	R	B	J	J	G	H	L	X	O	B	B	M	J	J
M	O	Q	R	O	E	V	I	G	D	R	U	N	K	R	S	U	B	S
V	C	O	K	T	P	Y	I	A	C	B	I	M	A	L	E	X	U	N
F	R	W	E	A	C	I	D	Y	E	M	J	G	L	Y	P	W	P	Z
I	H	I	G	H	F	A	L	U	T	I	N	E	Y	T	C	G	I	N
T	S	A	D	I	B	I	D	F	R	B	T	X	I	T	P	R	N	W
L	W	V	D	O	E	H	C	O	M	M	O	N	N	V	V	O	S	A
D	D	N	I	M	P	O	W	E	R	F	U	L	G	U	G	O	I	S
I	R	T	F	D	C	A	L	C	U	L	A	T	I	N	G	V	D	P
S	Y	H	F	D	B	D	V	E	N	J	L	V	Y	G	J	Y	I	I
C	U	A	E	I	C	H	U	B	B	Y	F	K	M	L	R	D	O	R
R	F	N	R	S	H	G	B	Y	J	V	B	M	E	R	E	O	U	I
E	D	K	E	G	I	E	H	A	N	D	S	O	M	E	L	Y	S	N
E	Q	F	N	U	D	N	P	F	Y	E	L	A	S	T	I	C	I	G
T	K	U	T	S	E	E	K	I	F	A	S	C	I	N	A	T	E	D
N	Z	L	Y	T	O	R	Z	R	G	Z	A	D	H	E	S	I	V	E
B	D	T	J	E	U	A	R	S	L	X	C	S	T	R	A	N	G	E
D	O	D	Z	D	S	L	Z	T	I	X	L	K	N	O	T	T	Y	S

CHUBBY, GENERAL, STRANGE, INSIDIOUS, ADHESIVE,

COMMON, FASCINATED, POWERFUL, HANDSOMELY,

GROOVY, THANKFUL, MALE, DRUNK, MERE,

HIGHFALUTIN, DISCREET, SAD, FIRST, ASPIRING, DRY,

LYING, DISGUSTED, CALCULATING, HIDEOUS, ELASTIC,

HILARIOUS, DIFFERENT, ACID, KNOTTY

D	D	T	N	T	L	N	O	V	L	G	U	L	L	I	B	L	E	D
I	I	D	E	H	E	C	F	H	A	N	D	S	O	M	E	L	Y	R
F	S	M	B	A	P	A	F	A	S	C	I	N	A	T	E	D	H	Y
F	G	Q	U	N	R	L	B	X	U	K	C	A	G	E	Y	X	I	R
E	U	C	L	K	L	C	R	F	X	N	C	M	X	F	O	V	G	X
R	S	A	O	F	N	U	I	N	N	O	C	E	N	T	Q	Y	H	Z
E	T	I	U	U	T	L	U	W	X	T	J	Q	A	L	J	N	F	O
N	E	S	S	L	S	A	D	D	W	T	I	M	B	A	D	A	A	U
T	D	Z	S	X	N	T	R	E	V	Y	H	E	C	R	G	S	L	C
L	Y	I	N	G	S	I	U	L	F	Z	T	R	L	M	Z	P	U	I
F	B	P	P	L	Q	N	N	I	I	B	O	E	O	S	R	I	T	O
I	V	R	O	Q	V	G	K	G	R	M	A	T	U	R	E	R	I	Q
C	O	M	M	O	N	Z	A	H	S	H	E	U	D	B	H	I	N	D
P	O	W	E	R	F	U	L	T	T	U	R	F	Y	I	A	N	K	D
B	Q	G	V	W	B	H	I	F	H	M	A	L	E	U	L	G	D	W
Y	H	O	C	N	M	M	I	U	A	D	C	M	A	W	T	U	T	R
K	I	D	E	H	F	P	A	L	E	E	Q	X	G	U	I	X	A	H
E	B	L	I	N	S	I	D	I	O	U	S	J	P	G	N	X	F	S
Z	O	Y	U	Z	U	H	I	L	A	R	I	O	U	S	G	N	Z	R

FIRST, GODLY, MATURE, INSIDIOUS, KNOTTY, LYING,
FASCINATED, ASPIRING, CALCULATING, COMMON,
INNOCENT, DELIGHTFUL, MALE, HANDSOMELY,
POWERFUL, HALTING, PALE, HIGHFALUTIN, NEBULOUS,
DISGUSTED, DIFFERENT, CLOUDY, CAGEY, BAD,
THANKFUL, GULLIBLE, HILARIOUS, DRY, DRUNK, MERE

N	G	R	A	N	D	I	O	S	E	H	G	X	O	C	F	R	I	G
S	C	L	Y	S	Y	D	M	G	P	I	P	H	A	L	T	I	N	G
T	H	F	T	L	I	R	A	S	D	L	A	S	D	P	A	C	S	G
W	U	I	I	H	N	U	L	A	H	A	L	I	D	I	O	T	I	C
K	B	R	P	Z	H	N	E	D	I	R	E	K	Q	H	H	Q	D	E
S	B	S	S	W	C	K	C	O	D	I	F	Y	M	L	I	Q	I	A
T	Y	T	O	U	T	R	A	G	E	O	U	S	U	K	G	N	O	D
D	N	I	M	X	G	X	T	I	O	U	D	R	Y	Z	H	A	U	H
I	X	J	A	D	C	Q	L	F	U	S	F	E	X	O	F	S	S	E
S	L	H	T	H	A	E	L	A	S	T	I	C	J	L	A	P	D	S
C	W	A	U	Q	G	T	H	A	N	K	F	U	L	Y	L	I	M	I
R	G	E	R	O	E	P	S	N	T	P	F	A	C	I	U	R	Z	V
E	F	B	E	V	Y	Q	W	M	Q	G	G	R	P	N	T	I	F	E
E	C	L	O	U	D	Y	E	M	P	Z	C	K	Q	G	I	N	Q	E
T	Z	I	N	Q	U	I	S	I	T	I	V	E	G	A	N	G	I	B
F	T	F	T	V	H	T	C	J	A	F	P	O	W	E	R	F	U	L
V	W	K	Q	P	C	L	I	N	N	O	C	E	N	T	W	L	O	M
R	T	I	G	O	I	L	G	G	O	D	L	Y	L	U	L	E	E	M
Z	G	V	H	S	C	A	R	E	D	Q	A	L	H	W	F	N	I	M

HILARIOUS, MALE, HIGHFALUTIN, OUTRAGEOUS, GODLY, CLOUDY, THANKFUL, IDIOTIC, HIDEOUS, INQUISITIVE, HALTING, CAGEY, GRANDIOSE, DRY, ELASTIC, DISCREET, DRUNK, POWERFUL, PALE, ADHESIVE, SCARED, FIRST, INNOCENT, CHUBBY, SAD, INSIDIOUS, LYING, MATURE, ASPIRING

A	S	P	I	R	I	N	G	A	J	B	U	J	M	N	E	P	D	Q
X	U	V	W	W	G	I	Z	V	F	I	R	S	T	T	M	N	I	C
V	T	L	F	Y	K	N	C	A	L	C	U	L	A	T	I	N	G	X
D	G	Z	I	M	P	N	L	I	N	X	G	S	B	A	R	V	Z	U
M	S	V	N	K	Z	O	N	L	A	V	U	E	R	R	C	E	T	T
F	L	Q	Q	W	N	C	G	A	X	K	L	C	I	O	D	B	N	U
G	N	E	U	E	T	E	O	B	M	G	L	O	N	M	R	S	P	R
S	P	U	I	B	S	N	D	L	H	Y	I	N	S	A	U	W	M	A
A	F	G	S	V	G	T	L	E	V	T	B	D	I	T	N	O	A	E
D	Y	B	I	V	R	V	Y	B	R	Y	L	F	D	I	K	R	L	D
U	O	U	T	R	A	G	E	O	U	S	E	K	I	C	F	V	E	I
T	M	I	I	T	N	A	H	H	A	N	D	S	O	M	E	L	Y	S
N	G	Q	V	X	D	C	L	O	U	D	Y	A	U	D	M	U	B	C
K	T	H	E	M	I	R	D	L	D	R	O	Z	S	Z	T	L	I	R
M	Y	Y	Z	A	O	K	K	J	R	H	I	D	E	O	U	S	E	E
J	E	M	C	T	S	L	X	F	Y	P	O	W	E	R	F	U	L	E
K	D	U	M	U	E	G	H	I	G	H	F	A	L	U	T	I	N	T
P	X	R	W	R	L	L	D	S	V	E	T	I	D	I	O	T	I	C
L	G	H	Z	E	T	F	K	X	N	E	B	U	L	O	U	S	Q	H

CALCULATING, CLOUDY, ASPIRING, AROMATIC, MATURE,

IDIOTIC, HANDSOMELY, INSIDIOUS, GODLY, SECOND,

AVAILABLE, HIGHFALUTIN, DISCREET, OUTRAGEOUS,

GULLIBLE, MALE, HIDEOUS, SAD, INNOCENT,

INQUISITIVE, FIRST, NEBULOUS, DRY, POWERFUL,

GRANDIOSE, DRUNK

D	C	O	M	M	O	N	Z	J	G	Q	S	I	N	U	W	W	K	V
E	C	M	C	S	H	A	N	D	S	O	M	E	L	Y	P	H	A	N
L	X	F	A	S	C	I	N	A	T	E	D	Q	B	G	A	Q	R	A
I	X	H	E	C	M	S	S	T	R	A	N	G	E	N	L	C	Y	V
G	B	A	H	L	A	E	L	J	A	K	K	O	N	E	E	A	E	A
H	R	L	Z	O	L	C	Y	B	S	T	D	U	O	L	I	G	C	I
T	G	T	X	U	E	O	I	M	E	R	E	M	K	A	I	E	O	L
F	T	I	P	D	N	N	N	C	H	U	B	B	Y	S	N	Y	F	A
U	H	N	A	Y	D	D	G	C	C	O	I	M	V	T	P	M	L	B
L	A	G	Q	I	D	I	O	T	I	C	S	A	D	I	I	N	A	L
I	N	Q	U	I	S	I	T	I	V	E	A	S	W	C	K	I	R	E
Y	K	V	D	I	S	G	U	S	T	E	D	P	S	E	O	X	G	H
L	F	O	B	C	A	L	C	U	L	A	T	I	N	G	F	V	O	O
O	U	M	I	N	S	I	D	I	O	U	S	R	T	A	H	N	D	D
Y	L	O	E	P	O	W	E	R	F	U	L	I	W	T	X	M	L	E
H	S	C	A	R	E	D	H	Q	V	G	U	N	U	R	L	P	Y	J
Q	W	W	A	I	T	I	N	G	S	G	B	G	B	U	A	P	D	R
V	N	P	I	N	N	O	C	E	N	T	T	L	V	G	M	V	W	B
B	D	Z	W	M	H	D	I	S	C	R	E	E	T	G	I	H	X	G

STRANGE, DISCREET, ASPIRING, HANDSOMELY, SCARED, IDIOTIC, INSIDIOUS, FASCINATED, LYING, WAITING, PALE, AVAILABLE, MALE, INNOCENT, THANKFUL, POWERFUL, COMMON, DISGUSTED, HALTING, CLOUDY, CALCULATING, ELASTIC, SAD, DELIGHTFUL, SECOND, CHUBBY, GODLY, MERE, INQUISITIVE, CAGEY

S	S	P	K	B	C	U	F	N	F	I	R	S	T	Z	I	O	T	V
A	I	V	H	Y	P	F	W	I	A	V	A	I	L	A	B	L	E	T
D	Q	H	I	D	E	O	U	S	K	H	X	H	R	O	Q	L	H	P
E	T	H	A	N	K	F	U	L	M	D	S	U	H	K	Z	U	A	S
Y	L	D	D	I	S	G	U	S	T	E	D	Q	Q	M	B	E	J	G
C	H	L	P	L	P	J	O	E	N	H	I	L	A	R	I	O	U	S
Y	S	Z	O	U	T	R	A	G	E	O	U	S	X	U	L	N	C	I
S	X	T	T	R	K	A	D	H	E	S	I	V	E	U	E	E	A	D
S	B	T	U	Z	U	X	Y	A	S	T	R	A	N	G	E	B	G	I
N	I	C	Z	S	A	N	M	S	H	V	M	A	L	E	Y	U	E	O
E	L	A	S	T	I	C	E	P	W	Q	Y	G	N	L	E	L	Y	T
C	L	O	U	D	Y	S	R	I	M	T	G	V	Y	G	E	O	W	I
X	Y	P	G	W	B	E	E	R	D	C	H	U	B	B	Y	U	S	C
E	S	D	P	A	E	C	B	I	N	S	I	D	I	O	U	S	Z	P
S	G	Z	B	I	O	O	Q	N	Z	O	P	R	S	C	A	R	E	D
T	Y	P	M	T	N	N	G	G	D	I	S	C	R	E	E	T	D	C
S	I	Q	B	I	O	D	G	U	L	G	W	M	A	T	U	R	E	S
P	W	Y	F	N	F	N	O	Q	D	L	Y	I	N	G	H	E	Y	T
W	R	A	A	G	E	Q	D	P	R	G	U	L	L	I	B	L	E	M

OUTRAGEOUS, HIDEOUS, LYING, MERE, AVAILABLE,
CHUBBY, SCARED, INSIDIOUS, SAD, ADHESIVE, ASPIRING,
STRANGE, HILARIOUS, GULLIBLE, IDIOTIC, CLOUDY,
DISGUSTED, SECOND, DISCREET, NEBULOUS, FIRST,
THANKFUL, MATURE, CAGEY, ELASTIC, MALE, WAITING

I	R	R	H	G	H	A	N	D	S	O	M	E	L	Y	G	H	L	Q
B	I	L	I	M	G	A	O	A	B	I	C	E	J	T	G	M	S	Q
S	N	Q	G	H	T	W	G	R	A	N	D	I	O	S	E	A	B	Z
R	N	Q	H	I	D	R	U	N	K	W	B	I	F	F	Y	L	R	M
M	O	D	F	L	A	R	I	D	I	O	T	I	C	D	B	E	P	P
T	C	C	A	A	N	M	F	R	V	M	H	E	L	A	S	T	I	C
A	E	I	L	R	Z	D	Q	A	O	J	A	D	H	E	S	I	V	E
I	N	Q	U	I	S	I	T	I	V	E	N	D	V	S	T	X	C	D
C	T	F	T	O	S	S	F	K	A	B	K	Y	G	E	N	N	A	I
L	D	Y	I	U	T	G	A	L	R	C	F	M	P	C	E	W	A	S
O	T	G	N	S	R	U	S	D	O	A	U	E	A	O	B	D	C	C
U	C	O	Q	V	A	S	C	S	M	G	L	R	M	N	U	Z	H	R
D	Y	L	U	P	N	T	I	C	A	E	R	E	H	D	L	R	U	E
Y	P	Z	Q	Q	G	E	N	A	T	Y	Y	G	A	X	O	B	B	E
L	Y	I	N	G	E	D	A	R	I	L	L	U	L	Q	U	A	B	T
H	I	D	E	O	U	S	T	E	C	X	R	Z	T	G	S	E	Y	U
W	H	G	Y	U	S	Z	E	D	W	A	I	T	I	N	G	S	D	C
C	C	G	O	D	L	Y	D	V	J	G	B	F	N	F	Q	T	F	S
I	N	S	I	D	I	O	U	S	Y	P	V	N	G	H	A	Y	A	Y

IDIOTIC, FASCINATED, CAGEY, MERE, ADHESIVE, MALE, DRUNK, WAITING, HALTING, NEBULOUS, HIDEOUS, INQUISITIVE, CLOUDY, INSIDIOUS, LYING, DISCREET, SECOND, THANKFUL, SCARED, GODLY, CHUBBY, INNOCENT, STRANGE, HANDSOMELY, ELASTIC, DISGUSTED, HILARIOUS, AROMATIC, HIGHFALUTIN, GRANDIOSE

S	L	W	V	N	P	M	Z	N	E	R	R	M	N	Q	Q	S	G	T
T	S	T	R	A	N	G	E	U	C	I	S	A	E	G	Z	W	V	D
D	D	R	Y	M	W	P	X	Z	X	K	X	L	B	V	O	A	G	D
I	J	X	R	N	W	G	M	A	T	U	R	E	U	N	U	I	G	H
S	F	G	T	Q	C	P	A	L	E	M	O	J	L	Z	T	T	H	T
G	P	O	D	R	U	N	K	H	M	V	F	B	O	W	R	I	I	L
U	A	D	Q	W	T	H	A	N	K	F	U	L	U	T	A	N	L	T
S	D	L	O	V	J	G	G	W	W	V	F	U	S	I	G	G	A	S
T	H	Y	F	H	I	G	H	F	A	L	U	T	I	N	E	A	R	H
E	E	R	A	C	C	L	O	U	D	Y	A	A	O	N	O	I	I	A
D	S	Q	S	D	R	M	O	I	N	S	I	D	I	O	U	S	O	N
L	I	S	C	A	R	E	D	O	K	I	Y	D	B	C	S	H	U	D
Y	V	E	I	D	O	P	O	W	E	R	F	U	L	E	U	V	S	S
C	E	D	N	L	I	F	Q	B	R	Q	M	H	J	N	M	K	U	O
H	I	R	A	Y	C	O	F	U	F	F	I	R	S	T	O	Z	B	M
E	S	R	T	I	A	H	I	D	E	O	U	S	R	H	E	F	W	E
Q	K	I	E	N	G	A	W	G	U	L	L	I	B	L	E	M	V	L
E	N	C	D	G	E	P	X	A	V	A	I	L	A	B	L	E	B	Y
Z	H	E	D	Q	Y	E	H	G	R	A	N	D	I	O	S	E	Z	V

STRANGE, HILARIOUS, GRANDIOSE, SCARED, GULLIBLE,
HANDSOMELY, HIDEOUS, THANKFUL, AVAILABLE, DRUNK,
PALE, INNOCENT, MATURE, OUTRAGEOUS, DISGUSTED,
FASCINATED, FIRST, HIGHFALUTIN, POWERFUL,
NEBULOUS, LYING, MALE, INSIDIOUS, CAGEY, WAITING,
DRY, ADHESIVE, GODLY, CLOUDY

M	G	Y	D	L	D	A	I	X	O	D	C	A	X	J	C	D	A	B
Y	K	H	E	Y	I	F	D	P	C	I	H	R	P	E	A	P	U	Z
K	L	I	R	I	S	M	I	O	H	F	A	O	R	U	L	N	S	W
F	M	Z	A	N	C	K	O	W	U	F	N	M	D	I	C	E	L	B
A	U	O	N	G	R	N	T	E	B	E	D	A	I	G	U	B	F	F
S	N	H	G	H	E	O	I	R	B	R	S	T	S	Q	L	U	Z	F
C	T	M	E	R	E	T	C	F	Y	E	O	I	G	Y	A	L	A	R
I	H	N	D	V	T	T	Y	U	X	N	M	C	U	J	T	O	G	T
N	A	M	G	O	O	Y	W	L	X	T	E	D	S	Z	I	U	P	I
A	N	Y	C	O	M	M	O	N	H	C	L	O	T	S	N	S	G	N
T	K	G	R	A	N	D	I	O	S	E	Y	A	E	S	G	U	V	Q
E	F	P	H	I	L	A	R	I	O	U	S	I	D	E	C	Y	E	U
D	U	A	W	N	W	W	A	I	T	I	N	G	J	C	D	H	L	I
U	L	L	A	O	A	S	K	E	N	S	Z	Z	Q	O	T	Q	A	S
B	K	E	Y	Z	X	V	G	O	D	L	Y	N	Z	N	M	C	S	I
Z	A	Z	W	D	N	W	P	M	F	L	T	V	K	D	C	X	T	T
I	T	L	E	S	T	R	A	N	G	E	G	U	P	T	U	A	I	I
M	T	H	X	E	M	W	M	V	M	S	A	D	P	S	O	B	C	V
C	X	I	N	N	O	C	E	N	T	A	D	R	R	E	F	N	R	E

ELASTIC, INNOCENT, COMMON, THANKFUL, POWERFUL,
GODLY, DISGUSTED, SAD, IDIOTIC, DIFFERENT,
FASCINATED, AROMATIC, DISCREET, DERANGED,
CHUBBY, MERE, CALCULATING, INQUISITIVE, WAITING,
HANDSOMELY, KNOTTY, PALE, HILARIOUS, STRANGE,
NEBULOUS, SECOND, LYING, GRANDIOSE

B	O	U	T	R	A	G	E	O	U	S	Y	N	O	W	M	I	T	P
A	D	H	E	S	I	V	E	U	G	L	H	I	U	P	W	N	H	D
S	C	A	R	E	D	H	J	I	Y	I	I	V	Q	M	A	Q	A	E
O	I	O	Q	P	H	M	A	Z	H	I	D	M	K	G	I	U	N	W
H	O	N	G	J	K	E	A	D	E	B	E	G	Y	R	T	I	K	N
I	U	H	I	L	A	R	I	O	U	S	O	R	S	A	I	S	F	J
G	A	I	C	C	H	E	B	N	U	C	U	O	G	N	N	I	U	P
H	A	D	N	E	B	U	L	O	U	S	S	O	H	D	G	T	L	A
F	S	Z	U	I	D	I	O	T	I	C	P	V	M	I	F	I	L	L
A	D	A	S	J	W	W	E	C	A	G	E	Y	A	O	L	V	U	E
L	C	H	U	B	B	Y	D	J	S	U	S	V	F	S	D	E	M	M
U	F	I	R	S	T	Y	I	G	P	E	X	X	W	E	C	L	C	J
T	K	Z	K	D	Y	Z	F	C	I	D	I	S	G	U	S	T	E	D
I	T	P	D	L	L	K	F	B	R	U	Q	Q	S	F	W	B	G	M
N	B	M	R	Z	Q	N	E	S	I	F	N	H	A	L	T	I	N	G
T	C	E	Y	N	N	P	R	R	N	Z	O	I	D	S	K	O	G	P
N	D	I	S	C	R	E	E	T	G	Q	W	N	C	N	M	B	Q	X
Z	Y	G	N	Y	Z	S	N	F	A	S	C	I	N	A	T	E	D	V
M	Y	Y	V	M	H	L	T	C	A	L	C	U	L	A	T	I	N	G

CAGEY, HIDEOUS, GROOVY, IDIOTIC, DIFFERENT,

DISCREET, SCARED, GRANDIOSE, MERE, CALCULATING,

FIRST, ASPIRING, HIGHFALUTIN, SAD, ADHESIVE,

OUTRAGEOUS, PALE, NEBULOUS, DISGUSTED,

FASCINATED, HALTING, THANKFUL, CHUBBY, HILARIOUS,

WAITING, INQUISITIVE, DRY

D	M	L	L	A	T	R	I	F	M	I	O	J	O	C	A	G	E	Y
K	V	K	F	A	I	N	Q	U	I	S	I	T	I	V	E	P	O	X
S	I	D	S	A	D	S	R	F	I	I	G	K	X	N	B	J	J	M
J	D	P	D	Y	H	I	D	E	O	U	S	R	M	Y	V	N	S	V
H	I	R	I	J	D	R	G	D	I	S	G	U	S	T	E	D	W	P
A	O	L	F	H	I	L	A	R	I	O	U	S	P	L	L	L	I	M
S	T	M	F	M	W	L	S	E	B	T	G	U	L	L	I	B	L	E
O	I	A	E	T	D	O	Z	R	H	H	A	L	T	I	N	G	T	X
E	C	L	R	V	R	N	E	B	U	L	O	U	S	T	T	K	H	Y
U	N	E	E	H	I	G	H	F	A	L	U	T	I	N	H	X	A	Q
E	J	A	N	C	A	L	C	U	L	A	T	I	N	G	D	H	N	S
G	E	P	T	Q	Y	E	W	F	I	R	S	T	Y	R	R	V	K	E
O	D	W	N	I	W	X	A	D	H	E	S	I	V	E	U	P	F	C
D	O	A	S	P	I	R	I	N	G	C	S	G	Y	E	N	F	U	O
L	C	H	U	B	B	Y	T	Y	U	V	H	P	F	N	K	Y	L	N
Y	K	Z	Y	Q	D	R	I	I	G	T	L	Y	I	N	G	H	M	D
O	M	O	T	S	B	J	N	H	C	A	V	A	I	L	A	B	L	E
W	Q	W	Z	M	X	R	G	L	G	E	L	A	S	T	I	C	M	R
F	D	R	Y	R	E	Y	F	C	R	R	H	E	H	K	F	I	A	S

INQUISITIVE, MALE, GULLIBLE, HALTING, SECOND, DIFFERENT, ASPIRING, CAGEY, DRUNK, SAD, HIDEOUS, LYING, CHUBBY, CALCULATING, ELASTIC, GODLY, IDIOTIC, DRY, HILARIOUS, NEBULOUS, HIGHFALUTIN, FIRST, WAITING, ADHESIVE, AVAILABLE, DISGUSTED, THANKFUL

S	Q	G	A	R	R	U	L	O	U	S	S	F	H	P	U	Z	N	R
C	D	X	I	D	R	F	P	S	F	O	L	L	Y	S	A	D	A	C
Z	I	T	A	R	P	O	X	R	G	U	H	A	L	T	I	N	G	L
V	S	A	W	Y	M	T	Y	Q	C	T	Z	Q	O	M	P	A	B	N
T	G	E	O	H	L	I	W	B	V	R	N	B	R	O	K	E	N	C
G	U	E	E	F	A	S	C	I	N	A	T	E	D	M	Y	H	J	B
I	S	C	E	L	A	S	T	I	C	G	V	D	Y	A	B	I	I	L
S	T	R	A	N	G	E	J	O	C	E	E	G	N	R	A	L	D	C
K	E	Q	Y	T	G	O	D	L	Y	O	I	P	E	D	D	A	I	A
W	D	W	O	A	B	P	A	A	A	U	D	A	B	R	N	R	O	L
C	G	A	I	G	D	A	C	I	D	S	U	L	U	U	M	I	T	C
A	H	I	G	H	F	A	L	U	T	I	N	E	L	N	O	O	I	U
G	T	T	S	I	A	S	P	I	R	I	N	G	O	K	E	U	C	L
E	F	I	R	S	T	Q	D	P	K	Q	B	X	U	I	U	S	E	A
Y	O	N	F	O	B	G	R	A	N	D	I	O	S	E	R	K	O	T
F	Z	G	D	S	J	I	F	J	O	O	D	M	A	S	S	H	E	I
I	X	E	C	G	A	J	C	P	T	A	D	H	E	S	I	V	E	N
T	H	A	N	K	F	U	L	E	T	T	E	J	K	Y	I	T	P	G
H	E	E	M	R	A	M	L	L	Y	I	N	G	G	T	Q	Q	M	X

FIRST, STRANGE, ASPIRING, OUTRAGEOUS, GODLY, HIGHFALUTIN, FASCINATED, KNOTTY, CALCULATING, HILARIOUS, ADHESIVE, LYING, ACID, BAD, DISGUSTED, GARRULOUS, WAITING, THANKFUL, IDIOTIC, PALE, ELASTIC, HALTING, DRUNK, DRY, GRANDIOSE, CAGEY, SAD, BROKEN, NEBULOUS

V	K	R	U	**G**	**U**	**L**	**L**	**I**	**B**	**L**	**E**	X	Z	F	W	K	O	**S**
T	V	X	B	P	Z	P	D	E	**D**	**I**	**S**	**G**	**U**	**S**	**T**	**E**	**D**	**T**
M	T	R	**I**	**N**	**S**	**I**	**D**	**I**	**O**	**U**	**S**	B	U	W	T	**W**	K	**R**
E	F	C	Z	W	L	**D**	**R**	**U**	**N**	**K**	F	F	N	O	N	**A**	Y	**A**
R	I	F	K	Z	E	L	P	W	**C**	**H**	**U**	**B**	**B**	**Y**	F	**I**	M	**N**
E	J	**F**	**H**	**I**	**G**	**H**	**F**	**A**	**L**	**U**	**T**	**I**	**N**	M	B	**T**	K	**G**
Q	Z	**A**	**H**	**A**	**N**	**D**	**S**	**O**	**M**	**E**	**L**	**Y**	N	**I**	H	**I**	C	**E**
D	I	**S**	**I**	**N**	**Q**	**U**	**I**	**S**	**I**	**T**	**I**	**V**	**E**	**D**	Z	**N**	**L**	Y
G	Q	**C**	X	**O**	U	**G**	D	**P**	**A**	**S**	**P**	**I**	**R**	**I**	**N**	**G**	**Y**	R
E	E	**I**	Q	**U**	**E**	**O**	F	**A**	**S**	**A**	**D**	**H**	L	**O**	W	Q	**I**	L
L	I	**N**	W	**T**	**L**	**D**	B	**L**	**E**	G	W	**I**	C	**T**	B	M	**N**	Z
W	E	**A**	**C**	**R**	**A**	**L**	M	**E**	**C**	W	C	**D**	K	**I**	W	N	**G**	G
Z	F	**T**	**L**	**A**	**S**	**Y**	W	K	**O**	J	D	**E**	U	**C**	S	B	C	P
S	V	**E**	**O**	**G**	**T**	**G**	**R**	**A**	**N**	**D**	**I**	**O**	**S**	**E**	J	D	L	F
O	J	**D**	**U**	**E**	**I**	W	I	F	**D**	W	D	**U**	X	R	K	R	I	W
J	E	O	**D**	**O**	**C**	C	I	G	Z	**D**	**I**	**S**	**C**	**R**	**E**	**E**	**T**	E
K	**D**	M	**Y**	**U**	**T**	**H**	**A**	**N**	**K**	**F**	**U**	**L**	P	Y	Z	I	Z	A
V	**R**	N	U	**S**	N	S	T	H	B	**D**	**I**	**F**	**F**	**E**	**R**	**E**	**N**	**T**
V	**Y**	W	U	F	K	**H**	**I**	**L**	**A**	**R**	**I**	**O**	**U**	**S**	N	D	K	I

DRUNK, PALE, LYING, DRY, HIDEOUS, INQUISITIVE, CHUBBY, THANKFUL, FASCINATED, ELASTIC, INSIDIOUS, IDIOTIC, HIGHFALUTIN, OUTRAGEOUS, DIFFERENT, GRANDIOSE, SECOND, HILARIOUS, GODLY, HANDSOMELY, MERE, DISGUSTED, ASPIRING, WAITING, CLOUDY, SAD, GULLIBLE, STRANGE, DISCREET

M	N	B	N	C	P	M	A	T	U	R	E	Q	F	C	W	X	Y	W
C	B	S	A	D	O	L	E	Q	L	W	O	F	I	L	C	B	K	S
P	C	L	G	X	W	C	Z	B	A	O	P	X	R	O	H	O	I	T
Q	J	M	E	R	E	R	U	T	F	E	B	A	S	U	U	Q	X	R
H	W	H	J	N	R	C	A	G	E	Y	I	P	T	D	B	I	G	A
D	H	I	G	H	F	A	L	U	T	I	N	N	L	Y	B	N	C	N
I	O	P	W	Q	U	Z	A	D	H	E	S	I	V	E	Y	O	A	G
S	X	K	M	C	L	F	A	S	C	I	N	A	T	E	D	K	L	E
E	L	A	S	T	I	C	R	G	W	L	I	Z	M	B	U	P	C	D
C	K	D	L	D	K	V	A	R	O	M	A	T	I	C	W	P	U	G
O	D	I	J	X	T	R	N	I	N	S	I	D	I	O	U	S	L	V
N	I	F	Q	E	X	V	C	O	M	M	O	N	R	C	M	C	A	P
D	S	F	I	R	D	E	L	I	G	H	T	F	U	L	H	A	T	C
X	G	E	D	T	H	A	N	K	F	U	L	Y	T	B	R	R	I	X
P	U	R	I	H	A	L	T	I	N	G	U	I	X	J	C	E	N	W
J	S	E	O	K	C	Y	T	K	L	W	B	Q	B	U	I	D	G	N
Z	T	N	T	Y	D	I	A	I	G	W	M	K	R	K	M	A	L	E
B	E	T	I	U	M	N	U	P	C	O	V	Z	S	I	A	T	D	B
B	D	E	C	D	C	G	Z	G	U	L	L	I	B	L	E	A	O	L

STRANGE, HIGHFALUTIN, SCARED, THANKFUL, GULLIBLE, ELASTIC, SECOND, HALTING, DELIGHTFUL, ADHESIVE, INSIDIOUS, MALE, CALCULATING, POWERFUL, CLOUDY, FASCINATED, AROMATIC, DIFFERENT, DISGUSTED, CAGEY, CHUBBY, SAD, IDIOTIC, MERE, FIRST, COMMON, MATURE, LYING

S	Q	I	W	G	P	D	Y	X	N	V	T	E	L	A	S	T	I	C
M	U	U	E	Y	B	I	Y	U	Z	O	A	R	O	M	A	T	I	C
D	Q	H	S	J	Q	O	T	C	A	L	P	O	W	E	R	F	U	L
Z	H	I	D	E	O	U	S	J	D	X	W	I	X	L	F	T	U	A
R	D	I	S	G	U	S	T	E	D	X	M	C	N	V	A	T	T	V
M	K	U	Y	K	L	F	A	S	C	I	N	A	T	E	D	O	D	P
L	W	L	A	D	H	E	S	I	V	E	O	L	M	I	U	A	U	Z
Q	A	Y	M	O	O	L	A	N	C	W	V	C	K	A	V	M	A	Q
X	I	F	J	T	P	M	G	E	A	H	B	U	S	C	A	R	E	D
Q	T	S	A	D	D	A	U	B	G	I	D	L	T	G	E	D	I	H
A	I	C	Z	C	U	V	L	U	E	G	R	A	N	D	I	O	S	E
V	N	L	R	I	S	A	L	L	Y	H	D	T	H	M	M	T	K	D
Z	G	O	S	Z	I	I	I	O	Q	F	R	I	D	A	A	W	C	I
G	J	U	E	G	C	L	B	U	A	A	U	N	T	L	T	R	A	S
A	Y	D	C	L	H	A	L	S	Q	L	N	G	W	E	U	L	U	C
V	O	Y	O	Y	U	B	E	H	X	U	K	E	F	I	R	S	T	R
Z	A	M	N	I	B	L	W	Z	H	T	M	E	R	E	E	V	H	E
S	B	Q	D	N	B	E	P	L	D	I	F	F	E	R	E	N	T	E
Y	K	W	M	G	Y	Z	X	C	Y	N	H	A	L	T	I	N	G	T

CLOUDY, CALCULATING, LYING, ELASTIC, POWERFUL,
CAGEY, DISGUSTED, GRANDIOSE, GULLIBLE, WAITING,
SCARED, SECOND, HIGHFALUTIN, FIRST, FASCINATED,
AVAILABLE, ADHESIVE, DRUNK, AROMATIC, DISCREET,
CHUBBY, HALTING, MATURE, HIDEOUS, DIFFERENT,
MERE, MALE, SAD, NEBULOUS

O	Z	W	P	A	S	P	I	R	I	N	G	F	R	G	E	R	G	R
A	Q	A	P	S	P	O	L	Y	I	N	G	A	Q	U	E	M	G	M
R	O	I	A	T	Y	W	N	M	A	L	E	S	H	L	E	C	A	S
M	A	T	U	R	E	E	L	D	E	P	A	C	A	L	A	L	V	I
C	U	I	R	F	W	R	O	I	N	A	A	I	L	I	O	O	A	M
A	H	N	Z	E	Z	F	C	F	J	L	R	N	T	B	M	U	I	I
L	W	G	H	X	W	U	S	F	Q	E	L	A	I	L	E	D	L	S
C	I	Z	I	H	Y	L	E	E	F	G	Q	T	N	E	R	Y	A	D
U	N	W	G	I	K	Q	C	R	S	A	D	E	G	I	E	M	B	R
L	Q	O	H	L	W	V	O	E	T	P	S	D	L	R	J	B	L	U
A	U	R	F	A	X	V	N	N	I	N	N	O	C	E	N	T	E	T
T	I	A	A	R	B	Q	D	T	I	N	S	I	D	I	O	U	S	R
I	S	R	L	I	G	D	I	S	G	U	S	T	E	D	L	N	G	D
N	I	L	U	O	O	U	T	R	A	G	E	O	U	S	M	S	I	B
G	T	R	T	U	D	J	U	U	G	E	A	D	H	E	S	I	V	E
T	I	L	I	S	R	W	V	P	A	T	H	I	D	E	O	U	S	M
W	V	Z	N	P	U	K	G	R	A	N	D	I	O	S	E	W	Y	U
O	E	R	J	D	N	O	C	R	X	Z	I	D	I	O	T	I	C	C
X	I	B	D	X	K	E	N	U	E	L	A	S	T	I	C	X	E	E

WAITING, HIGHFALUTIN, DISGUSTED, GULLIBLE, DIFFERENT, HIDEOUS, AVAILABLE, OUTRAGEOUS, DRUNK, SECOND, INNOCENT, MERE, POWERFUL, HILARIOUS, CLOUDY, INSIDIOUS, GRANDIOSE, SAD, ADHESIVE, CALCULATING, HALTING, FASCINATED, IDIOTIC, MALE, MATURE, ASPIRING, INQUISITIVE, PALE, ELASTIC, LYING

W	V	H	I	L	A	R	I	O	U	S	F	D	T	R	N	O	X	T
C	L	O	U	D	Y	Y	T	D	K	R	H	I	D	T	I	U	H	F
K	N	X	I	C	G	O	D	L	Y	C	V	S	P	L	N	T	Q	A
D	N	Q	D	W	A	I	T	I	N	G	T	G	K	C	S	R	K	S
Z	O	T	I	S	E	C	O	N	D	S	D	U	S	A	I	A	C	C
I	U	L	O	M	A	L	E	N	I	R	P	S	T	G	D	G	O	I
W	M	A	T	U	R	E	U	O	O	A	V	T	R	E	I	E	M	N
U	Z	H	I	V	D	R	Y	C	H	Q	A	E	A	Y	O	O	M	A
P	K	I	C	P	A	L	E	E	K	B	J	D	N	Z	U	U	O	T
C	H	U	B	B	Y	Q	H	N	C	F	U	Z	G	V	S	S	N	E
P	T	Y	P	H	B	Z	I	T	E	U	M	B	E	S	A	D	M	D
G	H	Q	X	H	C	H	A	N	D	S	O	M	E	L	Y	L	Q	R
Q	A	N	Y	H	I	G	H	F	A	L	U	T	I	N	E	D	X	M
N	N	E	G	Z	A	S	P	I	R	I	N	G	S	P	Y	W	T	L
A	K	T	J	F	D	I	S	C	R	E	E	T	I	W	H	V	Y	X
P	F	P	F	P	R	M	N	E	B	U	L	O	U	S	D	L	U	D
P	U	P	H	F	F	L	C	U	G	R	A	N	D	I	O	S	E	T
K	L	D	G	U	L	L	I	B	L	E	S	Y	Y	K	L	K	E	O
Q	P	O	W	E	R	F	U	L	G	N	Q	Z	I	I	V	P	B	A

GODLY, CAGEY, CLOUDY, HANDSOMELY, IDIOTIC, SAD, INSIDIOUS, ASPIRING, NEBULOUS, OUTRAGEOUS, INNOCENT, HILARIOUS, POWERFUL, STRANGE, PALE, HIGHFALUTIN, SECOND, FASCINATED, CHUBBY, GRANDIOSE, MALE, WAITING, THANKFUL, DISCREET, DISGUSTED, COMMON, GULLIBLE, MATURE, DRY

L	H	L	C	A	L	C	U	L	A	T	I	N	G	D	G	J	J	G
W	F	O	P	D	G	S	G	R	A	N	D	I	O	S	E	L	Z	G
S	F	U	D	I	S	C	R	E	E	T	V	F	K	Q	W	E	P	G
B	A	T	G	T	H	A	N	K	F	U	L	J	Y	P	S	P	M	Z
W	S	R	U	R	W	S	H	I	N	E	B	U	L	O	U	S	G	A
I	C	A	L	S	T	R	A	N	G	E	D	B	Z	U	F	U	C	V
W	I	G	L	X	P	M	M	B	B	K	I	G	V	D	R	Y	U	X
G	N	E	I	N	N	O	A	C	C	A	S	P	H	F	I	D	P	H
C	A	O	B	A	U	P	L	X	T	W	G	F	I	E	N	G	O	I
L	T	U	L	P	A	L	E	G	H	A	U	I	L	H	Q	A	W	W
O	E	S	E	C	O	N	D	C	R	I	S	R	A	I	U	D	E	W
U	D	L	Y	X	H	S	R	L	X	T	T	S	R	N	I	H	R	H
D	I	N	N	O	C	E	N	T	O	I	E	T	I	S	S	E	F	A
Y	N	L	D	Y	F	T	E	G	R	N	D	A	O	I	I	S	U	L
U	E	S	C	A	R	E	D	O	L	G	G	D	U	D	T	I	L	T
X	S	C	C	M	G	W	V	D	Y	C	O	A	S	I	I	V	Q	I
J	H	I	D	E	O	U	S	L	I	L	S	A	Q	O	V	E	P	N
J	S	R	Y	R	F	Q	K	Y	N	H	T	T	Y	U	E	F	B	G
P	B	V	O	E	Q	E	Z	M	G	Z	L	L	P	S	U	A	Q	F

HILARIOUS, HIDEOUS, CALCULATING, DRY, THANKFUL,
SECOND, OUTRAGEOUS, DISCREET, GODLY, ADHESIVE,
STRANGE, CLOUDY, WAITING, SCARED, HALTING,
FASCINATED, INQUISITIVE, INSIDIOUS, GRANDIOSE,
GULLIBLE, MALE, POWERFUL, FIRST, DISGUSTED, PALE,
NEBULOUS, LYING, INNOCENT, MERE

A	V	A	I	L	A	B	L	E	C	D	D	E	A	T	G	B	J	P
Z	O	T	P	D	H	S	O	W	H	A	W	P	F	I	R	S	T	P
L	R	L	S	C	A	R	E	D	U	D	O	X	F	J	W	Q	C	D
G	A	G	Z	E	W	H	U	U	B	W	A	I	T	I	N	G	A	T
R	Y	H	G	R	O	O	V	Y	B	E	C	D	M	V	V	D	G	L
A	D	I	S	C	R	E	E	T	Y	T	A	D	A	R	V	I	E	U
N	U	I	N	S	I	D	I	O	U	S	L	M	C	J	C	F	Y	K
D	C	H	I	L	A	R	I	O	U	S	C	A	K	F	H	F	Q	E
I	E	I	J	A	C	K	V	I	A	S	U	T	O	E	I	E	I	H
O	A	G	V	S	W	Z	R	N	Y	T	L	U	U	I	D	R	K	A
S	R	H	G	P	E	S	B	N	R	R	A	R	T	Z	E	E	A	N
E	O	F	H	I	D	A	J	O	S	A	T	E	R	B	O	N	A	D
X	M	A	A	R	G	D	Q	C	R	N	I	U	A	I	U	T	T	S
B	A	L	L	I	K	J	J	E	R	G	N	E	G	P	S	N	C	O
C	T	U	T	N	N	J	W	N	G	E	G	U	E	N	I	X	L	M
G	I	T	I	G	O	C	P	T	C	B	T	C	O	M	M	O	N	E
V	C	I	N	A	T	I	A	G	R	Y	A	U	U	X	H	M	V	L
M	T	N	G	J	T	C	L	R	A	J	Q	L	S	I	U	N	N	Y
T	D	U	M	V	Y	H	E	N	L	D	R	Y	W	J	P	K	Z	K

MATURE, CALCULATING, OUTRAGEOUS, SCARED, HANDSOMELY, HALTING, DISCREET, INSIDIOUS, HIGHFALUTIN, INNOCENT, ASPIRING, SAD, CHUBBY, GROOVY, CAGEY, KNOTTY, FIRST, DRY, AVAILABLE, WAITING, DIFFERENT, AROMATIC, HILARIOUS, COMMON, PALE, STRANGE, HIDEOUS, GRANDIOSE

C	U	U	P	Y	D	T	I	D	I	S	G	U	S	T	E	D	E	O
A	R	A	D	H	E	S	I	V	E	D	N	L	A	R	O	B	O	X
S	C	M	I	C	L	K	R	Z	P	W	F	I	R	S	T	G	P	I
P	A	Y	F	A	O	S	I	I	D	I	O	T	I	C	V	F	O	Z
I	G	O	F	L	F	F	A	K	U	O	M	E	R	E	E	P	W	S
R	E	U	E	C	V	P	K	O	F	A	S	C	I	N	A	T	E	D
I	Y	T	R	U	K	S	M	M	B	O	I	V	M	A	T	U	R	E
N	G	R	E	L	N	C	O	M	M	O	N	N	V	T	H	W	F	C
G	W	A	N	A	O	D	R	U	N	K	N	K	R	K	M	I	U	H
P	I	G	T	T	T	X	O	F	P	T	O	N	B	A	D	X	L	U
K	T	E	W	I	T	L	E	U	P	S	C	H	V	P	A	L	E	B
U	J	O	M	N	Y	D	R	I	X	G	E	C	L	O	U	D	Y	B
Q	B	U	A	G	G	R	O	O	V	Y	N	V	A	F	T	T	Z	Y
E	I	S	S	E	C	O	N	D	M	X	T	X	P	T	C	C	E	J
M	W	P	T	Z	C	G	N	J	D	E	L	I	G	H	T	F	U	L
V	G	Q	F	Z	Z	I	N	S	I	D	I	O	U	S	J	R	M	H
D	G	R	A	N	D	I	O	S	E	U	K	W	V	B	M	Z	H	K
V	F	N	B	F	E	Y	D	I	S	C	R	E	E	T	G	I	P	G
K	W	O	H	A	M	F	S	U	D	H	I	L	A	R	I	O	U	S

SECOND, DIFFERENT, KNOTTY, HILARIOUS, CHUBBY, DELIGHTFUL, INSIDIOUS, FASCINATED, GRANDIOSE, BAD, DISCREET, PALE, INNOCENT, MATURE, ASPIRING, IDIOTIC, OUTRAGEOUS, POWERFUL, CALCULATING, ADHESIVE, COMMON, FIRST, MERE, DISGUSTED, CAGEY, CLOUDY, GROOVY, DRUNK

F	K	K	S	S	C	L	O	U	D	Y	T	S	C	O	I	X	J	R
F	T	F	G	M	Z	K	H	K	V	C	R	H	C	C	R	J	S	Z
G	H	P	O	V	O	R	M	E	R	E	L	I	D	I	P	C	I	X
G	A	O	D	Y	M	W	B	D	L	I	Y	G	Y	I	F	P	N	S
R	N	W	L	R	D	R	U	N	K	G	K	H	V	Q	B	C	N	S
A	K	E	Y	K	L	Y	I	N	G	O	S	F	H	F	C	T	O	I
N	F	R	S	D	I	S	C	R	E	E	T	A	A	Q	A	O	C	N
D	U	F	M	J	X	M	R	G	I	E	F	L	N	C	G	U	E	S
I	L	U	M	F	X	Z	B	S	D	O	I	U	D	A	E	T	N	I
O	E	L	M	A	T	U	R	E	I	I	R	T	S	L	Y	R	T	D
S	H	P	A	L	E	T	D	Z	O	A	S	I	O	C	P	A	Q	I
E	Y	W	A	I	T	I	N	G	T	S	T	N	M	U	Q	G	G	O
D	I	F	F	E	R	E	N	T	I	P	D	P	E	L	Z	E	M	U
E	L	A	S	T	I	C	L	M	C	I	R	R	L	A	D	O	O	S
R	D	P	V	R	F	G	Z	A	H	R	I	J	Y	T	K	U	S	I
K	F	T	B	G	B	G	U	L	L	I	B	L	E	I	Y	S	D	G
C	H	U	B	B	Y	Q	U	E	W	N	M	Z	U	N	K	E	K	G
N	E	B	U	L	O	U	S	T	O	G	E	J	P	G	G	P	K	X
L	C	J	S	Q	N	L	Y	H	I	L	A	R	I	O	U	S	T	P

THANKFUL, OUTRAGEOUS, MALE, ELASTIC, GRANDIOSE,
CLOUDY, DRUNK, POWERFUL, HIGHFALUTIN, WAITING,
GULLIBLE, DISCREET, IDIOTIC, ASPIRING, MERE,
INNOCENT, CALCULATING, NEBULOUS, HILARIOUS,
GODLY, CAGEY, CHUBBY, PALE, DIFFERENT, INSIDIOUS,
LYING, FIRST, MATURE, HANDSOMELY

F	X	S	I	N	Q	U	I	S	I	T	I	V	E	Y	W	B	Q	W
R	T	C	F	G	O	D	L	Y	M	M	Q	D	J	D	R	U	R	K
Q	G	A	T	F	K	J	Y	D	Q	A	W	R	M	E	R	E	W	B
V	M	R	B	C	E	H	F	K	C	T	C	Y	L	I	N	Z	J	W
B	J	E	H	J	R	C	A	L	C	U	L	A	T	I	N	G	S	U
O	J	D	J	R	X	K	S	N	X	R	I	D	I	O	T	I	C	O
G	A	Z	C	N	K	K	C	E	K	E	M	C	O	M	M	O	N	U
U	S	X	P	G	Y	N	I	B	H	I	L	A	R	I	O	U	S	T
M	P	O	I	R	L	O	N	U	D	M	A	L	E	S	Z	Z	N	R
Z	I	Z	J	A	Y	T	A	L	R	N	A	H	S	J	V	U	H	A
E	R	O	A	N	I	T	T	O	U	R	C	W	A	I	T	I	N	G
L	I	G	V	D	N	Y	E	U	N	T	I	L	G	J	D	E	V	E
A	N	T	A	I	G	Y	D	S	K	E	D	X	J	D	E	C	Q	O
S	G	C	I	O	T	H	A	N	D	S	O	M	E	L	Y	B	S	U
T	A	D	L	S	M	M	M	D	I	S	C	R	E	E	T	O	A	S
I	K	N	A	E	T	H	A	N	K	F	U	L	W	K	R	U	D	G
C	D	E	B	Q	E	A	E	Y	N	G	I	L	W	R	B	V	P	V
V	U	T	L	G	L	X	M	F	P	F	G	U	L	L	I	B	L	E
F	A	F	E	C	L	E	J	U	J	A	N	N	W	V	R	H	L	J

DRY, HANDSOMELY, AVAILABLE, THANKFUL, ACID, WAITING, MATURE, SCARED, NEBULOUS, HILARIOUS, FASCINATED, ELASTIC, GRANDIOSE, GULLIBLE, MERE, MALE, IDIOTIC, LYING, CALCULATING, ASPIRING, OUTRAGEOUS, KNOTTY, DISCREET, GODLY, INQUISITIVE, DRUNK, COMMON, SAD

A	H	I	G	H	F	A	L	U	T	I	N	Q	L	G	L	V	O	K
V	W	R	D	R	Y	A	N	D	G	W	D	E	W	S	S	M	L	M
A	C	U	G	W	J	Y	D	I	R	K	K	W	A	I	T	I	N	G
I	B	B	B	L	B	Y	J	S	A	A	W	C	L	O	U	D	Y	S
L	S	T	R	A	N	G	E	C	N	P	J	T	H	H	K	Z	D	N
A	R	O	M	A	T	I	C	R	D	B	M	V	I	A	G	M	I	I
B	D	R	U	N	K	N	X	E	I	P	O	B	D	L	U	F	F	J
L	I	D	I	O	T	I	C	E	O	K	Y	M	E	T	H	I	F	H
E	H	G	R	O	O	V	Y	T	S	A	W	A	O	I	E	R	E	E
D	F	A	S	C	I	N	A	T	E	D	J	L	U	N	B	S	R	Y
I	N	N	O	C	E	N	T	S	I	Y	O	E	S	G	R	T	E	L
H	A	M	L	B	H	A	Z	C	A	L	C	U	L	A	T	I	N	G
A	S	E	Y	K	V	T	B	C	O	M	M	O	N	K	M	K	T	Z
P	P	R	I	A	E	H	A	N	D	S	O	M	E	L	Y	I	P	D
C	I	E	N	H	P	S	Y	H	T	H	A	N	K	F	U	L	V	P
Z	R	J	G	Y	P	H	Y	S	E	C	O	N	D	Y	N	D	M	U
E	I	D	E	L	I	G	H	T	F	U	L	C	M	D	M	Z	O	X
L	N	E	H	G	B	D	I	S	G	U	S	T	E	D	I	O	H	H
P	G	H	I	L	A	R	I	O	U	S	C	M	H	R	J	W	I	H

SECOND, CLOUDY, HANDSOMELY, HIGHFALUTIN, WAITING, STRANGE, HALTING, GRANDIOSE, FASCINATED, CALCULATING, HIDEOUS, MALE, THANKFUL, DRUNK, DELIGHTFUL, DISCREET, HILARIOUS, INNOCENT, ASPIRING, AROMATIC, DIFFERENT, LYING, AVAILABLE, COMMON, MERE, DRY, FIRST, IDIOTIC, DISGUSTED, GROOVY

R	T	H	S	W	Q	A	D	J	X	S	E	C	O	N	D	J	D	D
G	S	Q	G	H	T	Y	R	P	O	W	E	R	F	U	L	C	D	O
K	I	D	R	G	D	N	U	H	I	L	A	R	I	O	U	S	L	S
T	D	W	A	R	R	D	N	E	A	E	S	T	Y	V	U	W	M	I
V	I	A	N	Z	Y	C	K	P	R	H	E	L	A	S	T	I	C	N
N	O	I	D	A	Z	L	U	W	D	I	F	F	E	R	E	N	T	S
Z	T	T	I	Z	J	O	A	V	Z	D	R	Q	S	B	C	D	I	I
H	I	I	O	I	L	U	J	H	R	E	C	Y	T	D	A	I	N	D
B	C	N	S	E	P	D	Y	L	A	O	O	Y	R	Q	G	S	Q	I
W	G	G	E	I	U	Y	V	Y	D	U	M	F	A	S	E	C	U	O
T	H	A	N	K	F	U	L	I	H	S	M	A	N	P	Y	R	I	U
G	U	L	L	I	B	L	E	N	E	U	O	S	G	X	K	E	S	S
N	E	B	U	L	O	U	S	G	S	W	N	C	E	M	E	E	I	R
H	W	I	C	H	U	B	B	Y	I	X	I	I	K	N	V	T	T	S
Z	A	R	O	M	A	T	I	C	V	Y	V	N	O	R	R	O	I	X
B	D	H	A	N	D	S	O	M	E	L	Y	A	F	H	W	S	V	M
J	I	D	I	S	G	U	S	T	E	D	I	T	G	T	V	E	E	J
H	G	V	P	I	N	N	O	C	E	N	T	E	K	L	R	D	F	G
S	C	A	L	C	U	L	A	T	I	N	G	D	B	Y	V	G	S	W

FASCINATED, INSIDIOUS, HIDEOUS, CHUBBY, LYING, STRANGE, DRY, DIFFERENT, IDIOTIC, ELASTIC, GULLIBLE, CLOUDY, AROMATIC, DRUNK, THANKFUL, ADHESIVE, HANDSOMELY, NEBULOUS, DISCREET, COMMON, POWERFUL, INQUISITIVE, WAITING, INNOCENT, DISGUSTED, CAGEY, HILARIOUS, SECOND, CALCULATING, GRANDIOSE

P	M	P	S	A	N	P	F	Q	C	Q	T	G	A	D	K	I	U	D
U	A	A	A	B	A	S	G	T	A	S	K	G	L	F	V	X	P	N
U	E	L	D	R	V	H	R	X	L	X	S	G	O	I	P	X	T	L
S	R	E	B	N	A	I	V	D	C	M	S	C	A	R	E	D	O	W
E	V	P	M	M	I	L	Q	R	U	O	F	A	S	S	O	A	U	N
C	T	B	V	A	L	A	Y	U	L	S	I	D	P	T	U	P	H	W
O	J	C	M	L	A	R	S	N	A	N	N	H	I	T	T	I	V	S
N	L	M	A	E	B	I	T	K	T	E	N	E	R	G	R	N	T	Q
D	S	R	V	N	L	O	R	R	I	B	O	S	I	C	A	S	H	Q
A	R	P	N	R	E	U	A	C	N	U	C	I	N	F	G	I	A	M
D	G	O	D	L	Y	S	N	E	G	L	E	V	G	C	E	D	N	A
I	G	C	A	G	E	Y	G	J	L	O	N	E	J	X	O	I	K	T
F	U	P	B	Y	L	Y	E	M	J	U	T	Z	J	A	U	O	F	U
Z	L	F	G	R	B	M	T	S	F	S	T	I	K	B	S	U	U	R
H	L	Q	W	H	A	N	D	S	O	M	E	L	Y	Q	R	S	L	E
Y	I	W	V	X	B	H	G	P	O	W	E	R	F	U	L	V	Z	R
O	B	D	I	S	G	U	S	T	E	D	N	L	G	V	E	D	W	Q
J	L	E	S	V	N	Q	F	B	Z	W	A	Z	I	G	P	O	O	F
F	E	Z	W	Y	F	S	K	F	Q	A	O	M	G	G	Q	S	I	T

POWERFUL, NEBULOUS, FIRST, MATURE, HANDSOMELY,
OUTRAGEOUS, AVAILABLE, ASPIRING, CALCULATING,
HILARIOUS, SECOND, SCARED, PALE, STRANGE, DRUNK,
THANKFUL, SAD, INSIDIOUS, ADHESIVE, MALE, GULLIBLE,
CAGEY, INNOCENT, GODLY, DISGUSTED

W	U	E	I	S	H	D	I	F	F	E	R	E	N	T	F	W	O	X
G	Z	O	R	Z	O	X	V	H	O	U	T	R	A	G	E	O	U	S
I	N	Q	U	I	S	I	T	I	V	E	X	O	S	Z	G	C	P	K
G	B	Y	C	A	L	C	U	L	A	T	I	N	G	B	B	A	D	I
Z	A	Z	R	T	M	A	C	Q	N	C	G	O	D	L	Y	S	I	W
Z	F	A	S	C	I	N	A	T	E	D	V	X	W	C	E	U	S	V
H	I	G	H	F	A	L	U	T	I	N	Y	C	X	L	F	V	C	X
C	A	V	A	I	L	A	B	L	E	T	P	M	J	O	W	T	R	Z
A	D	H	E	S	I	V	E	Y	M	P	O	E	K	U	S	F	E	U
H	A	L	T	I	N	G	U	I	P	A	E	R	J	D	A	H	E	D
N	U	W	K	T	B	D	D	N	A	L	D	E	O	Y	D	I	T	Y
I	R	A	O	H	R	I	R	G	E	E	M	V	R	M	A	L	E	H
N	M	I	N	A	I	S	Y	L	F	I	R	S	T	J	E	A	V	R
N	D	T	L	N	D	G	N	E	B	U	L	O	U	S	M	R	R	V
O	V	I	X	K	F	U	Y	L	C	M	D	R	U	N	K	I	Y	K
C	N	N	F	F	B	S	A	S	P	I	R	I	N	G	G	O	Q	P
E	H	G	U	U	Q	T	S	G	H	I	D	E	O	U	S	U	D	H
N	P	B	N	L	C	E	G	U	L	L	I	B	L	E	J	S	L	C
T	I	H	P	J	A	D	W	R	P	O	W	E	R	F	U	L	A	I

INQUISITIVE, GULLIBLE, CALCULATING, NEBULOUS, LYING, HALTING, THANKFUL, MERE, HIGHFALUTIN, DISGUSTED, GODLY, HIDEOUS, FASCINATED, PALE, ASPIRING, DIFFERENT, DRY, INNOCENT, POWERFUL, MALE, OUTRAGEOUS, WAITING, AVAILABLE, SAD, ADHESIVE, CLOUDY, DRUNK, DISCREET, HILARIOUS, FIRST

G	R	I	**M**	**M**	C	T	**A**	**S**	**P**	**I**	**R**	**I**	**N**	**G**	W	Y	X	F
S	D	V	**A**	**A**	**P**	**G**	C	Q	C	**C**	**O**	**M**	**M**	**O**	**N**	O	K	W
E	F	E	**L**	**T**	**A**	**E**	**W**	**A**	**I**	**T**	**I**	**N**	**G**	H	G	Q	B	Q
C	E	G	**E**	**U**	**L**	**N**	W	B	F	C	H	B	R	Q	I	X	J	T
D	**I**	**S**	**C**	**R**	**E**	**E**	**T**	E	S	B	O	L	W	O	B	O	Q	**F**
L	K	M	K	**E**	R	**R**	**E**	C	C	F	**S**	**A**	**D**	R	R	T	G	**A**
Y	O	L	Q	R	B	**A**	**L**	P	N	N	P	**H**	**C**	T	Z	I	G	**S**
B	E	L	M	Y	V	**L**	**A**	**C**	**A**	**V**	**A**	**I**	**L**	**A**	**B**	**L**	**E**	**C**
N	**K**	L	Y	O	J	W	**S**	**A**	J	S	I	**D**	**O**	K	X	C	J	**I**
E	**N**	**D**	**R**	**U**	**N**	**K**	**T**	**G**	F	A	O	**E**	**U**	**D**	Y	V	L	**N**
B	**O**	**I**	E	T	B	N	**I**	**E**	H	X	D	**O**	**D**	**I**	X	**H**	**G**	**A**
U	**T**	**N**	G	J	F	L	**C**	**Y**	Q	Z	P	**U**	**Y**	**S**	**G**	**I**	**R**	**T**
L	**T**	**N**	M	T	O	C	W	B	C	P	E	**S**	H	**G**	**U**	**L**	**A**	**E**
O	**Y**	**O**	**H**	**I**	**G**	**H**	**F**	**A**	**L**	**U**	**T**	**I**	**N**	**U**	**L**	**A**	**N**	**D**
U	U	**C**	K	**S**	**T**	**R**	**A**	**N**	**G**	**E**	U	O	O	**S**	**L**	**R**	**D**	N
S	J	**E**	Y	**H**	**A**	**N**	**D**	**S**	**O**	**M**	**E**	**L**	**Y**	**T**	**I**	**I**	**I**	O
P	S	**N**	**C**	**A**	**L**	**C**	**U**	**L**	**A**	**T**	**I**	**N**	**G**	**E**	**B**	**O**	**O**	G
M	G	**T**	H	J	**A**	**R**	**O**	**M**	**A**	**T**	**I**	**C**	B	**D**	**L**	**U**	**S**	Q
M	Y	L	**H**	**A**	**L**	**T**	**I**	**N**	**G**	W	T	W	M	B	**E**	**S**	**E**	V

CAGEY, DRUNK, SAD, AVAILABLE, FASCINATED,
INNOCENT, HIGHFALUTIN, GRANDIOSE, COMMON,
GULLIBLE, KNOTTY, DISGUSTED, CALCULATING, MALE,
HIDEOUS, HANDSOMELY, GENERAL, DISCREET, MATURE,
PALE, HALTING, ELASTIC, WAITING, HILARIOUS,
NEBULOUS, ASPIRING, CLOUDY, AROMATIC, STRANGE

U	Q	H	G	C	H	B	Q	O	U	T	R	A	G	E	O	U	S	G
W	C	A	H	A	A	N	B	G	U	L	V	G	P	O	R	G	W	U
I	M	L	J	L	N	Z	I	C	T	H	A	N	K	F	U	L	H	Z
J	C	T	O	C	D	N	N	V	W	W	H	I	D	E	O	U	S	D
D	C	I	L	U	S	P	Q	N	H	I	L	A	R	I	O	U	S	A
L	O	N	E	L	O	G	U	L	L	I	B	L	E	B	D	I	J	D
P	M	G	Q	A	M	F	I	B	X	W	U	P	R	C	Y	N	E	I
C	M	Y	O	T	E	L	S	S	N	Y	Q	A	J	L	U	N	E	S
J	O	Q	Q	I	L	A	I	D	I	O	T	I	C	O	Z	O	O	C
D	N	X	G	N	Y	C	T	N	E	B	U	L	O	U	S	C	W	R
I	G	K	F	G	X	U	I	V	S	E	C	O	N	D	I	E	F	E
F	N	C	A	G	E	Y	V	G	I	S	C	X	A	Y	D	N	I	E
F	B	M	B	P	D	S	E	H	V	T	L	D	R	Z	E	T	R	T
E	J	A	M	J	P	C	C	H	U	B	B	Y	O	Y	L	S	S	B
R	T	O	A	Z	H	A	F	L	Y	I	N	G	M	Z	A	C	T	J
E	Y	P	T	Q	B	R	M	A	L	E	P	D	A	Q	S	E	N	Q
N	C	H	U	H	Q	E	X	M	K	M	N	R	T	W	T	C	F	E
T	G	B	R	N	G	D	C	F	E	L	M	Y	I	W	I	B	K	D
W	K	L	E	G	R	A	N	D	I	O	S	E	C	O	C	K	B	S

CALCULATING, THANKFUL, FIRST, CHUBBY, MATURE,
COMMON, NEBULOUS, GRANDIOSE, HANDSOMELY,
INNOCENT, GULLIBLE, ELASTIC, INQUISITIVE, SECOND,
CAGEY, DIFFERENT, CLOUDY, SCARED, DISCREET,
AROMATIC, HIDEOUS, HALTING, MALE, HILARIOUS, DRY,
LYING, IDIOTIC, OUTRAGEOUS

T	I	G	D	N	F	D	I	S	G	U	S	T	E	D	N	Z	B	F
A	W	Q	H	H	Q	W	S	U	D	C	X	Y	Q	N	T	X	A	D
M	E	R	E	Y	F	T	C	X	R	L	D	Q	D	W	Q	D	S	I
K	A	G	E	C	B	H	A	J	U	O	C	P	A	L	E	R	P	S
K	I	U	H	E	F	A	R	H	N	U	Y	E	S	A	D	Y	I	C
N	N	L	I	L	C	N	E	G	K	D	C	O	M	M	O	N	R	R
C	S	L	L	A	A	K	D	R	K	Y	Q	N	L	P	O	N	I	E
M	I	I	A	S	L	F	F	A	S	C	I	N	A	T	E	D	N	E
A	D	B	R	T	C	U	Y	N	H	W	R	R	O	D	O	Y	G	T
T	I	L	I	I	U	L	L	D	L	M	I	M	Q	Q	I	Q	A	F
U	O	E	O	C	L	W	Z	I	N	Q	U	I	S	I	T	I	V	E
R	U	L	U	S	A	U	U	O	X	U	L	C	C	A	G	E	Y	G
E	S	O	S	T	T	E	T	S	H	A	N	D	S	O	M	E	L	Y
H	H	A	L	T	I	N	G	E	N	I	L	F	S	A	S	B	M	V
S	U	U	F	W	N	P	O	W	E	R	F	U	L	B	L	I	J	A
A	L	P	L	Y	G	O	U	T	R	A	G	E	O	U	S	J	D	J
A	N	Y	V	L	Y	I	N	G	G	T	J	E	R	C	D	M	U	D
K	Z	O	X	J	W	I	E	X	T	J	O	G	O	D	L	Y	S	R
M	L	T	D	I	F	F	E	R	E	N	T	A	L	E	O	V	H	N

HALTING, POWERFUL, DRUNK, DISGUSTED, MATURE,
COMMON, CAGEY, GODLY, LYING, INQUISITIVE,
THANKFUL, HILARIOUS, ASPIRING, FASCINATED, DRY,
GRANDIOSE, CLOUDY, ELASTIC, DIFFERENT,
CALCULATING, HANDSOMELY, PALE, MERE, DISCREET,
GULLIBLE, SCARED, OUTRAGEOUS, INSIDIOUS, SAD

H	F	C	K	T	L	W	B	W	A	I	T	I	N	G	L	B	B	C
H	D	T	C	G	Z	F	E	U	I	T	D	U	G	O	D	L	Y	W
H	R	Y	E	S	Y	A	P	X	N	G	I	I	T	O	I	Y	X	Q
X	U	A	M	Y	X	S	H	B	S	R	F	N	C	Y	N	I	I	E
D	N	Z	I	H	K	C	A	L	I	A	F	N	Y	Y	Q	N	G	E
B	K	H	A	L	T	I	N	G	D	N	E	O	D	H	U	G	F	X
C	L	O	U	D	Y	N	D	H	I	D	R	C	H	N	I	N	I	U
E	H	B	I	V	B	A	S	G	O	I	E	E	I	M	S	Q	R	X
E	L	I	D	R	Y	T	O	B	U	O	N	N	L	A	I	K	S	R
S	T	R	A	N	G	E	M	A	S	S	T	T	A	L	T	W	T	D
Z	W	P	G	S	P	D	E	S	Q	E	Q	B	R	E	I	S	U	I
T	A	O	M	E	C	P	L	P	V	X	I	Z	I	T	V	C	E	S
M	A	W	C	C	F	Z	Y	I	W	W	T	G	O	A	E	M	X	G
A	A	E	L	O	O	U	T	R	A	G	E	O	U	S	F	X	I	U
T	Q	R	K	N	R	I	V	I	I	E	L	A	S	T	I	C	A	S
U	G	F	C	D	Q	U	U	N	A	V	A	I	L	A	B	L	E	T
R	A	U	D	B	G	S	F	G	H	I	D	E	O	U	S	L	R	E
E	I	L	S	A	D	O	Z	I	G	O	R	T	Y	I	Y	K	N	D
S	W	V	E	T	H	A	N	K	F	U	L	Z	J	S	H	U	B	I

HIDEOUS, DRY, DIFFERENT, DISGUSTED, FASCINATED,
WAITING, SAD, MALE, ASPIRING, AVAILABLE, CLOUDY,
OUTRAGEOUS, LYING, STRANGE, HILARIOUS, DRUNK,
INQUISITIVE, SECOND, THANKFUL, MATURE, INSIDIOUS,
GRANDIOSE, ELASTIC, HALTING, INNOCENT,
HANDSOMELY, FIRST, GODLY, POWERFUL

G	V	W	I	Z	A	O	P	O	W	E	R	F	U	L	F	I	A	Y
E	G	O	N	G	V	K	D	I	F	F	E	R	E	N	T	N	C	M
D	U	Z	N	R	A	L	N	T	Z	H	I	D	E	O	U	S	T	R
I	L	M	O	A	I	Y	E	H	S	T	R	A	N	G	E	I	D	S
S	L	A	C	N	L	I	B	A	D	U	X	S	Q	I	R	D	I	R
C	I	T	E	D	A	N	U	N	R	S	I	H	H	N	E	I	S	A
R	B	U	N	I	B	G	L	K	Y	E	N	R	C	Q	I	O	G	D
E	L	R	T	O	L	K	O	F	K	C	L	C	H	U	B	U	U	B
E	E	E	I	S	E	R	U	U	X	O	U	L	U	I	U	S	S	U
T	M	A	L	E	O	N	S	L	Q	N	P	O	B	S	K	F	T	Z
H	A	N	D	S	O	M	E	L	Y	D	H	U	B	I	Y	K	E	R
M	H	A	L	T	I	N	G	M	B	I	X	D	Y	T	W	C	D	C
O	U	T	R	A	G	E	O	U	S	B	P	Y	G	I	N	N	B	J
H	I	G	H	F	A	L	U	T	I	N	V	A	A	V	N	K	A	N
Y	G	M	I	O	M	F	A	S	C	I	N	A	T	E	D	K	H	B
S	J	W	E	N	U	Z	K	S	A	D	J	I	X	U	A	K	V	H
M	R	B	N	T	T	N	Q	D	H	I	L	A	R	I	O	U	S	E
I	X	A	B	W	A	I	T	I	N	G	O	V	M	W	Q	Q	O	Q
A	K	R	C	A	L	C	U	L	A	T	I	N	G	W	C	D	Z	I

LYING, HILARIOUS, CALCULATING, SAD, FASCINATED,
MATURE, AVAILABLE, CHUBBY, HALTING, SECOND,
WAITING, NEBULOUS, THANKFUL, INSIDIOUS,
POWERFUL, DISGUSTED, DIFFERENT, OUTRAGEOUS,
STRANGE, GULLIBLE, CLOUDY, INQUISITIVE,
HIGHFALUTIN, HIDEOUS, GRANDIOSE, HANDSOMELY,
DISCREET, MALE, INNOCENT, DRY

M	H	I	D	E	O	U	S	W	H	Y	W	H	G	B	U	H	L	O
A	A	H	T	K	M	K	D	L	A	D	H	E	S	I	V	E	O	W
T	Z	W	H	G	O	D	L	Y	U	G	U	R	L	X	F	E	V	H
U	C	A	A	D	I	F	F	E	R	E	N	T	E	V	Z	L	D	P
R	O	I	N	P	K	B	L	Y	I	N	G	Z	Z	C	B	V	I	U
E	F	T	K	T	A	T	J	S	T	R	A	N	G	E	J	V	S	B
I	A	I	F	C	X	T	O	E	L	A	S	T	I	C	D	I	C	N
D	S	N	U	Y	U	N	Y	S	S	P	A	L	E	X	T	L	R	H
L	C	G	L	Z	S	Y	E	A	C	L	C	H	C	N	L	I	E	I
F	I	R	S	T	Q	K	V	D	A	V	C	V	A	Q	K	W	E	L
D	N	P	O	A	H	Q	V	X	R	G	H	G	L	S	I	A	T	A
Z	A	G	U	L	L	I	B	L	E	F	U	R	C	H	N	V	W	R
T	T	Y	K	U	S	V	M	U	D	L	B	A	U	A	N	A	B	I
Q	E	L	X	S	W	E	E	S	G	H	B	N	L	L	O	I	N	O
E	D	U	P	O	W	E	R	F	U	L	Y	D	A	T	C	L	Y	U
I	D	I	O	T	I	C	E	B	M	J	P	I	T	I	E	A	R	S
K	M	K	D	R	U	N	K	X	O	S	M	O	I	N	N	B	O	Q
O	K	I	O	W	P	B	T	M	A	L	E	S	N	G	T	L	D	V
P	E	A	S	P	I	R	I	N	G	S	J	E	G	K	Y	E	H	P

HILARIOUS, GULLIBLE, ELASTIC, FIRST, HIDEOUS,

GRANDIOSE, WAITING, HALTING, STRANGE, THANKFUL,

DRUNK, ASPIRING, DISCREET, POWERFUL, DIFFERENT,

CALCULATING, ADHESIVE, INNOCENT, FASCINATED,

MERE, MALE, LYING, AVAILABLE, IDIOTIC, GODLY,

CHUBBY, SAD, MATURE, SCARED, PALE

G	O	N	X	P	N	X	A	Y	N	D	H	N	U	C	A	G	E	Y
H	C	L	O	U	D	Y	V	Y	E	J	D	P	X	D	L	L	M	U
A	K	P	Y	F	S	S	A	H	B	H	I	L	A	R	I	O	U	S
N	G	K	A	A	D	M	I	I	U	P	O	W	E	R	F	U	L	B
D	U	R	D	R	Y	E	L	G	L	I	N	N	O	C	E	N	T	X
S	L	E	H	O	Z	R	A	H	O	G	R	A	N	D	I	O	S	E
O	L	L	E	M	B	E	B	F	U	R	G	B	K	K	B	Z	Y	P
M	I	A	S	A	N	M	L	A	S	F	C	G	M	A	T	U	R	E
E	B	S	I	T	F	T	E	L	D	I	F	F	E	R	E	N	T	Q
L	L	T	V	I	Q	G	W	U	K	N	T	Z	H	O	D	R	Y	C
Y	E	I	E	C	N	G	E	T	Y	L	C	D	R	U	M	Z	W	Q
W	Z	C	H	U	B	B	Y	I	I	O	H	D	N	T	C	C	J	T
O	K	Q	J	E	D	R	A	N	G	L	A	M	M	R	O	K	I	H
W	P	X	S	X	N	F	I	R	S	T	L	E	Z	A	M	L	D	A
Q	L	Z	D	T	D	I	S	G	U	S	T	E	D	G	M	E	I	N
A	D	D	I	S	C	R	E	E	T	U	I	R	C	E	O	J	O	K
C	E	S	E	C	O	N	D	S	H	R	N	O	A	O	N	G	T	F
B	K	T	Y	H	J	L	Y	I	N	G	G	H	K	U	X	K	I	U
Z	P	M	A	L	E	O	Y	W	M	F	E	K	S	S	X	B	C	L

CAGEY, DISGUSTED, HIGHFALUTIN, AVAILABLE, CHUBBY, GULLIBLE, LYING, DIFFERENT, FIRST, MERE, INNOCENT, DISCREET, HANDSOMELY, OUTRAGEOUS, CLOUDY, MALE, GRANDIOSE, HALTING, ADHESIVE, THANKFUL, NEBULOUS, AROMATIC, SECOND, POWERFUL, DRY, COMMON, IDIOTIC, HILARIOUS, MATURE, ELASTIC

X	S	T	R	A	N	G	E	T	H	G	C	G	U	O	X	X	G	H
G	E	N	E	R	A	L	T	S	A	R	L	O	D	E	P	J	S	K
F	A	R	R	H	L	S	T	A	L	P	O	D	L	G	E	H	A	E
J	D	W	K	U	G	V	I	C	T	U	U	L	N	P	M	E	R	E
M	H	L	B	U	V	M	B	I	I	Z	D	Y	E	O	Y	L	O	Y
A	E	D	T	G	T	A	F	D	N	X	Y	D	G	G	I	A	M	T
P	S	E	T	H	A	T	L	U	G	L	Y	I	N	G	M	Y	A	C
L	I	R	C	I	S	U	A	C	O	M	M	O	N	O	A	Z	T	B
S	V	A	U	L	P	R	T	H	A	N	K	F	U	L	L	S	I	E
I	E	N	D	A	I	E	F	A	S	C	I	N	A	T	E	D	C	M
P	F	G	R	R	R	C	C	M	T	S	A	D	D	O	Z	U	F	Q
G	Y	E	U	I	I	Z	Y	B	R	O	K	E	N	N	A	S	T	L
E	D	D	N	O	N	W	T	Y	D	G	O	W	A	I	T	I	N	G
H	R	R	K	U	G	O	I	N	S	I	D	I	O	U	S	C	G	O
D	D	P	G	S	H	I	G	H	F	A	L	U	T	I	N	H	Q	T
J	D	X	K	I	N	N	O	C	E	N	T	O	V	P	A	U	W	B
I	N	Q	U	I	S	I	T	I	V	E	Z	H	Q	A	S	B	G	H
N	N	E	B	U	L	O	U	S	F	K	O	Q	O	L	V	B	D	C
I	N	W	L	D	I	F	F	E	R	E	N	T	X	E	M	Y	G	R

MATURE, GENERAL, FASCINATED, INNOCENT, ACID,
MALE, CHUBBY, ADHESIVE, NEBULOUS, LYING, ASPIRING,
STRANGE, WAITING, HILARIOUS, MERE, BROKEN, PALE,
SAD, INSIDIOUS, HIGHFALUTIN, COMMON, GODLY,
DERANGED, DRUNK, AROMATIC, HALTING, INQUISITIVE,
DIFFERENT, CLOUDY, THANKFUL

W	V	D	Z	V	**S**	**T**	**R**	**A**	**N**	**G**	**E**	C	P	**D**	W	W	E	W
T	W	B	S	I	E	**C**	**A**	**L**	**C**	**U**	**L**	**A**	**T**	**I**	**N**	**G**	B	**F**
T	**H**	**A**	**N**	**K**	**F**	**U**	**L**	D	R	D	Z	M	B	**S**	C	I	A	**I**
U	**A**	Y	Y	E	N	G	C	G	A	I	A	G	H	**C**	**S**	**A**	**D**	**R**
S	**N**	**H**	T	**A**	**S**	**P**	**I**	**R**	**I**	**N**	**G**	M	T	**R**	T	E	R	**S**
K	**D**	**I**	F	D	B	D	G	J	**G**	**O**	**D**	**L**	**Y**	**E**	L	R	G	**T**
M	**S**	**G**	U	**F**	L	X	M	**A**	Q	**D**	**I**	**F**	**F**	**E**	**R**	**E**	**N**	**T**
V	**O**	**H**	J	**A**	L	R	R	**V**	A	**M**	A	T	F	**T**	**P**	**A**	**L**	**E**
A	**M**	**F**	N	**S**	W	**C**	**M**	**A**	**L**	**E**	R	Z	E	W	D	C	U	Y
D	**E**	**A**	C	**C**	A	**L**	**O**	**I**	**C**	**R**	**P**	**O**	**W**	**E**	**R**	**F**	**U**	**L**
H	**L**	**L**	**H**	**I**	**C**	**O**	**U**	**L**	**H**	**E**	**E**	**L**	**A**	**S**	**T**	**I**	**C**	F
E	**Y**	**U**	**I**	**N**	**A**	**U**	**T**	**A**	**U**	Z	**D**	L	F	A	I	O	B	S
S	M	**T**	**D**	**A**	**G**	**D**	**R**	**B**	**B**	**G**	**R**	**A**	**N**	**D**	**I**	**O**	**S**	**E**
I	Z	**I**	**E**	**T**	**E**	**Y**	**A**	**L**	**B**	P	**U**	**H**	**A**	**L**	**T**	**I**	**N**	**G**
V	R	**N**	**O**	**E**	**Y**	K	**G**	**E**	**Y**	G	**N**	E	D	U	E	Q	P	O
E	W	W	**U**	**D**	E	Q	**E**	V	A	S	**K**	Y	A	C	B	I	H	R
U	Y	J	**S**	N	B	W	**O**	Y	**I**	**N**	**N**	**O**	**C**	**E**	**N**	**T**	H	J
I	X	L	F	R	U	X	**U**	K	Y	**H**	**I**	**L**	**A**	**R**	**I**	**O**	**U**	**S**
V	L	L	B	Y	H	L	**S**	R	Q	V	J	U	U	W	H	H	O	M

POWERFUL, DIFFERENT, DRUNK, MERE, AVAILABLE, ASPIRING, HIGHFALUTIN, CAGEY, ELASTIC, THANKFUL, GRANDIOSE, HALTING, INNOCENT, SAD, GODLY, OUTRAGEOUS, ADHESIVE, CALCULATING, DISCREET, FASCINATED, MALE, PALE, FIRST, CLOUDY, CHUBBY, HIDEOUS, HANDSOMELY, HILARIOUS, STRANGE

R	**S**	**T**	**R**	**A**	**N**	**G**	**E**	L	C	X	X	Q	V	D	O	K	M	S
V	P	M	O	S	K	**C**	**A**	**L**	**C**	**U**	**L**	**A**	**T**	**I**	**N**	**G**	**N**	F
Y	G	F	U	**O**	**U**	**T**	**R**	**A**	**G**	**E**	**O**	**U**	**S**	V	**A**	Q	**E**	A
H	K	Y	A	V	E	Q	N	X	G	W	A	Z	H	**H**	**S**	D	**B**	E
A	**H**	Y	J	H	R	W	Z	**C**	**L**	**O**	**U**	**D**	**Y**	**A**	**P**	K	**U**	Z
N	**A**	K	D	C	Q	Q	O	M	N	P	**G**	**U**	**L**	**L**	**I**	**B**	**L**	**E**
O	**N**	L	M	P	W	V	**C**	**H**	**U**	**B**	**B**	**Y**	N	**T**	**R**	R	**O**	E
Y	**D**	**R**	**U**	**N**	**K**	S	P	M	U	**E**	**G**	Z	J	**I**	**I**	O	**U**	Q
I	**S**	**I**	**N**	**N**	**O**	**C**	**E**	**N**	**T**	**L**	**O**	G	B	**N**	**N**	B	**S**	Q
G	**O**	**I**	**D**	**I**	**O**	**T**	**I**	**C**	M	**A**	**D**	D	Q	**G**	**G**	L	D	B
C	**M**	**H**	**I**	**L**	**A**	**R**	**I**	**O**	**U**	**S**	**L**	**D**	B	Y	Y	L	O	H
M	**E**	F	H	**L**	U	L	G	W	W	**T**	**Y**	**I**	D	I	T	Z	T	Q
D	**L**	T	F	**Y**	P	V	V	Z	V	**I**	**N**	**S**	**I**	**D**	**I**	**O**	**U**	**S**
M	**Y**	H	K	**I**	J	P	I	S	T	**C**	**S**	**C**	**A**	**R**	**E**	**D**	J	**S**
M	K	K	B	**N**	O	O	I	N	U	D	G	**R**	B	Y	X	Q	Z	**E**
E	E	A	**M**	**G**	**P**	**A**	**L**	**E**	O	J	Q	**E**	T	W	D	N	A	**C**
R	N	**F**	**A**	**S**	**C**	**I**	**N**	**A**	**T**	**E**	**D**	**E**	K	Y	B	Y	M	**O**
E	A	G	**L**	J	**C**	**A**	**G**	**E**	**Y**	E	I	**T**	Z	V	B	V	V	**N**
D	L	K	**E**	L	P	Z	Q	K	Y	W	V	K	U	C	O	K	Y	**D**

GULLIBLE, STRANGE, FASCINATED, SCARED, CHUBBY, ELASTIC, CALCULATING, INNOCENT, HILARIOUS, MERE, SECOND, CAGEY, HANDSOMELY, PALE, DRUNK, CLOUDY, INSIDIOUS, DISCREET, OUTRAGEOUS, NEBULOUS, ASPIRING, HALTING, GODLY, MALE, IDIOTIC, LYING

G	M	A	I	P	X	K	B	O	X	F	H	T	T	W	Z	K	I	D
I	Y	V	B	J	M	M	H	I	G	H	F	A	L	U	T	I	N	Z
O	C	R	A	C	A	G	S	C	O	M	M	O	N	F	J	S	N	B
N	E	U	A	A	D	U	T	G	A	R	O	M	A	T	I	C	O	C
N	R	U	V	G	H	L	R	E	J	X	S	E	C	O	N	D	C	O
D	M	E	A	E	E	L	A	I	P	O	W	E	R	F	U	L	E	E
E	A	U	I	Y	S	I	N	S	C	A	Z	H	A	L	T	I	N	G
L	T	A	L	W	I	B	G	S	L	M	M	E	R	E	B	D	T	C
I	U	G	A	D	V	L	E	E	O	P	E	M	A	L	E	R	S	V
G	R	E	B	F	E	E	K	X	U	A	S	B	U	V	D	U	P	I
H	E	M	L	S	C	A	R	E	D	L	M	M	X	M	K	N	Z	J
T	O	A	E	U	C	D	R	Y	Y	E	D	H	T	S	O	K	T	K
F	Y	A	H	A	N	D	S	O	M	E	L	Y	M	I	V	C	O	M
U	F	G	K	P	S	V	Z	C	A	L	C	U	L	A	T	I	N	G
L	I	O	U	J	T	Q	K	F	Y	L	Y	I	N	G	J	Y	W	I
N	L	D	G	J	B	B	H	D	D	I	F	F	E	R	E	N	T	U
P	K	L	U	T	H	D	I	S	C	R	E	E	T	L	N	I	O	A
R	P	Y	W	A	R	J	M	P	S	C	E	P	W	Z	Z	B	V	F
P	G	R	A	N	D	I	O	S	E	F	W	Y	E	U	C	T	J	U

CALCULATING, STRANGE, LYING, CLOUDY, HANDSOMELY, AVAILABLE, DRUNK, POWERFUL, DELIGHTFUL, MERE, SCARED, MATURE, DIFFERENT, HIGHFALUTIN, HALTING, SECOND, GRANDIOSE, GODLY, CAGEY, DRY, INNOCENT, PALE, ADHESIVE, AROMATIC, GULLIBLE, DISCREET, COMMON, MALE

E	G	D	Q	N	F	L	N	F	E	H	B	N	**S**	**E**	**C**	**O**	**N**	**D**
C	**A**	**S**	**P**	**I**	**R**	**I**	**N**	**G**	F	U	S	P	W	K	B	G	H	E
V	E	M	R	N	B	N	R	**H**	**I**	**G**	**H**	**F**	**A**	**L**	**U**	**T**	**I**	**N**
Z	**S**	**D**	**E**	**L**	**I**	**G**	**H**	**T**	**F**	**U**	**L**	K	E	B	O	W	M	Z
O	**T**	J	**I**	V	J	V	L	P	E	I	M	**W**	**A**	**I**	**T**	**I**	**N**	**G**
D	**R**	Z	**N**	A	B	U	Q	B	W	A	J	**I**	**D**	**I**	**O**	**T**	**I**	**C**
R	**A**	Y	**Q**	**I**	**N**	**N**	**O**	**C**	**E**	**N**	**T**	Z	P	V	**N**	X	**F**	D
Y	**N**	R	**U**	A	M	D	J	G	**G**	**O**	**D**	**L**	**Y**	H	**E**	G	**A**	**H**
S	**G**	K	**I**	**G**	**H**	O	**T**	**H**	**A**	**N**	**K**	**F**	**U**	**L**	**B**	C	**S**	**I**
R	**E**	A	**S**	**R**	**I**	**A**	**R**	**O**	**M**	**A**	**T**	**I**	**C**	J	**U**	M	**C**	**L**
S	E	**A**	**I**	**A**	**D**	**S**	**C**	**A**	**R**	**E**	**D**	W	N	O	**L**	**C**	**I**	**A**
I	U	**D**	**T**	**N**	**E**	U	B	**L**	**Y**	**I**	**N**	**G**	K	G	**O**	**L**	**N**	**R**
I	Q	**H**	**I**	**D**	**O**	**D**	**I**	**F**	**F**	**E**	**R**	**E**	**N**	**T**	**U**	**O**	**A**	**I**
B	T	**E**	**V**	**I**	**U**	**C**	**O**	**M**	**M**	**O**	**N**	I	J	T	**S**	**U**	**T**	**O**
E	F	**S**	**E**	**O**	**S**	**O**	**U**	**T**	**R**	**A**	**G**	**E**	**O**	**U**	**S**	**D**	**E**	**U**
F	X	**I**	**N**	**S**	**I**	**D**	**I**	**O**	**U**	**S**	S	W	R	I	S	**Y**	**D**	**S**
O	D	**V**	D	**E**	I	Z	B	B	D	O	**C**	**H**	**U**	**B**	**B**	**Y**	Z	S
S	P	**E**	M	M	Y	G	I	G	T	**D**	**I**	**S**	**C**	**R**	**E**	**E**	**T**	L
R	H	W	T	V	A	U	S	U	N	**M**	**E**	**R**	**E**	G	I	E	Z	B

FASCINATED, OUTRAGEOUS, IDIOTIC, HILARIOUS, HIDEOUS, WAITING, ASPIRING, INNOCENT, DRY, DIFFERENT, DELIGHTFUL, AROMATIC, NEBULOUS, HIGHFALUTIN, CLOUDY, ADHESIVE, STRANGE, INSIDIOUS, INQUISITIVE, THANKFUL, CHUBBY, DISCREET, LYING, GODLY, GRANDIOSE, SCARED, MERE, SECOND, COMMON

U	S	E	C	A	G	E	Y	X	R	X	N	O	J	M	V	L	B	O
P	E	C	W	O	H	L	S	M	P	O	W	E	R	F	U	L	O	U
I	C	S	L	F	X	I	F	I	R	S	T	M	D	O	T	D	E	U
B	O	G	O	D	L	Y	H	V	G	O	V	X	X	A	L	W	F	C
T	N	H	A	L	T	I	N	G	Z	O	L	S	S	D	T	H	U	I
K	D	O	L	V	H	H	U	C	S	Z	W	J	C	H	U	B	B	Y
H	J	U	A	U	Q	W	G	U	L	L	I	B	L	E	E	L	A	A
K	T	T	D	L	T	I	N	N	O	C	E	N	T	S	V	G	D	Q
R	C	R	I	F	M	A	L	E	J	C	C	M	P	I	J	R	I	R
D	F	A	S	C	I	N	A	T	E	D	Y	E	W	V	L	A	S	D
I	D	G	C	C	I	N	S	I	D	I	O	U	S	E	B	N	G	R
F	G	E	R	L	U	E	S	C	E	L	A	S	T	I	C	D	U	Y
F	X	O	E	O	P	H	A	N	D	S	O	M	E	L	Y	I	S	P
E	B	U	E	U	A	P	L	G	K	S	L	Y	I	N	G	O	T	U
R	W	S	T	D	L	N	P	X	S	C	A	R	E	D	F	S	E	D
E	M	W	S	Y	E	S	C	Y	P	M	A	T	U	R	E	E	D	M
N	H	I	G	H	F	A	L	U	T	I	N	B	E	Q	W	B	D	M
T	Y	W	A	I	T	I	N	G	W	G	U	B	K	Q	X	G	X	M
G	C	Y	G	T	D	D	D	C	R	R	N	F	S	J	K	T	J	T

HALTING, WAITING, GULLIBLE, CAGEY, DISGUSTED, SCARED, INNOCENT, CLOUDY, INSIDIOUS, DRY, CHUBBY, HANDSOMELY, GRANDIOSE, FASCINATED, ADHESIVE, DIFFERENT, HIGHFALUTIN, FIRST, MATURE, SECOND, OUTRAGEOUS, MALE, POWERFUL, DISCREET, LYING, ELASTIC, GODLY, PALE

F	J	D	J	S	Y	R	A	H	A	N	D	S	O	M	E	L	Y	H
I	D	I	O	T	I	C	A	T	M	C	U	Z	K	W	H	Q	G	I
E	L	R	Z	V	D	I	N	Q	U	I	S	I	T	I	V	E	U	L
A	X	Z	B	Y	I	H	P	F	D	M	A	T	U	R	E	I	L	A
W	F	G	R	Y	F	A	N	E	B	U	L	O	U	S	Q	W	L	R
L	Y	I	N	G	F	R	U	D	G	H	J	Q	F	D	F	J	I	I
A	U	A	R	Y	E	O	C	H	U	B	B	Y	S	I	L	W	B	O
A	Z	O	P	U	R	M	Q	Z	T	H	A	N	K	F	U	L	L	U
S	V	T	I	Z	E	A	L	F	O	F	D	R	U	N	K	S	E	S
T	J	W	N	J	N	T	U	G	J	K	E	L	A	S	T	I	C	E
R	U	A	N	P	T	I	O	M	D	G	R	A	N	D	I	O	S	E
A	D	I	O	O	D	C	Z	F	I	N	S	I	D	I	O	U	S	G
N	X	T	C	W	D	T	D	K	S	H	V	R	E	Q	D	R	Y	S
G	O	I	E	E	A	L	G	I	G	X	U	S	C	A	R	E	D	Z
E	K	N	N	R	I	C	L	O	U	D	Y	T	E	M	F	J	H	K
I	W	G	T	F	Q	K	H	P	S	P	A	L	E	P	I	M	X	E
U	V	A	V	U	W	K	N	V	T	G	O	D	L	Y	R	E	L	E
L	H	H	X	L	C	H	I	D	E	O	U	S	X	H	S	R	J	G
D	N	K	S	E	C	O	N	D	D	U	M	H	V	D	T	E	C	L

WAITING, DRY, DISGUSTED, SCARED, IDIOTIC, THANKFUL, LYING, DRUNK, HANDSOMELY, GULLIBLE, DIFFERENT, MATURE, AROMATIC, HILARIOUS, ELASTIC, POWERFUL, STRANGE, NEBULOUS, INSIDIOUS, CHUBBY, SECOND, PALE, FIRST, HIDEOUS, GRANDIOSE, MERE, INQUISITIVE, GODLY, CLOUDY, INNOCENT

O	C	Y	T	F	Q	T	H	A	N	K	F	U	L	Z	T	U	Z	C
R	S	T	R	A	N	G	E	Q	M	O	W	X	G	C	D	D	U	D
L	H	A	F	M	N	X	X	C	A	G	E	Y	T	L	K	L	S	L
A	S	P	I	R	I	N	G	S	T	U	Y	M	R	O	Y	D	F	M
Z	M	K	M	O	C	J	N	H	U	Z	L	F	O	U	R	Y	A	Y
W	A	I	T	I	N	G	E	I	R	S	U	G	Y	D	A	W	S	M
Z	G	V	U	D	X	F	B	L	E	S	A	D	C	Y	V	S	C	Y
V	W	D	N	I	T	O	U	A	B	P	A	R	O	M	A	T	I	C
F	I	R	I	O	N	V	L	R	Q	E	L	A	S	T	I	C	N	W
P	V	U	J	T	Z	I	O	I	W	T	C	U	H	Y	L	I	A	O
I	Y	N	D	I	W	U	U	O	E	C	H	D	D	D	A	N	T	U
F	V	K	R	C	P	Y	S	U	N	O	U	I	L	B	B	S	E	T
Z	U	Z	Y	P	Y	Y	F	S	F	A	B	S	B	I	L	I	D	R
G	H	A	N	D	S	O	M	E	L	Y	B	C	Y	B	E	D	J	A
R	H	I	D	E	O	U	S	E	I	D	Y	R	N	V	F	I	U	G
O	N	O	A	T	X	Y	L	Q	E	W	M	E	R	E	Y	O	S	E
O	V	F	Y	M	A	L	E	I	F	Y	L	E	Y	Y	P	U	J	O
V	A	W	R	M	C	A	L	C	U	L	A	T	I	N	G	S	X	U
Y	A	G	R	A	N	D	I	O	S	E	T	R	D	W	R	D	Q	S

HANDSOMELY, ELASTIC, GRANDIOSE, CLOUDY, GROOVY, NEBULOUS, HILARIOUS, HIDEOUS, ASPIRING, CALCULATING, WAITING, INSIDIOUS, CHUBBY, AROMATIC, MALE, IDIOTIC, AVAILABLE, DRUNK, OUTRAGEOUS, MERE, SAD, FASCINATED, DISCREET, CAGEY, DRY, THANKFUL, STRANGE, MATURE

M	V	N	D	W	V	L	C	D	I	S	C	R	E	E	T	U	F	T
H	I	D	E	O	U	S	H	W	C	P	E	L	O	P	C	S	B	A
B	K	O	N	F	A	S	P	I	R	I	N	G	U	A	D	S	G	B
F	A	S	C	I	N	A	T	E	D	R	F	D	T	D	H	T	R	C
P	R	H	I	N	V	M	A	T	U	R	E	R	R	H	I	R	A	W
D	J	B	C	N	T	A	L	Y	I	N	G	H	A	E	L	A	N	M
I	D	S	M	O	P	O	W	E	R	F	U	L	G	S	A	N	D	G
D	A	S	E	C	O	N	D	S	Q	P	X	Q	E	I	R	G	I	O
I	M	D	D	E	M	U	P	A	R	P	R	D	O	V	I	E	O	D
O	D	X	I	N	E	E	A	D	S	L	M	P	U	E	O	H	S	L
T	I	C	F	T	R	A	L	H	S	J	H	W	S	T	U	A	E	Y
I	N	H	F	Y	E	W	E	A	B	A	R	Y	K	A	S	N	J	C
C	S	U	E	A	K	J	I	N	Q	U	I	S	I	T	I	V	E	O
K	I	B	R	H	I	G	H	F	A	L	U	T	I	N	Q	D	K	G
V	D	B	E	P	J	A	M	A	L	E	F	X	J	J	R	L	F	P
B	I	Y	N	X	C	Y	C	A	V	A	I	L	A	B	L	E	T	X
G	O	G	T	D	U	C	A	O	X	D	R	U	N	K	I	Z	U	U
O	U	W	S	C	A	R	E	D	X	T	S	R	R	P	I	X	C	O
X	S	I	V	X	B	H	V	F	F	P	T	G	N	A	U	A	D	S

INNOCENT, SECOND, INQUISITIVE, DISCREET,

HILARIOUS, GODLY, SCARED, FASCINATED, PALE,

IDIOTIC, MERE, CHUBBY, OUTRAGEOUS, MATURE,

INSIDIOUS, LYING, DRUNK, FIRST, ADHESIVE, ASPIRING,

HIDEOUS, STRANGE, MALE, SAD, HIGHFALUTIN,

POWERFUL, AVAILABLE, DIFFERENT, GRANDIOSE

G	I	D	I	F	F	E	R	E	N	T	G	D	V	I	I	O	E	Z
A	D	H	E	S	I	V	E	Z	W	L	F	I	B	O	Q	F	K	W
D	E	R	A	N	G	E	D	N	M	Y	Y	S	G	U	I	Z	T	A
N	O	P	O	W	E	R	F	U	L	I	I	G	T	T	B	P	X	I
S	G	L	G	W	V	P	G	S	K	N	D	U	B	R	N	A	F	T
C	G	A	E	A	D	A	O	C	N	G	I	S	W	A	X	R	A	I
J	T	S	Q	G	R	M	D	A	O	Z	O	T	L	G	V	E	S	N
J	B	P	U	U	U	E	L	R	T	T	T	E	K	E	P	G	C	G
C	Z	I	O	L	N	R	Y	E	T	H	I	D	E	O	U	S	I	U
A	D	R	F	L	K	E	G	D	Y	B	C	Z	I	U	I	G	N	H
L	S	I	D	I	N	N	O	C	E	N	T	B	K	S	N	A	A	Q
C	D	N	D	B	Z	B	S	T	R	A	N	G	E	Y	S	R	T	I
U	F	G	U	L	W	T	H	A	N	K	F	U	L	D	I	R	E	J
L	P	A	L	E	U	L	S	L	F	F	D	A	W	J	D	U	D	N
A	T	B	M	A	L	E	A	Q	S	A	N	V	P	Q	I	L	L	B
T	L	G	R	A	N	D	I	O	S	E	V	E	C	M	O	O	F	P
I	C	C	X	E	H	A	N	D	S	O	M	E	L	Y	U	U	F	F
N	L	J	X	M	V	S	T	P	X	F	I	R	S	T	S	S	N	X
G	C	U	M	G	K	Z	X	Q	W	A	R	O	M	A	T	I	C	C

HANDSOMELY, MALE, IDIOTIC, INNOCENT, AROMATIC,
POWERFUL, WAITING, HIDEOUS, GRANDIOSE,
OUTRAGEOUS, CALCULATING, GODLY, ASPIRING,
STRANGE, DRUNK, GARRULOUS, SCARED, FASCINATED,
GULLIBLE, ADHESIVE, LYING, FIRST, INSIDIOUS,
THANKFUL, MERE, PALE, DISGUSTED, DIFFERENT,
KNOTTY, DERANGED

N	Z	Z	H	M	H	F	W	**H**	**I**	**L**	**A**	**R**	**I**	**O**	**U**	**S**	L	R
Y	O	U	N	W	P	G	S	I	**D**	**E**	**L**	**I**	**G**	**H**	**T**	**F**	**U**	**L**
Q	O	I	**N**	**E**	**B**	**U**	**L**	**O**	**U**	**S**	M	P	P	X	E	K	U	T
A	V	O	W	N	G	Y	J	M	B	H	**C**	**A**	**G**	**E**	**Y**	Q	R	H
Q	V	Y	J	Z	T	X	**G**	**R**	**O**	**O**	**V**	**Y**	W	I	**D**	X	K	B
C	T	L	L	**A**	**D**	**H**	**E**	**S**	**I**	**V**	**E**	U	W	O	**I**	Q	P	G
I	W	**C**	**A**	**L**	**C**	**U**	**L**	**A**	**T**	**I**	**N**	**G**	H	**W**	**F**	**I**	L	**G**
V	E	O	**A**	**V**	**A**	**I**	**L**	**A**	**B**	**L**	**E**	M	K	**A**	**F**	**D**	P	**R**
P	V	S	F	A	**I**	**S**	**M**	**A**	**T**	**U**	**R**	**E**	Y	**I**	**E**	**I**	P	**A**
O	O	O	C	M	**N**	**C**	**G**	**E**	**N**	**E**	**R**	**A**	**L**	**T**	**R**	**O**	B	**N**
C	D	A	U	T	**S**	**A**	**K**	**N**	**O**	**T**	**T**	**Y**	**C**	**I**	**E**	**T**	M	**D**
O	C	E	Z	B	**I**	**R**	T	**A**	**C**	**H**	Z	M	**L**	**N**	**N**	**I**	N	**I**
R	J	K	M	C	**D**	**E**	P	**R**	**H**	**A**	X	X	**O**	**G**	**T**	**C**	**S**	**O**
I	L	**M**	H	A	**I**	**D**	X	**O**	**U**	**N**	O	O	**U**	B	C	T	**T**	**S**
G	T	**A**	M	M	**O**	U	**B**	**M**	**B**	**K**	**M**	R	**D**	E	C	Y	**R**	**E**
P	**A**	**L**	**E**	M	**U**	X	**A**	**A**	**B**	**F**	**E**	P	**Y**	M	J	T	**A**	I
E	M	**E**	F	S	**S**	L	**D**	**T**	**Y**	**U**	**R**	**L**	**Y**	**I**	**N**	**G**	**N**	W
H	V	O	V	**D**	**R**	**Y**	A	**I**	D	**L**	**E**	E	G	T	O	G	**G**	S
Y	R	K	Q	T	D	O	X	**C**	**F**	**A**	**S**	**C**	**I**	**N**	**A**	**T**	**E**	**D**

DIFFERENT, IDIOTIC, AVAILABLE, ADHESIVE, GENERAL, MERE, SCARED, CLOUDY, DRY, STRANGE, INSIDIOUS, DELIGHTFUL, CAGEY, NEBULOUS, CHUBBY, MALE, KNOTTY, HILARIOUS, FASCINATED, BAD, THANKFUL, PALE, CALCULATING, GRANDIOSE, GROOVY, MATURE, AROMATIC, LYING, WAITING

L	O	L	Q	D	V	C	D	C	S	N	S	E	C	O	N	D	S	S
N	U	M	A	T	U	R	E	M	C	T	O	N	S	Y	B	D	O	T
W	R	N	G	S	D	J	J	E	A	R	V	E	U	H	S	E	H	N
Y	G	D	E	B	G	B	B	R	R	S	A	D	R	Z	A	L	R	J
W	L	I	Z	P	R	G	A	E	E	C	L	O	U	D	Y	I	R	N
F	Y	F	H	W	A	V	F	A	D	M	S	T	R	A	N	G	E	T
V	I	F	I	I	N	Q	U	I	S	I	T	I	V	E	D	H	H	H
M	N	E	D	W	D	C	B	B	P	C	Z	U	P	P	A	T	I	A
B	G	R	E	A	I	H	K	D	M	K	V	T	J	L	V	F	G	N
A	Y	E	O	D	O	U	G	U	L	L	I	B	L	E	A	U	H	K
S	X	N	U	H	S	B	J	T	E	H	K	H	P	I	I	L	F	F
P	B	T	S	E	E	B	E	Y	A	F	G	I	O	N	L	X	A	U
I	T	P	M	S	X	Y	B	N	V	Z	C	N	W	S	A	Y	L	L
R	I	T	H	I	L	A	R	I	O	U	S	N	E	I	B	H	U	X
I	B	D	D	V	S	U	P	F	D	S	C	O	R	D	L	V	T	G
N	R	W	Q	E	C	O	M	M	O	N	A	C	F	I	E	Z	I	V
G	H	A	N	D	S	O	M	E	L	Y	G	E	U	O	H	X	N	G
C	A	L	C	U	L	A	T	I	N	G	E	N	L	U	G	O	L	B
N	E	B	U	L	O	U	S	S	H	P	Y	T	W	S	Y	C	G	G

AVAILABLE, HILARIOUS, LYING, DELIGHTFUL, DIFFERENT, MERE, SECOND, INSIDIOUS, HIDEOUS, MATURE, INQUISITIVE, ADHESIVE, STRANGE, GULLIBLE, THANKFUL, POWERFUL, HIGHFALUTIN, CAGEY, ASPIRING, CALCULATING, INNOCENT, COMMON, CLOUDY, GRANDIOSE, NEBULOUS, SAD, SCARED, CHUBBY, HANDSOMELY

O	C	N	R	O	G	M	F	E	B	A	X	H	Q	S	Y	C	Y	C
I	W	A	S	T	R	A	N	G	E	V	M	I	U	C	S	N	G	F
F	X	T	G	L	O	Z	E	J	G	A	K	D	C	A	G	E	Y	P
I	R	M	T	B	O	R	W	I	G	I	N	E	Q	R	K	B	S	O
R	Z	E	G	J	V	K	A	L	C	L	O	O	H	E	N	U	F	C
S	A	R	V	L	Y	I	N	G	A	A	T	U	K	D	I	L	A	R
T	K	E	O	J	A	V	P	E	P	B	T	S	B	Z	H	O	S	C
R	D	R	U	C	O	M	M	O	N	L	Y	N	F	M	J	U	C	L
J	I	A	T	I	D	M	P	O	W	E	R	F	U	L	W	S	I	O
P	S	O	R	L	E	C	B	R	W	H	A	L	T	I	N	G	N	U
Y	G	P	A	K	E	S	O	H	A	L	C	H	U	B	B	Y	A	D
V	U	S	G	M	E	L	E	T	I	B	G	C	P	B	A	D	T	Y
B	S	W	E	A	I	D	I	O	T	I	C	H	Z	V	A	P	E	C
X	T	J	O	L	N	D	R	D	I	F	F	E	R	E	N	T	D	K
O	E	K	U	E	A	J	I	O	N	Q	G	P	B	L	P	U	F	S
Q	D	M	S	D	A	T	E	C	G	Y	A	D	E	P	A	T	J	T
L	D	C	H	I	G	H	F	A	L	U	T	I	N	A	L	X	E	I
Y	P	S	A	D	H	E	S	I	V	E	B	J	W	X	E	W	B	B
R	U	D	T	X	O	A	P	K	E	L	A	S	T	I	C	K	P	P

WAITING, KNOTTY, ADHESIVE, LYING, MERE, PALE, FASCINATED, OUTRAGEOUS, BAD, HIGHFALUTIN, DISGUSTED, NEBULOUS, IDIOTIC, GROOVY, AVAILABLE, MALE, COMMON, CLOUDY, FIRST, POWERFUL, ELASTIC, CAGEY, HIDEOUS, STRANGE, DIFFERENT, CHUBBY, HALTING, SCARED

U	N	F	G	Z	O	B	A	C	K	M	A	R	K	E	R	Y	N	K	X
H	M	Q	C	C	J	R	O	U	M	Z	H	A	T	T	A	C	K	U	Z
G	T	W	I	F	A	L	S	E	S	T	A	R	T	J	I	Y	C	R	A
A	R	Z	I	V	B	A	C	K	S	T	R	A	I	G	H	T	T	Z	Q
I	O	W	B	F	E	H	H	B	A	C	K	S	T	R	E	T	C	H	K
T	T	L	E	D	D	H	Q	I	B	B	C	O	A	S	T	I	N	G	J
V	T	P	L	U	E	C	S	U	I	Y	R	F	H	D	C	O	K	L	J
I	E	C	L	O	Z	G	J	C	F	B	O	I	M	Y	A	A	A	B	A
S	R	P	R	C	D	G	C	I	B	A	K	L	Y	T	R	L	K	L	C
Y	X	G	R	E	Y	H	O	U	N	D	B	L	U	V	D	L	L	E	G
Y	A	Z	D	X	Q	T	L	B	A	R	R	I	E	R	M	C	E	N	Y
T	F	U	A	A	X	Y	T	T	G	M	K	O	R	F	H	L	J	G	Q
B	G	P	O	B	R	U	J	D	B	H	L	N	S	X	O	E	Z	T	S
W	C	W	N	A	Q	Y	K	R	E	A	Q	I	L	B	G	A	O	H	D
C	G	T	H	N	J	T	V	I	G	R	D	E	R	B	Y	R	P	P	N
I	C	R	V	D	W	O	F	V	I	N	Q	Q	J	B	V	Q	X	B	R
Q	P	A	R	O	P	T	I	E	N	E	G	W	Y	N	E	V	L	F	F
C	W	C	Y	N	B	I	L	R	N	S	Y	C	A	R	T	B	S	T	B
R	H	E	B	E	M	D	N	K	E	S	C	H	E	C	K	G	V	C	R
G	I	X	C	D	L	N	H	C	R	L	W	U	Q	F	E	N	C	E	E

HARNESS, BELL, CHECK, BARRIER, DRIVER, COASTING, LENGTH, FENCE, BACKMARKER, COLT, RACE, ABANDONED, BEGINNER, BACKSTRAIGHT, CART, FALSESTART, BACKSTRETCH, TROTTER, GAIT, ATTACK, FILLION, CARD, ALLCLEAR, DERBY, GREYHOUND

R	B	G	**S**	M	A	U	R	F	G	A	E	**C**	A	X	I	N	M	U	M	F
M	Z	U	**A**	U	Y	W	X	J	Q	W	T	**R**	V	J	K	C	K	F	X	S
O	L	G	**K**	W	**H**	**A**	**Y**	**D**	**E**	**N**	D	**O**	R	T	E	Q	C	H	O	X
J	I	E	**A**	**J**	**O**	**H**	**N**	**S**	**O**	**N**	B	**S**	Y	H	Z	J	N	U	Y	P
C	L	E	**M**	U	Z	R	V	K	**C**	P	B	**B**	S	O	D	H	L	N	A	N
G	J	H	**O**	E	Q	Z	D	A	**O**	L	C	**Y**	**M**	**I**	**T**	**C**	**H**	**E**	**L**	**L**
R	V	R	**T**	J	D	O	E	E	**N**	N	W	E	A	**G**	**A**	**Y**	**L**	**O**	**R**	**D**
T	S	W	**O**	Q	B	**G**	**Y**	**M**	**N**	**A**	**S**	**T**	**I**	**C**	**S**	S	E	V	T	N
Y	**R**	V	B	O	S	V	Z	V	**E**	K	J	U	F	A	R	**R**	**Y**	**A**	**N**	K
X	**O**	B	F	A	D	O	G	O	**R**	S	I	C	R	**D**	**T**	**H**	**O**	**M**	**A**	**S**
G	**E**	**T**	**A**	**K**	**E**	**I**	B	R	S	V	W	H	K	**A**	U	R	**H**	U	E	T
R	**T**	X	B	V	W	**K**	**A**	**N**	**Z**	**A**	**K**	**I**	W	**G**	K	K	**U**	M	O	Y
Z	**H**	D	A	Z	H	G	P	T	H	X	Z	L	Z	**G**	J	W	**G**	Q	F	Q
M	**L**	J	L	C	M	**V**	**I**	**D**	**M**	**A**	**R**	K	X	**E**	C	H	G	P	D	**S**
Q	**I**	P	**C**	**H**	**A**	**M**	**P**	**I**	**O**	**N**	**S**	P	I	**T**	R	S	K	F	Z	**H**
R	**S**	**B**	C	P	O	V	**W**	W	F	O	F	**B**	**A**	**B**	**C**	**O**	**C**	**K**	K	**U**
Q	**B**	**E**	V	V	Y	H	**A**	**V**	**E**	**N**	**E**	**R**	U	W	M	H	K	Y	R	**R**
L	**E**	**A**	B	C	Q	V	**L**	Q	C	**H**	**A**	**Y**	**A**	**S**	**A**	**K**	**I**	K	S	**L**
S	**G**	**C**	R	M	L	F	**L**	H	**H**	**A**	**R**	**T**	**U**	**N**	**G**	V	R	L	P	**O**
G	**E**	**H**	X	A	M	W	**E**	V	Z	J	B	D	C	S	I	**M**	**A**	**L**	**E**	**C**
T	**R**	U	U	R	I	T	**R**	B	L	X	R	J	O	**K**	**E**	**S**	**W**	**I**	**C**	**K**

CONNER, GYMNASTICS, RYAN, CROSBY, BEACH,

CHAMPIONS, GAYLORD, JOHNSON, HARTUNG, KANZAKI,

WALLER, VIDMAR, BABCOCK, AVENER, SHURLOCK, MALE,

DAGGET, HAYDEN, HAYASAKI, MITCHELL, TAKEI,

THOMAS, SAKAMOTO, KESWICK, ROETHLISBEGER, HUG

T	**A**	**N**	**A**	**C**	N	R	N	E	Y	B	T	W	D	P	V	V	B
H	**M**	A	N	D	Q	**M**	**U**	**L**	**V**	**I**	**H**	**I**	**L**	**L**	B	N	H
B	**A**	P	S	Q	**S**	**C**	**O**	**T**	**T**	Q	C	E	C	V	C	A	P
X	**L**	Y	V	I	Z	**G**	**K**	Q	E	O	B	**P**	**Y**	**F**	**E**	**R**	I
Z	**O**	B	Y	D	**T**	**Y**	**U**	F	**R**	**A**	**Y**	L	R	Y	F	E	S
T	**N**	Q	B	F	**A**	**M**	**P**	J	**T**	**U**	**R**	**N**	**B**	**O**	**W**	Z	E
P	**E**	V	M	Y	**L**	**N**	**E**	**F**	J	X	**W**	**I**	**E**	**B**	**E**	**R**	G
E	**Y**	**M**	L	V	**A**	**A**	**T**	**E**	**B**	**R**	**O**	**S**	**S**	**S**	E	N	K
O	N	**A**	L	**M**	**V**	**S**	**S**	**M**	**I**	**L**	**L**	**E**	**R**	**C**	T	I	X
A	O	**N**	L	**C**	**E**	**T**	Q	**A**	**S**	F	**D**	**U**	**R**	**H**	**A**	**M**	E
J	O	**V**	X	**C**	**R**	**I**	H	**L**	**L**	T	T	J	A	**A**	P	L	**R**
I	P	**I**	Q	**O**	**A**	**C**	E	**E**	**O**	S	Z	X	A	**N**	U	G	**I**
S	D	**L**	G	**Y**	F	**S**	P	D	**A**	X	C	**G**	F	**E**	P	X	**G**
Y	J	**L**	W	**B**	**I**	**L**	**E**	**S**	**N**	O	I	**N**	U	**Z**	D	F	**B**
R	P	**E**	W	S	**J**	**O**	**H**	**N**	**S**	**O**	**N**	**A**	J	**E**	Z	R	**Y**
P	A	V	**D**	**A**	**W**	**E**	**S**	P	T	W	D	**T**	Q	**R**	K	W	B
R	I	I	E	S	T	E	V	**M**	**C**	**N**	**A**	**M**	**A**	**R**	**A**	A	Q
G	H	I	U	X	L	F	K	L	D	P	P	Z	**D**	**A**	**L**	**E**	**Y**

BILES, MULVIHILL, DALEY, PYFER, DURHAM, TALAVERA,
MCCOY, SCOTT, RAY, TANAC, WIEBER, SCHANEZER,
GNAT, JOHNSON, FEMALE, MALONEY, MILLER, SLOAN,
MANVILLE, GYMNASTICS, BROSS, TURNBOW, RIGBY,
KUPETS, MCNAMARA, DAWES

H	V	L	G	T	U	T	H	T	I	L	S	N	S	L	J	N	B	R	M	M	E	C
R	M	A	P	T	S	D	M	X	U	O	M	F	G	X	U	E	E	B	C	R	U	U
U	H	V	G	T	A	U	T	K	I	H	B	R	I	A	N	E	X	I	J	U	S	M
Y	T	E	Z	N	U	C	U	W	S	M	G	R	L	G	F	R	A	N	C	H	A	I
S	V	L	E	Q	E	W	K	N	O	P	D	A	H	L	K	E	M	P	E	R	N	Z
E	F	L	H	W	R	Z	F	S	N	R	N	L	S	D	Q	M	S	E	E	W	A	U
Q	C	E	O	I	B	N	F	U	N	E	R	M	H	O	U	V	H	D	K	K	T	Q
M	I	J	R	D	R	W	M	I	E	S	T	E	V	D	A	I	O	A	R	R	I	X
J	B	W	A	M	U	W	E	I	T	S	Z	X	G	U	H	Y	R	V	O	I	O	Y
R	Q	X	N	G	N	C	W	Z	T	K	O	U	V	N	D	Z	T	I	E	E	N	K
D	P	W	E	N	N	D	I	Y	H	E	A	T	H	N	S	E	S	D	Z	G	A	M
W	K	S	M	I	T	H	S	Y	S	V	X	J	M	Z	V	P	L	S	Q	E	L	T
I	W	W	E	J	J	I	I	P	T	L	Y	D	U	A	B	D	E	O	P	R	T	K
C	N	A	E	H	E	R	Z	U	K	T	N	F	C	C	P	U	X	N	H	H	E	B
B	W	I	T	G	C	W	O	G	D	Q	H	V	X	M	O	R	G	A	N	R	A	H
G	L	X	J	Z	V	G	C	H	H	A	R	R	I	S	E	A	M	G	A	L	M	M
L	U	R	J	S	I	P	L	A	Y	E	R	S	R	P	Y	X	F	V	S	Z	E	C
L	S	J	W	N	S	Z	S	Q	J	N	O	H	A	R	A	U	G	D	T	K	H	D
O	A	W	O	M	E	N	S	S	O	C	C	E	R	Y	H	J	B	F	M	F	D	O
Y	A	R	K	O	L	Q	W	G	N	J	M	X	A	J	A	Z	C	Q	B	U	T	N
D	X	T	L	E	S	U	G	X	D	Q	U	P	I	V	T	B	I	Z	O	R	K	A
E	F	O	C	A	M	P	B	E	L	L	X	R	X	B	C	E	W	D	G	O	K	L
E	F	Q	B	J	U	E	D	O	Z	O	V	M	D	L	H	X	F	I	C	C	A	D

USANATIONALTEAM, BRIAN, PLAYERS, MORGAN, HARRIS, WOMENSSOCCER, SMITH, MEWIS, HORAN, KRIEGER, SAUERBRUNN, FRANCH, SONNETT, LLOYD, SHORT, PUGH, LAVELLE, CAMPBELL, DAHLKEMPER, PRESS, DUNN, NAEHER, OHARA, MCDONALD, HATCH, DAVIDSON, HEATH

Y	J	Q	E	K	T	I	A	S	Z	O	C	M	F	A	R	Y	E	L
S	J	O	Y	V	J	S	M	X	L	J	S	F	D	H	I	S	V	W
P	B	P	V	F	G	G	C	H	O	L	G	R	V	D	J	L	I	Y
U	G	S	C	S	T	A	L	E	Y	X	E	B	E	Y	O	H	X	C
R	R	Z	H	W	N	B	A	P	L	A	Y	E	R	S	A	O	T	K
M	S	A	A	W	S	M	C	A	R	T	H	U	R	C	P	V	I	I
O	B	I	R	D	A	V	A	E	R	Y	C	E	G	X	L	Q	C	O
Q	I	C	L	Q	B	Z	R	L	E	S	L	I	E	L	B	D	A	N
K	M	N	E	N	A	H	T	W	A	L	K	E	R	P	U	U	T	E
I	T	Y	S	T	L	E	E	V	C	J	C	A	W	B	J	R	C	S
K	E	Y	Z	C	L	B	R	D	P	E	P	R	B	O	Z	R	H	C
B	P	Q	V	P	Y	A	I	S	A	M	U	E	L	S	O	N	I	U
R	H	K	T	A	U	R	A	S	I	P	G	T	C	T	C	N	N	N
O	O	P	W	J	V	D	L	L	L	B	H	H	H	O	O	W	G	L
W	W	A	V	O	G	W	U	M	I	K	E	H	Z	N	L	Q	S	I
N	A	C	K	W	C	U	M	L	Q	D	I	L	K	Q	L	J	Q	C
L	R	E	E	Z	C	W	P	A	R	K	E	R	G	G	I	H	G	D
J	D	M	C	O	L	T	L	C	D	A	D	Y	Y	R	E	F	O	Q
F	W	D	A	N	G	E	R	F	I	E	L	D	O	R	R	M	E	J

DURR, WNBAPLAYERS, PARKER, TAURASI, SABALLY, KEY, MCARTHUR, SAMUELSON, DILK, BOSTON, CARTER, LESLIE, BIRD, PACE, OGWUMIKE, STALEY, COLLIER, DANGERFIELD, BROWN, CATCHINGS, HEBARD, IONESCU, WALKER, CHARLES, HOWARD

G	T	J	O	H	N	S	T	O	N	W	P	P	T	Z	N	Q	D	W	B	Y
D	D	I	X	A	Y	A	E	S	B	O	V	H	D	X	M	P	Q	R	U	I
S	Z	N	K	W	Q	G	T	G	O	M	R	I	O	P	A	C	K	E	R	O
D	G	B	E	R	A	T	Y	C	W	E	W	L	T	N	V	M	R	P	D	V
E	C	J	S	D	S	A	Z	T	Y	N	I	L	N	G	B	A	A	Z	S	D
L	A	Z	S	E	N	W	H	T	N	S	W	I	A	N	F	D	P	B	O	A
Z	R	M	E	A	G	O	S	T	A	H	L	P	T	H	P	E	U	Z	I	O
R	P	F	L	K	N	O	X	M	N	O	V	P	I	P	M	C	J	D	B	U
K	E	Z	R	Y	L	A	N	A	O	C	N	O	O	O	M	K	Y	U	W	S
N	N	N	U	R	S	E	E	R	W	K	E	U	N	L	M	E	P	P	S	T
I	T	Q	K	B	V	R	D	V	O	E	Z	L	A	Y	G	R	L	Z	Z	R
G	E	A	Q	Y	F	B	U	I	Z	Y	P	A	L	M	X	B	D	K	A	X
H	R	M	B	H	L	T	G	N	F	A	Y	N	T	K	A	V	C	E	B	I
T	J	S	Y	J	Y	G	G	K	C	A	Y	B	E	I	F	U	O	X	A	F
Q	M	K	Y	E	X	U	A	S	W	D	D	S	A	L	O	N	Y	G	D	F
S	P	O	O	N	E	R	N	H	E	X	T	A	M	F	C	D	N	B	O	M
G	K	Q	V	N	X	G	R	A	N	A	T	O	S	P	V	Q	E	I	S	V
G	O	A	I	E	M	L	X	Y	T	W	C	A	Q	C	M	F	F	A	N	I
W	M	G	O	R	L	D	F	T	K	R	W	M	F	I	A	Q	Q	Y	I	R
V	V	M	C	L	G	W	S	S	B	A	I	A	D	C	H	U	W	G	X	T
Q	Q	G	X	V	P	R	U	G	G	I	E	R	O	Y	F	Q	B	W	G	R

DECKER, NURSE, RATY, MARVIN, WOMENSHOCKEY,
CARPENTER, KESSEL, JENNER, PACKER, KNIGHT, COYNE,
GRANATO, AGOSTA, CHU, RYLAN, KNOX, RUGGIERO,
NATIONALTEAMS, JOHNSTON, DUGGAN, SZABADOS,
PHILLIPPOULAN, DAOUST, SPOONER

R	S	D	P	V	S	P	M	E	N	D	O	Z	A	Q	F	F	M	W
I	U	V	J	H	E	X	O	T	V	C	Z	N	D	O	H	K	S	H
Q	T	S	K	Q	W	R	S	H	R	C	G	G	Y	S	V	T	S	Y
W	B	Z	G	Z	U	V	Z	C	H	I	D	E	S	T	E	R	R	A
C	F	S	U	C	F	E	M	A	L	E	H	U	D	E	S	F	J	B
H	I	O	X	N	H	R	O	M	E	R	O	Q	S	R	A	G	Y	B
A	N	F	E	W	Q	B	A	R	N	H	I	L	L	M	H	O	L	O
M	C	T	N	W	A	T	L	E	Y	X	D	M	P	A	A	O	B	T
B	H	B	Q	U	W	H	A	L	Q	L	S	E	L	N	R	D	J	T
E	C	A	U	Q	E	G	K	X	F	E	R	N	A	N	D	E	Z	J
R	H	L	I	I	L	A	W	R	I	E	E	M	Y	B	I	U	M	J
L	R	L	S	J	D	G	H	I	F	I	D	X	E	M	N	I	A	Y
A	O	A	T	Y	B	S	K	C	M	Y	K	J	R	I	G	Z	I	U
I	S	M	Y	E	X	M	G	K	B	N	G	N	S	A	F	Y	A	E
N	X	K	K	A	T	I	L	E	Z	J	M	U	L	I	P	O	L	A
L	W	M	U	L	V	T	O	T	R	I	C	H	A	R	D	S	O	N
R	L	A	X	N	H	H	W	T	F	V	P	B	U	S	T	O	S	F
T	M	N	I	C	K	L	E	S	B	D	E	R	Y	R	J	Z	Q	Z
B	J	M	Y	T	X	W	B	Z	D	U	A	T	G	A	R	C	I	A

NICKLES, LAWRIE, WATLEY, SOFTBALL, MENDOZA,

MULIPOLA, FINCH, FERNANDEZ, CHIDESTER, BARNHILL,

CHAMBERLAIN, ABBOTT, RICKETTS, FEMALE,

RICHARDSON, SMITH, HARDING, GOOD, ROMERO,

BUSTOS, LOWE, OSTERMAN, PLAYERS, ENQUIST, GARCIA

Q	G	M	G	H	R	K	V	H	V	C	Q	K	O	H	V	T	C	O	D	Y	A	B	U	J	C	V	F
A	A	U	P	U	C	O	R	N	H	U	S	K	E	R	S	R	C	W	P	F	O	A	R	X	B	P	M
X	M	J	M	R	R	G	D	U	C	K	S	U	Y	O	L	O	J	T	P	B	A	D	R	D	P	D	H
F	E	G	O	R	I	C	S	P	A	R	T	A	N	S	C	J	C	V	D	S	F	G	R	V	I	E	I
D	C	L	U	I	U	W	H	F	M	W	E	O	S	R	O	A	L	K	V	X	K	E	K	D	L	V	L
C	O	V	N	C	Z	C	N	D	D	F	B	P	G	P	L	N	C	C	V	Q	O	R	D	J	U	Y	O
M	C	E	T	A	N	X	K	U	N	Y	G	I	J	N	L	S	R	M	L	P	B	S	L	E	G	Q	N
Q	K	P	A	N	X	D	J	Y	B	R	A	W	V	G	E	S	I	N	T	G	B	L	K	W	A	Z	G
U	S	E	I	E	J	U	C	B	W	D	T	I	E	I	G	W	M	S	E	M	I	N	O	L	E	S	H
C	P	P	N	S	P	I	F	J	T	I	G	E	R	S	E	K	S	N	M	R	T	K	T	N	Y	L	O
N	W	C	E	I	S	E	B	P	F	E	D	F	J	K	F	Z	O	G	U	R	G	A	T	O	R	S	R
R	K	J	E	X	X	G	P	F	P	U	N	C	J	B	O	C	N	V	Q	L	P	O	G	Z	O	B	N
F	R	R	R	T	D	B	U	C	K	E	Y	E	S	V	O	F	T	I	D	G	L	I	D	V	X	X	S
W	O	Z	S	J	Y	J	A	S	U	A	W	S	A	R	T	U	I	H	U	A	A	G	M	J	B	D	O
O	U	N	F	W	J	D	M	Q	S	G	S	O	B	Z	B	C	D	A	T	N	J	K	V	S	H	W	J
B	U	K	X	L	A	G	G	I	E	S	I	M	K	T	A	I	E	W	A	V	O	R	A	B	M	L	Q
F	S	S	O	O	N	E	R	S	R	E	S	E	O	Q	L	A	T	K	J	R	K	S	L	D	V	Y	H
N	N	A	B	U	L	L	D	O	G	S	A	V	N	V	L	B	R	E	A	P	W	O	J	D	B	B	D
H	J	W	P	T	E	R	R	A	P	I	N	S	S	Y	T	O	R	Y	Y	D	S	U	I	X	K	A	W
S	P	R	M	A	Z	K	Y	F	J	H	T	Q	M	H	E	I	J	E	S	W	R	T	N	I	H	N	O
O	F	I	G	H	T	I	N	G	I	R	I	S	H	R	A	V	X	S	K	W	H	U	M	L	H	U	S
O	Z	Z	P	S	A	I	H	F	Y	W	B	I	Z	L	M	Y	O	P	A	X	E	F	F	Y	F	D	E
B	H	Q	D	A	K	J	J	S	K	J	C	B	P	N	S	L	C	J	B	H	A	D	E	S	D	Z	J
H	L	M	O	P	A	L	Z	O	X	M	V	O	L	U	N	T	E	E	R	S	G	C	J	B	S	D	R
F	W	O	R	F	P	O	R	A	Z	O	R	B	A	C	K	S	X	G	O	M	L	W	L	D	R	C	B
I	K	M	S	J	M	N	Q	Q	P	F	I	Y	Q	K	X	K	W	O	L	V	E	R	I	N	E	S	C
Z	R	E	M	I	E	A	M	L	I	O	N	S	P	I	H	M	S	C	B	Q	S	H	Q	P	W	F	P
G	E	F	N	L	U	U	Z	S	H	I	T	H	K	B	X	K	P	Y	Z	U	H	A	O	Y	A	M	S

WOLVERINES, LIONS, COLLEGEFOOTBALLTEAMS,

HURRICANES, BULLDOGS, GATORS, BADGERS,

HAWKEYES, GAMECOCKS, LONGHORNS, EAGLES,

TERRAPINS, BUCKEYES, FIGHTINGIRISH, VOLUNTEERS,

RAZORBACKS, SEMINOLES, SOONERS, MOUNTAINEERS,

TROJANS, CRIMSONTIDE, SPARTANS, TIGERS, AGGIES,

CORNHUSKERS, DUCKS

S	O	Q	F	L	S	Y	F	D	Q	H	H	U	X	K	T	I	G	E	R	S	B	J	R	J	Z
Z	H	T	S	G	P	E	N	G	I	N	E	E	R	S	O	G	O	R	W	G	C	B	K	V	J
X	V	L	D	K	A	L	B	O	B	C	A	T	S	M	R	O	O	R	I	Y	S	D	B	Q	X
R	N	T	B	N	R	L	D	P	W	V	X	R	B	B	Q	L	C	A	W	L	U	M	J	F	Y
H	C	V	V	I	T	O	R	W	D	I	R	U	U	M	A	D	O	E	B	O	N	A	H	P	N
Y	F	K	H	G	A	W	E	O	D	A	U	S	L	L	O	E	L	T	H	G	D	R	W	M	U
D	U	W	I	H	N	J	D	M	U	P	K	U	L	A	J	N	L	B	I	O	E	M	W	F	U
S	A	I	N	T	S	A	M	E	T	I	S	T	D	C	Z	G	E	V	B	L	V	Z	J	S	Q
S	E	D	N	S	K	C	E	F	C	H	T	M	O	S	P	O	G	S	G	D	I	Y	G	Q	W
S	A	J	V	P	F	K	N	Z	H	Z	N	M	G	A	C	P	E	X	L	E	L	C	I	X	X
R	G	R	C	I	G	E	S	X	M	V	F	M	S	B	S	H	H	V	G	N	S	Y	G	G	E
W	L	T	S	G	L	T	D	S	E	E	V	T	D	L	V	E	O	R	J	G	D	V	I	E	K
D	E	I	R	B	D	S	K	C	N	Q	V	R	A	A	S	R	C	H	A	R	G	E	R	S	I
A	S	T	W	O	L	V	E	R	I	N	E	S	F	C	R	S	K	E	W	I	R	Q	N	T	U
Q	G	C	D	A	M	R	E	D	H	A	W	K	S	K	S	B	E	S	L	F	I	A	H	X	A
P	V	P	H	U	S	K	I	E	S	I	C	Z	P	B	Y	G	Y	H	Q	F	F	A	H	D	T
W	B	Z	O	C	E	L	Z	T	X	F	Z	E	Y	E	O	Q	T	S	F	I	H	N	V	C	Z
H	N	W	D	M	I	N	U	T	E	M	E	N	Z	A	T	A	E	M	R	N	G	O	W	O	Z
O	M	G	S	V	X	Z	S	Z	Z	T	Y	H	T	R	O	W	A	T	I	S	K	S	T	B	J
G	O	L	D	E	N	K	N	I	G	H	T	S	E	S	F	D	M	A	A	V	X	Y	F	I	D
C	U	R	B	W	M	A	V	E	R	I	C	K	S	V	A	V	S	Y	R	Q	E	P	A	C	B
B	E	A	V	E	R	S	G	A	M	P	R	H	Q	K	I	A	F	I	S	G	Y	V	L	H	K
G	P	B	A	D	G	E	R	S	R	M	X	V	R	I	L	M	I	E	D	X	Q	G	C	D	O
P	V	V	W	N	P	H	F	I	G	H	T	I	N	G	I	R	I	S	H	E	O	C	O	L	H
N	W	R	I	D	O	D	J	R	V	P	U	R	P	L	E	E	A	G	L	E	S	O	N	F	U
I	W	F	H	N	R	M	F	J	L	P	I	P	I	O	N	E	E	R	S	T	K	J	S	O	R

BLACKBEARS, GOLDENGOPHERS, WOLVERINES,

YELLOWJACKETS, EAGLES, BOBCATS, BULLDOGS,

PIONEERS, TIGERS, BADGERS, CHARGERS, FALCONS,

SUNDEVILS, MINUTEMEN, REDMENS,

COLLEGEHOCKEYTEAMS, SPARTANS, REDHAWKS,

PURPLEEAGLES, SAINTS, BEAVERS, HUSKIES,

FIGHTINGIRISH, MAVERICKS, DUTCHMEN,

GOLDENGRIFFINS, ENGINEERS, FRIARS,

GOLDENKNIGHTS, KNIGHTS

P	A	X	T	H	J	M	B	T	Y	P	W	F	S	S	I	D	U	M
O	S	B	W	L	H	I	G	H	F	A	L	U	T	I	N	H	X	Z
W	P	M	H	A	N	D	S	O	M	E	L	Y	D	V	S	V	E	T
E	I	O	T	H	A	N	K	F	U	L	I	G	P	D	I	H	U	F
R	R	A	V	A	I	L	A	B	L	E	M	U	D	E	D	Y	J	R
F	I	D	C	L	O	U	D	Y	A	O	A	L	I	L	I	I	E	N
U	N	H	V	U	T	N	R	X	G	S	T	L	F	I	O	F	V	E
L	G	E	I	M	N	T	U	C	W	T	U	I	F	G	U	Y	C	B
C	X	S	I	L	Y	I	N	G	A	R	R	B	E	H	S	F	A	U
H	A	I	N	R	G	J	K	A	I	A	E	L	R	T	K	I	R	L
B	Q	V	N	B	R	Z	S	E	T	N	W	E	E	F	B	X	O	O
K	B	E	O	M	A	L	E	K	I	G	L	B	N	U	U	K	M	U
N	T	J	C	G	N	Y	N	Z	N	E	M	H	T	L	U	I	A	S
W	K	S	E	O	D	P	C	N	G	C	O	M	M	O	N	D	T	Y
K	A	Q	N	D	I	E	L	A	S	T	I	C	A	Q	G	I	I	O
B	O	V	T	L	O	R	D	D	R	Y	G	N	N	M	K	O	C	D
H	J	K	I	Y	S	S	E	C	O	N	D	O	E	U	E	T	A	H
L	W	R	L	B	E	M	E	R	E	J	H	V	I	Q	Q	I	K	Q
X	H	I	L	A	R	I	O	U	S	X	B	A	I	M	H	C	H	E

ADHESIVE, INSIDIOUS, GODLY, DRY, DRUNK, DIFFERENT, POWERFUL, GRANDIOSE, WAITING, IDIOTIC, HIGHFALUTIN, COMMON, MALE, INNOCENT, AVAILABLE, NEBULOUS, GULLIBLE, DELIGHTFUL, THANKFUL, MERE, LYING, ASPIRING, CLOUDY, HANDSOMELY, AROMATIC, ELASTIC, STRANGE, SECOND, MATURE, HILARIOUS

P P J Z R E D R A I D E R S B F H G B Z E V Y A C G O Y I S
W T N G E O R O A T X X T Y P D U C K S S N N Q A G Q P H V
K K C M W H W X D D M X C W O W I L D C A T S E R E R L T F
K C O L L E G E B A S K E T B A L L T E A M S P D V V D Q A
G I M J X A R W E N X Q X E C P O M B B S Z M Y I C I M E I
A U H W U U S E M I N O L E S D Q E E C P E A S N X Z B D R
T K H H G S P F B M I U Y K K D F G W S V O S W A U W L P V
O R U P P S W A U V V D U I W K U P A D A B M O L L X U Z A
R P S U S I O R C A V A L I E R S Y Z N A T L L S V S E U V
S T K K W Y Y C K F U N N N M S E L T X H D I V C N L J P P
A H I S T V R D E G M N C P W O L X E L F A I E P Q M A L S
H W E G T T U F Y S S A S D N D L O C C L O I R R Z Y Y T L
W P S C X M L J E B Y S O E M H I R S Q Y H N I U H D S S O
X B X V Q O F T S C A Q E J A T X A D G E K P N K H R M P C
L D Z K P F G Y A O P V R G P E U N I A R A Y E L Z R V W O
O H W H A D X R C R U O W N M X D G H F S J Z S K M Y J R M
M H K M Y Y X I C B Z G L X R G M E M E N X Q O I I H Y X V
P N M C R Q Z P P J D Q E B Q Y U R H A I O T M B I Q I J W
C G H X E C P I K X P G K T G P I A Q G G B U L L D O G S D
O B R U I N S R K H D T K B S K Y A F L N U A N I X W C K B
C S Z B Z H B A N H U A Q E Z R O Y F E M M S H E U D T M A
A L S J C O L T J J Q R B A U Z N S U S A Q B P J T A U X I
J U R C Z O U E V E I H S R F A M F N U G S W Z U E P Z K W
F E V O Z S E S R H N E D S A R J B B D Y P R G L R T K S N
W D M U G I D A G U G E G G P S U R D V X A Q C V R K Q X B
K R Z G V E E K M F H L J A Y H A W K S K R U M Z A D A R U
Y C I A I R V H S E S S J Z D T P N G T H T P A F P G U C U
P I L R P S I G I Y L O N G H O R N S R R A U X K I Z O O C
G Z O S T V L F G Q R L W K I Q M O H T G N V Q Z N M X F O
U B W R U T S M T X T H V Y I B A K M M I S F N Q S M T M W

PIRATES, DUCKS, BULLDOGS, WILDCATS, SPARTANS,

BEARS, BRUINS, AZTECS, CARDINALS, TARHEELS,

HUSKIES, HOOSIERS, WOLVERINES, LONGHORNS,

COLLEGEBASKETBALLTEAMS, ORANGE, TERRAPINS,

COUGARS, BLUEJAYS, EAGLES, FLYERS, JAYHAWKS,

CAVALIERS, BUCKEYES, SEMINOLES, BLUEDEVILS,

GATORS, REDRAIDERS

I	C	M	N	N	Z	L	Z	H	O	R	Y	C	C	M	T	L	Z	L	L	M	R	B	D	Z	H
O	I	R	W	H	P	G	I	U	I	A	H	L	U	I	R	O	C	G	X	Z	N	H	J	X	K
R	U	J	U	B	M	M	Z	S	L	C	P	E	V	L	Z	B	F	Q	M	X	H	O	Y	A	S
A	Y	I	Q	P	U	T	A	K	R	X	I	Q	D	W	R	O	O	Z	P	Y	Y	U	T	G	Q
C	O	T	I	G	E	R	S	I	S	B	L	O	H	G	P	S	R	B	Y	E	D	V	V	P	J
F	T	Y	J	Z	R	H	F	E	O	T	O	H	U	P	W	P	T	W	I	N	Y	G	K	N	M
I	Y	D	A	K	H	Q	E	S	W	C	T	T	A	E	N	K	Y	Y	V	O	Q	X	F	S	J
G	J	H	A	G	D	Z	M	X	E	F	S	V	X	J	H	K	N	B	G	R	G	P	N	F	G
H	A	O	Q	L	N	G	J	K	A	F	B	F	T	X	S	Z	I	Z	O	A	D	U	V	A	M
T	K	F	S	U	V	E	X	M	H	G	X	L	R	M	S	X	N	W	N	N	Y	U	F	W	Y
I	A	L	N	L	E	Q	I	L	I	R	G	A	Q	V	J	R	E	U	P	G	R	N	E	K	M
N	B	Y	V	B	O	Q	W	T	J	R	K	M	S	K	F	P	R	S	L	E	T	D	P	R	O
G	R	E	A	E	F	L	X	P	X	I	W	E	K	O	A	I	S	U	R	M	W	R	S	G	U
H	B	R	J	C	U	Z	K	X	K	M	J	S	A	A	G	G	I	E	S	B	Z	U	S	A	N
A	N	S	C	A	P	J	T	F	P	H	N	L	F	R	C	T	O	Z	R	Q	Q	C	G	Y	T
W	I	J	K	V	C	O	L	L	E	G	E	S	O	C	C	E	R	T	E	A	M	S	P	X	A
K	P	K	Z	A	L	L	H	N	M	J	N	U	E	F	D	N	H	Z	K	I	H	L	S	G	I
S	U	U	B	L	Q	H	I	W	F	N	G	H	I	G	H	L	A	N	D	E	R	S	Z	U	N
Y	T	S	L	I	P	D	W	C	Y	R	A	W	V	X	U	D	A	W	Z	M	I	Q	N	U	E
D	G	B	P	E	E	F	U	D	W	M	R	E	I	B	B	L	U	E	D	E	V	I	L	S	E
J	L	K	P	R	I	Z	F	I	G	H	T	I	N	B	L	U	E	H	E	N	S	V	A	H	R
T	J	X	Q	S	R	T	Y	T	E	R	R	A	P	I	N	S	I	B	N	F	F	H	Q	Z	S
B	E	P	A	N	T	H	E	R	S	C	E	F	F	K	E	Z	U	F	I	T	L	X	T	P	V
Q	D	H	I	D	O	A	T	W	S	L	G	G	W	B	H	Q	L	Q	N	X	Y	T	K	D	L
B	O	D	T	Q	J	A	S	W	H	J	C	K	Q	J	I	L	F	X	W	L	G	B	Y	V	L
P	Z	X	J	E	F	G	A	E	L	S	J	I	F	F	K	H	S	V	L	E	X	A	W	B	O

MOUNTAINEERS, CAVALIERS, HUSKIES, PANTHERS,
BLUEDEVILS, FORTYNINERS, ORANGE, GAELS,
FIGHTINBLUEHENS, FLYERS, COLLEGESOCCERTEAMS,
FLAMES, TIGERS, AGGIES, TERRAPINS, HOYAS, LOBOS,
FIGHTINGHAWKS, HIGHLANDERS, PILOTS

C	V	W	P	V	V	S	Z	K	T	J	C	R	Z	H	W	W	S
O	V	A	M	D	N	D	X	M	A	A	N	U	L	A	W	I	V
L	N	C	V	M	K	I	N	E	R	S	J	S	D	L	A	R	Q
L	C	X	F	R	F	F	M	A	Y	S	E	D	K	L	G	U	M
I	O	A	A	R	O	N	H	T	G	T	T	E	C	O	N	T	A
N	B	P	H	E	R	M	A	N	K	Y	E	A	P	F	E	H	S
S	B	F	A	X	D	U	M	B	P	N	R	Q	K	F	R	M	G
D	U	F	F	Y	C	S	O	H	O	U	G	V	H	A	H	V	E
A	H	F	Q	E	A	D	K	E	E	L	E	R	L	M	S	I	J
X	V	G	E	U	R	F	O	X	X	D	N	F	K	E	I	W	X
B	N	G	O	R	E	T	Z	V	A	I	B	D	C	P	A	F	M
B	A	N	K	S	W	R	O	W	N	C	Q	R	D	T	S	Y	I
U	B	A	S	E	B	A	L	L	S	K	Q	I	X	H	R	U	H
A	N	K	I	O	A	M	E	X	O	E	L	C	V	A	B	K	F
B	D	A	V	E	R	I	L	L	N	Y	L	E	C	T	M	T	P
M	T	C	W	O	C	H	U	M	B	R	O	C	K	V	E	O	Y
W	Y	N	N	I	H	R	S	J	F	V	L	U	M	V	A	C	L
O	N	R	Q	S	J	M	A	N	T	L	E	E	Z	J	X	Y	R

AARON, WYNN, JETER, ANSON, FOXX, WAGNER, RICE,

KEELER, BASEBALL, BROCK, MANTLE, AVERILL,

FORDCAREW, HERMAN, DUFFY, KINER, DICKEY, BANKS,

MAYS, RUTH, COLLINS, COBB, HALLOFFAME

Q	M	J	A	Q	Y	G	S	P	N	V	G	U	J	J	A	K	M	F
D	W	U	P	M	W	Z	T	R	F	O	N	I	A	T	J	B	T	S
H	N	A	E	I	O	A	R	A	N	R	X	C	E	N	T	E	R	R
R	S	G	T	Y	X	Q	A	C	C	O	L	O	R	S	I	C	D	G
I	W	S	C	O	R	E	I	T	L	I	S	M	S	H	R	E	E	H
N	Y	V	C	R	M	D	G	I	A	N	B	P	D	F	I	E	L	D
G	V	P	X	H	F	G	H	C	N	Q	V	E	E	S	O	M	D	F
S	P	A	W	Q	Q	R	T	E	D	T	E	T	A	R	G	E	T	S
F	A	N	H	U	N	I	C	O	G	H	S	E	X	N	S	D	B	P
Q	T	O	A	I	O	Y	R	R	P	U	S	P	O	W	E	R	Q	D
Z	X	C	S	V	G	L	O	V	E	N	H	C	E	V	S	E	R	J
U	Y	K	D	E	Z	C	Z	R	K	T	O	M	L	P	W	S	R	Q
T	M	N	J	R	B	Q	E	H	U	I	O	K	N	S	F	S	N	K
N	Y	Q	Z	U	O	Z	E	B	L	N	T	G	T	H	Z	S	U	P
H	G	E	T	M	L	E	S	S	S	G	W	M	N	A	Q	H	A	O
X	A	T	Z	G	T	A	P	P	L	E	J	F	P	F	X	I	R	I
F	I	G	V	W	V	V	M	P	A	Y	N	Q	N	T	R	E	R	N
X	M	K	Z	B	S	H	J	A	R	C	H	E	R	Y	I	L	O	T
Y	S	J	M	E	K	V	Z	C	U	P	I	D	R	T	Y	D	W	R

FIELD, SCORE, GLOVE, COMPETE, CUPID, RINGS,
COLORS, POINT, SHOOT, QUIVER, STRAIGHT,
DRESSSHIELD, TARGETS, LAND, NOCK, APPLE, AIMS,
CENTER, ARROW, ARCHERY, PRACTICE, HUNTING, SHAFT,
POWER, BOLT

U	Y	H	Z	J	E	W	E	D	B	Z	J	P	Z	R	E	V	H	G	A	G	G	Y	W
A	B	N	G	S	H	E	U	M	V	S	Q	R	O	T	W	D	Z	F	V	X	M	E	I
N	O	E	N	G	O	N	W	W	Q	A	N	R	K	Y	U	W	F	Z	T	I	L	L	L
V	R	M	K	H	S	H	M	A	U	D	L	E	O	U	J	L	C	G	L	I	G	D	L
R	G	G	W	E	A	A	K	Y	A	U	K	G	Q	Y	U	D	G	H	S	H	U	B	I
L	I	Y	I	D	B	Y	T	E	N	N	I	S	H	A	L	L	O	F	F	A	M	E	A
Q	M	D	L	V	A	L	U	T	O	I	Y	X	V	X	H	Q	F	A	U	W	O	T	M
N	O	V	L	E	T	Z	N	E	B	O	I	Z	Z	A	G	P	M	U	J	V	H	O	S
W	I	U	S	W	I	B	Q	V	Y	A	U	E	J	Q	I	D	T	S	J	I	P	F	C
N	H	S	K	Z	N	F	L	E	N	D	L	F	Q	E	G	S	R	T	A	L	O	P	M
G	C	T	X	V	I	S	D	Q	P	G	C	S	T	A	E	E	B	I	C	A	E	R	G
W	E	V	Y	E	V	W	I	L	A	N	D	E	R	B	G	L	I	N	J	S	V	B	A
N	U	X	A	R	L	V	E	G	U	U	H	V	B	I	R	E	S	H	D	G	E	W	J
U	F	W	K	E	N	E	A	M	E	F	V	V	G	G	A	S	O	W	T	T	R	Z	R
R	N	Z	Y	V	U	C	G	P	C	C	S	Y	U	H	F	W	N	Q	G	B	T	J	Y
N	V	D	V	A	S	O	A	G	S	R	P	Y	R	I	X	V	Z	M	O	Q	R	S	S
A	E	C	H	L	D	N	S	R	E	B	T	V	B	M	V	W	U	P	B	S	E	L	Q
S	Y	A	A	A	T	N	S	A	R	D	P	I	Z	O	E	L	F	Q	T	Z	E	M	J
T	H	S	G	J	R	O	I	V	I	Q	X	S	Y	Q	Y	F	U	J	O	V	U	Q	Y
A	C	H	L	J	T	L	Z	Q	Q	K	L	K	A	H	B	X	S	O	R	V	W	Y	Z
S	K	E	Y	E	R	L	O	J	V	U	A	T	I	C	A	P	R	I	A	T	I	I	E
E	O	U	C	G	V	Y	K	I	N	G	V	J	J	G	M	Q	N	X	A	A	Y	L	G
T	J	C	A	D	A	P	X	D	Q	J	E	L	C	J	Z	G	X	N	G	K	J	H	M
R	I	J	P	V	F	Y	D	R	J	H	R	L	D	Q	M	X	P	I	Q	V	E	H	U

WILLS, CONNOLLY, AUSTIN, ZVEREVA, LAVER, EVERT,

NASTASE, GRAF, WILANDER, LENDL, ASHE, WILLIAMS,

KING, CAPRIATI, TENNISHALLOFFAME, SABATINI, BORG,

BISON, AGASSI, VILAS, SELES

A	E	U	Q	V	D	D	Q	R	A	B	S	A	Y	Z	Q	H	Z	P	C
Q	T	B	U	T	O	R	U	B	I	D	O	V	X	R	S	V	J	Y	E
O	R	A	L	L	Y	N	V	A	P	N	M	L	V	B	E	T	E	U	Y
V	P	Q	M	D	J	G	K	L	P	G	J	P	T	S	R	Q	H	D	E
C	O	F	N	R	L	D	V	L	N	K	M	F	Q	Q	V	S	M	O	W
S	R	M	E	E	I	P	O	G	W	V	A	R	V	Y	I	T	F	W	E
U	A	A	M	X	B	M	L	T	R	E	T	U	R	N	C	R	B	N	A
R	M	R	S	F	J	F	L	L	Z	T	C	J	A	B	E	O	S	R	R
E	M	K	B	U	D	A	E	M	R	B	H	F	Z	D	B	K	E	U	G
C	A	E	Y	X	R	U	Y	N	A	F	O	U	T	O	O	E	R	V	P
I	Z	R	O	Q	F	L	E	Y	C	V	F	T	R	M	X	V	V	T	H
E	C	D	S	Y	M	T	P	H	Q	S	G	P	A	I	P	G	E	J	E
V	M	O	T	S	A	X	H	X	U	C	L	H	L	N	Z	A	R	O	F
E	J	A	R	Q	C	K	T	V	E	N	C	D	L	A	O	Z	A	H	V
R	X	E	I	U	C	O	U	R	T	F	G	G	Y	T	H	S	Y	U	I
P	L	W	K	A	F	H	A	N	D	O	U	T	N	I	L	V	J	R	P
R	E	H	E	S	P	S	I	J	U	S	W	U	G	N	D	W	O	Q	Z
L	T	X	F	H	G	S	I	X	Y	T	V	A	J	G	P	F	F	W	I
L	B	P	J	F	S	X	S	C	A	I	U	D	F	U	T	C	B	L	M
P	I	N	T	E	R	F	E	R	E	N	C	E	Z	S	M	C	D	T	C

MARKER, RALLY, STROKE, DOWN, LET, HANDOUT, OUT,
SERVICEBOX, STRIKE, MATCH, VOLLEY, TIN,
INTERFERENCE, FAULT, RETURN, EYEWEAR, SQUASH,
COURT, RECIEVER, BALL, RALLY, RACQUET, DOMINATING,
SERVER

A	C	C	U	R	A	C	Y	R	X	S	E	H	W	X	E	H	S	W	M
W	U	B	O	X	U	D	K	P	D	T	G	R	E	S	C	U	E	P	O
G	R	A	V	I	T	Y	F	O	V	R	L	L	D	J	W	P	E	I	Q
D	M	R	C	K	V	E	O	G	O	A	H	T	R	I	S	E	R	L	Y
U	O	G	U	J	X	H	S	P	B	P	D	I	R	E	C	T	I	O	N
Z	Z	R	Y	B	P	J	P	N	V	S	V	H	X	C	Q	F	S	T	H
Y	C	O	B	H	O	H	E	I	G	H	T	S	E	Y	R	Q	I	L	A
A	X	U	D	R	A	I	E	I	R	N	Y	L	O	N	E	D	L	O	R
R	S	N	R	T	J	W	D	L	U	H	E	L	M	E	T	W	K	T	N
E	D	D	C	Z	I	I	G	T	U	N	T	I	Q	S	K	I	R	T	E
A	I	D	J	O	B	B	F	P	T	T	G	J	I	D	F	S	V	U	S
R	S	K	Y	D	I	V	I	N	G	H	H	P	S	Q	F	I	C	N	S
S	M	N	S	G	A	F	C	P	A	R	A	T	R	O	O	P	E	R	S
L	O	S	W	O	L	R	U	C	X	N	A	H	V	I	C	L	A	S	S
O	W	B	V	Q	T	E	E	G	X	L	W	U	K	M	L	R	E	R	B
T	J	W	K	V	I	E	S	T	U	N	T	P	F	R	A	M	L	Q	X
H	U	G	T	A	T	F	M	J	X	W	J	L	G	T	N	R	F	U	K
M	M	F	U	D	U	A	P	L	Y	T	R	A	I	N	D	N	M	U	A
A	P	I	R	O	D	L	H	F	N	Y	U	N	R	M	Z	N	F	E	L
V	S	P	N	Z	E	L	A	A	N	R	U	E	A	K	R	F	P	U	E

SKYDIVING, RESCUE, CLASS, GRAVITY, GROUND, LAND,
PARATROOPERS, FREEFALL, SPEED, HEIGHTS, PLANE,
DIRECTION, TURN, HARNESS, SILK, STUNT, SKIRT,
STRAPS, REARSLOT, RISER, HELMET, ACCURACY,
ALTITUDE, NYLON, PILOT, TRAIN, JUMPS

O	V	S	N	X	H	D	K	O	B	R	L	C	H	U	B	B	Y	F
W	S	A	D	E	I	S	N	G	A	V	A	J	S	V	D	F	H	U
P	Y	W	H	A	L	T	I	N	G	D	K	T	Q	A	G	F	D	R
T	K	N	J	U	A	X	F	G	E	N	E	P	U	N	A	C	R	E
C	A	L	G	A	R	Y	A	I	G	M	P	U	A	C	M	U	Y	E
L	U	C	A	H	I	D	S	N	R	A	L	S	W	O	C	M	C	C
F	I	R	S	T	O	R	C	N	E	T	A	A	V	U	H	D	P	T
E	P	A	L	E	U	U	I	S	N	I	C	P	A	V	A	I	E	S
S	O	C	H	I	S	E	N	B	O	J	I	P	L	E	M	F	C	A
O	N	A	G	A	N	O	A	R	B	K	D	O	L	R	O	F	A	R
T	O	R	I	N	O	A	T	U	L	I	Q	R	E	H	N	E	J	A
Q	I	X	D	L	U	T	E	C	E	G	W	O	Y	R	I	R	B	J
D	N	V	I	K	V	J	D	K	P	L	Y	I	N	G	X	E	B	E
K	D	I	O	I	N	Q	U	I	S	I	T	I	V	E	H	N	I	V
E	R	V	T	V	H	A	N	D	S	O	M	E	L	Y	S	T	F	O
P	K	W	I	L	F	O	P	L	S	A	M	A	T	U	R	E	R	V
R	I	G	C	W	B	S	E	L	A	S	T	I	C	M	C	S	L	G
L	Q	I	A	L	G	L	Q	U	A	S	P	I	R	I	N	G	L	W
C	U	L	S	Y	Z	O	I	N	S	I	D	I	O	U	S	L	P	W

INNSBRUCK, HANDSOMELY, SAPPORO, FASCINATED,
CHAMONIX, SQUAWVALLEY, INSIDIOUS, ASPIRING,
SARAJEVO, HILARIOUS, GRENOBLE, LYING, ELASTIC,
MATURE, FIRST, IDIOTIC, NAGANO, LAKEPLACID, OSLO,
CHUBBY, SAD, HALTING, PALE, TORINO, DIFFERENT,
SOCHI, INQUISITIVE, CALGARY, VANCOUVER

S	S	T	I	M	**S**	**T**	**M**	**O**	**R**	**T**	**I**	**Z**	I	F	F	G	**S**	**S**	D	G
M	S	A	**L**	**A**	**K**	**E**	**P**	**L**	**A**	**C**	**I**	**D**	E	K	Y	J	**T**	**T**	O	E
X	F	K	J	J	Q	R	**S**	**T**	**O**	**C**	**K**	**H**	**O**	**L**	**M**	B	**L**	**O**	**R**	E
O	O	X	K	P	**B**	**E**	**R**	**L**	**I**	**N**	M	A	**M**	B	K	P	**O**	**C**	**I**	R
M	I	R	S	W	**M**	**O**	**S**	**C**	**O**	**W**	V	X	**O**	U	Y	J	**U**	**K**	**O**	W
X	**S**	**Q**	**U**	**A**	**W**	**V**	**A**	**L**	**L**	**E**	**Y**	J	**N**	Z	W	M	**I**	**H**	**D**	B
A	V	O	E	P	Q	**T**	**O**	**K**	**Y**	**O**	F	V	**T**	Y	J	F	**S**	**O**	**E**	E
N	E	N	S	**P**	**A**	**R**	**I**	**S**	C	G	T	J	**R**	Z	J	G	A	**L**	**J**	H
T	Q	**A**	**T**	**L**	**A**	**N**	**T**	**A**	J	F	**R**	B	**E**	B	G	S	W	**M**	**A**	M
W	K	D	P	J	O	T	G	K	O	F	**O**	Z	**A**	**T**	**H**	**E**	**N**	**S**	**N**	I
E	Y	D	**B**	**S**	Q	P	G	G	Q	**L**	**M**	C	**L**	Q	Z	P	A	L	**E**	X
R	S	H	**U**	**E**	A	R	J	J	L	**O**	**E**	Q	**C**	**H**	**A**	**M**	**O**	**N**	**I**	**X**
P	A	D	**E**	**O**	R	G	T	G	N	**S**	D	F	D	O	**M**	P	G	M	**R**	V
H	I	F	**N**	**U**	Z	I	N	C	P	**A**	U	D	P	J	**E**	G	Q	J	**O**	H
S	Y	C	**O**	**L**	T	W	S	I	T	**N**	Z	I	N	Q	**L**	J	J	H	T	K
T	**A**	**M**	**S**	**T**	**E**	**R**	**D**	**A**	**M**	**G**	T	O	K	R	**B**	J	Y	U	A	W
B	O	X	**A**	**O**	**S**	**L**	**O**	H	T	**E**	Z	P	T	P	**O**	U	I	W	A	X
I	U	Q	**I**	G	I	W	I	U	N	**L**	T	Z	C	K	**U**	S	N	D	S	B
J	Z	W	**R**	P	D	F	E	K	M	**E**	D	S	P	B	**R**	T	L	W	X	W
H	U	I	**E**	I	Z	I	F	I	T	**S**	W	G	W	O	**N**	F	R	Y	J	H
F	M	Z	**S**	D	V	Q	O	**L**	**O**	**N**	**D**	**O**	**N**	K	**E**	U	I	S	K	Q

BERLIN, STLOUIS, ATLANTA, TOKYO, LONDON,
SQUAWVALLEY, LOSANGELES, MOSCOW, ROME,
MELBOURNE, ATHENS, BUENOSAIRES, STOCKHOLM,
MONTREAL, OSLO, PARIS, ANTWERP, STMORTIZ,
CHAMONIX, LAKEPLACID, AMSTERDAM, RIODEJANEIRO,
STOCKHOLM, SEOUL

B	A	H	**N**	**E**	**B**	**U**	**L**	**O**	**U**	**S**	A	**R**	I	G	U	P	Q	**C**	Q	F	A	Q
C	F	B	C	V	G	O	D	X	W	P	T	**O**	J	N	E	A	F	**Y**	Y	U	M	C
Z	C	C	X	P	**I**	B	C	C	H	O	W	**L**	A	Y	**V**	K	R	**C**	W	Q	S	I
I	B	**T**	T	F	**N**	W	**H**	P	P	Y	G	**L**	M	C	**O**	I	X	**L**	U	T	**P**	G
H	E	**E**	U	**S**	**Q**	R	**A**	Z	V	S	W	**E**	L	F	**L**	E	W	**I**	Z	M	**O**	F
S	S	**N**	V	**K**	**U**	Z	**N**	**P**	**O**	**W**	**E**	**R**	**F**	**U**	**L**	G	A	**N**	U	**F**	**W**	Q
P	S	**N**	S	**I**	**I**	O	**D**	P	N	X	**H**	**S**	W	J	**E**	F	**S**	**G**	H	**L**	**E**	**I**
T	B	**I**	E	**I**	**S**	**A**	**B**	L	R	B	**A**	**K**	F	V	**Y**	P	**O**	P	W	**O**	**R**	**D**
K	H	**S**	**S**	**N**	**I**	**T**	**A**	U	W	I	**L**	**A**	G	**C**	**B**	Z	**F**	A	Q	**O**	**L**	**I**
N	Y	W	**P**	**G**	**T**	**H**	L	Z	F	E	**T**	**T**	**G**	**R**	**A**	W	**T**	H	W	**R**	**I**	**O**
P	U	B	**E**	G	**I**	**L**	**L**	Z	B	D	**I**	**I**	**O**	**I**	**L**	W	**B**	R	O	**H**	**F**	**T**
X	Z	Q	**C**	A	**V**	**E**	**M**	**A**	**L**	**E**	**N**	**N**	**L**	**C**	**L**	S	**A**	J	M	**O**	**T**	**I**
B	O	A	**I**	M	**E**	**T**	**P**	**A**	**L**	**E**	**G**	**G**	**F**	**K**	C	K	**L**	L	T	**C**	**I**	**C**
O	P	**B**	**A**	**D**	**M**	**I**	**N**	**T**	**O**	**N**	F	T	B	**E**	M	E	**L**	I	S	**K**	**N**	J
C	Z	F	**L**	U	V	**C**	S	A	G	V	**S**	**K**	**A**	**T**	**I**	**N**	**G**	P	I	**E**	**G**	X
U	Y	O	**O**	M	Q	**S**	**K**	**A**	**Y**	**A**	**K**	**I**	**N**	**G**	Y	**B**	S	C	R	**Y**	V	Y
L	E	R	**L**	H	X	**H**	**I**	**L**	**A**	**R**	**I**	**O**	**U**	**S**	W	**O**	D	L	**J**	R	W	X
M	H	M	**Y**	**E**	**Q**	**U**	**E**	**S**	**T**	**R**	**I**	**A**	**N**	E	Y	**W**	X	W	**U**	N	H	M
F	N	V	**M**	R	I	L	**E**	**L**	**A**	**S**	**T**	**I**	**C**	V	O	**L**	Y	M	**D**	O	Y	X
S	T	G	**P**	S	E	J	O	**C**	**A**	**G**	**E**	**Y**	E	U	O	**I**	I	G	**O**	K	U	Q
I	X	M	**I**	C	C	D	C	A	J	P	S	M	Z	Z	N	**N**	A	F	E	X	P	Y
S	C	O	**C**	D	**I**	**N**	**S**	**I**	**D**	**I**	**O**	**U**	**S**	O	Z	**G**	O	E	S	N	F	N
C	L	Q	**S**	B	G	F	P	Z	N	B	H	G	E	V	R	G	L	I	T	Q	J	W

SPECIALOLYMPICS, BOWLING, ATHLETICS, GOLF,
SKATING, POWERLIFTING, ELASTIC, ROLLERSKATING,
SOFTBALL, IDIOTIC, PALE, HANDBALL, CYCLING,
BADMINTON, POWERFUL, KAYAKING, MALE, VOLLEYBALL,
NEBULOUS, INQUISITIVE, EQUESTRIAN, CAGEY,
HILARIOUS, JUDO, INSIDIOUS, FLOORHOCKEY, TENNIS,
HALTING, CRICKET, SKIING